やわらかアカデミズム
〈わかる〉シリーズ

よくわかる
スポーツマーケティング

仲澤 眞/吉田政幸

|編著|

ミネルヴァ書房

　本書は，親学問であるマーケティングが，多用な応用領域の１つとしてスポーツを扱う「スポーツを対象としたマーケティング」ではなく，「スポーツマーケティング」という領域の独自性を意識しながら作成されました。そのためスポーツの文化，スポーツの公共性への配慮を強調した内容になっています。

　現代のスポーツは，先端的科学技術（high-end technology）に支えられ，めざましい進歩をとげていますが，そこに関わる多様な人々の豊かな人間性（humanity）が，より一層重要になってきています。スポーツにおいて重要な自己規律や公正，尊敬，信頼などの倫理性や人間性は，アスリートやコーチ，サポートスタッフだけでなく，ファンやメディア，スポンサーなどにも求められています。ファンやメディア，スポンサーに対して，適切な対応が求められるスポーツマーケティングの発展には，ビジネスの効率性を高める先端的なマーケティング技術の開発と活用が不可欠ですが，スポーツの本来的な価値（文化性，公共性）を守り育むような取り組みが重要になります。

　スポーツの価値向上に配慮するスポーツマーケティングは，スポーツ文化の発展に重要なだけでなく，社会的消費者（自らの消費行動を社会全体への影響から考える人たち）を中心に，広く社会からの支持を集め，一定の市場規模を確保し，持続あるビジネスサイクルの中で，社会にとって善いこと（social cause）やグローバルな課題解決に貢献するものになると考えられます。スポーツの価値の向上，安定的で支援的な市場の確保，社会的課題解決への貢献といった取り組みに有益な示唆を与えることは，これからのスポーツマーケティングの重要な役割になります。

　本書は以下の５部から構成されています。各章において，スポーツマーケティングの基礎と応用を学ぶことにより，読者はスポーツやスポーツビジネスが担うべき社会的役割を踏まえた「これからのスポーツマーケティングに必要な情報と基本的考え方」を身につけることができます。

　Ⅰ：本書におけるスポーツマーケティングへの基本的な考え方を提示する。

　Ⅱ：スポーツマーケティングの基本的なアプローチを，基礎理論と事例から概説する。

　Ⅲ：スポーツ消費者行動論を，参加型スポーツと観戦型スポーツにおいて概説する。

Ⅳ：戦略的スポーツマーケティングプランに必要な市場の選択と調査について説明する。

Ⅴ：今日のスポーツマーケティングを特徴づける代表的な手法や主要概念を紹介するとともに，スポーツの社会的課題との関係で今後のスポーツマーケティングに言及する。

　本書の作成にあたり，出版の意図にご賛同いただき，ご執筆いただいた共著者の皆様にお礼申し上げます。本書の基本的考え方に多くのご示唆をいただいた佐伯年詩雄先生，本書の出版に多くのご支援をいただいた菊幸一先生，本書の取りまとめに多くの労をいただいたミネルヴァ書房の河野菜穂様，本出版にご協力をいただいた多くの方々に厚くお礼申し上げます。

　読者の皆様には，スポーツの文化性や公共性に配慮したスポーツマーケティングについての理解を深めていただければ幸いです。

2017年9月30日　　　　　　　　　　　　　　　　　　　　　仲澤　眞

第 I 部　スポーツマーケティングとは何か

1　スポーツビジネスの使命

スポーツ文化の維持と向上

1　スポーツのビジネス化

　スポーツのビジネス化は，そのスポーツの普及や強化などから，スポーツの文化に大きな影響を与えます。例えば，テニスはかつて一部の競技力の高い人々，あるいは生活に余裕のある人々の文化でしたが，それがビジネスの対象となり，一定の市場規模を得ることによって，ビジネスにおける市場原理が働き，合理的な供給方法が開発・確立され，テニス用品やコート利用，指導サービスなどが安価に提供されるようになりました。サッカーはそのトップリーグ（日本サッカーリーグ）がプロ化（日本プロサッカーリーグ）を成功させることにより，試合数やメディアへの露出が大幅に拡大し，人々にとってサッカーをより身近なものとしました。プロ化の進行は競技の普及だけでなく，トップレベルのプレイヤーの競技環境を改善し，国際競技力の向上にも貢献しました。プロ化を進めた日本サッカー協会の予算規模はプロ化前の約16億円（年間，1990年度）から約338億円[1]（同，2016年度）に拡大し，普及と強化にわたる各種の事業を充実させてきました。

　これらはスポーツのビジネス化のプラス面に関わることですが，一方でマイナスの側面もあります。例えば，釣りはバブル経済期後半に釣りを題材にした映画が人気を集め，アウトドアスポーツの流行とともに釣り人口が急増した時期がありました。しかし，釣りのルールやマナーを知らない釣り人は，残った餌や自然には還元されないナイロンの釣り糸を漁場に遺棄することなどを繰り返し，地元漁師とのトラブルを引き起こしたり，漁場の生態系を壊したりする事態を招いてしまいました。いわゆる「釣り公害」[2]といった問題です。その後，釣り用品業界によるマナー向上への啓発活動[3]などが行われ，こうした問題は改善していきましたが，もしビジネス側が短期的な利益の確保を優先し，「スポーツ文化の行方」に配慮しない場合には，一過性の普及（ブーム）をみせたとしても，その文化に質的な発展はみられず，将来的に安定した市場を育てていくことは難しくなってしまうでしょう。

　スポーツ文化の担い手としての自覚のない愛好者が増えていくことによって，マナーやモラルの低下，基礎的な技能や知識の欠如による事故や障害，環境破壊などの問題が生じてしまえば，そのスポーツは社会的な支持を得られなくなってしまいます。

▷1　公益財団法人日本サッカー協会と公益社団法人日本プロサッカーリーグの年間予算を加えた額。2017年度は新たに公衆送信権料収益を加え，年間の予算規模は447億円になっている。

▷2　釣り公害については1980年代にビジネス側による啓蒙の必要性が指摘されている。例えば「釣り具業界にとって釣り人の増加は繁栄の第一前提である。しかし釣り人の増加に伴って，このような"釣り公害"と称する迷惑が増えてくるのでは，業界の繁栄に歯止めをかけることにもなろう。釣り人の行動に一定のモラルを求めねばならない。釣り具を作り，それを販売するもののすべてが，この点に思いをいたし，釣り人にモラルの向上を訴えよう。店に来た客に絶えず自重を求め，業界が全体としてモラルの向上を訴えること，これ以外には，こうした釣り公害を防ぐ道はないのだと思う。」（『日本釣具新報』1981年8月25日）など。

▷3　檜山義夫（1996）『「釣り」を考える』つり人社。

② スポーツ文化の行方

　サッカーのワールドカップがアメリカで開催されたときに，サッカーをクォーター制（前後半の2分割ではなく4分割）にするという提案がアメリカ組織委員会から国際サッカー連盟（FIFA）にありました。これはハーフタイムを1回から3回に増やすことで広告料収入のいっそうの拡大を図るという理由からのものでしたが，FIFAはその提案を即座に却下しました。ドイツの元スーパースター，ベッケンバウワーが猛烈な反対をしたことはサッカーファンによく知られたエピソードです。その判断はサッカーとは何かという「競技の文化の理解」に基づくものでした。しかしながら，現実にはビジネス側の要求から多くのスポーツがルールや運営方法を改定しています。サッカーでは今ではマルチボールシステムという複数のボールを使用して試合を行うことが一般的になりましたが，これは試合展開をよりスピーディーにするために，そしてテレビ視聴者にチャンネルを変えられないための工夫（ザッピング対策）としてビジネス側から提案されたものでした。このように「クォーター制は認められないがマルチボールシステムは認める」といったことがらについては，サッカーという文化の行方に照らして判断していくことが「スポーツ文化の維持と向上」にとって重要になります。

③ スポーツ文化の維持と向上

　ビジネスの対象としてスポーツを扱うスポーツビジネスは，その収益性の維持や拡大のためにさまざまな工夫をしています。そうしたビジネス側から資金調達をしながらスポーツ側は普及と強化を柱にその文化性の維持と向上に取り組んでいます。

　スポーツという文化とスポーツビジネスという経済活動の両者が良好な関係を維持するためには，スポーツビジネスにおける倫理観や使命感が重要になります。例えば，アウトドアスポーツを事業化するビジネスは，その自然環境を保全し，よりよいものにしていくことが求められるとともに，愛好者に対しての適切な啓蒙活動（自然保護や安全管理，マナー・モラル教育など）などが重要になります。

　自然，歴史，文化などの観光資源の恩恵に浴する観光ビジネスが，そのビジネスの永続的な発展のために，観光資源の保護や改善・強化に努力するように，スポーツビジネスにはスポーツ文化を守り，発展させていく使命があるのです。

　スポーツマーケティングを扱う本書は，この初めの章において，スポーツという「文化をビジネス化」する際に求められる理念について，文化性の維持と向上，公共性への配慮と公益性の発揮を中心に，スポーツビジネスにおける顧客満足を超えた取り組みの重要性を概説します。　　　　　　　（仲澤　眞）

▶4　旧西ドイツ代表の世界的なスターであり，リベロシステムを確立させた。引退後もサッカー界に貢献し，2006 FIFA ワールドカップドイツ大会では組織委員長をつとめた。

▶5　J1・J2・J3リーグ戦試合実施要項（2016）には〔試合球〕として「ホームクラブは，キックオフ時刻の120分前までにJリーグの指定する試合球を7個用意し，試合をマルチボールシステムにて行う」と規定されている。

おすすめ文献

✝フィリップ・コトラー／恩藏直人監訳／大川修二訳（2003）『コトラーのマーケティング・コンセプト』東洋経済新報社。
✝間々田孝夫（2000）『消費社会論』有斐閣。
✝間々田孝夫（2007）『第三の消費文化論』ミネルヴァ書房

1　スポーツビジネスの使命

 文化の担い手の育成

▷1　Ⅰ-1-1 を参照。

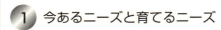 今あるニーズと育てるニーズ

　スポーツビジネスにはスポーツ文化を守り，発展させていく使命があります[1]が，実際のビジネスとしてスポーツを扱う際には，消費者の多様なニーズに対応する必要があります。そのためスポーツビジネスは「文化性の維持・向上」という理念をもちながらも，消費者のニーズから発想し，消費者との接点を求めることが重要になります。

　例えば，ある民間のフィットネスクラブは，「急募！　今なら水着の季節に間に合います」といったコピーとともに「脂肪買い取りキャンペーン」という新規会員獲得に向けたプロモーション活動を行い，多くの新規会員の獲得に成功してきました。所定の期間に一定の脂肪量を減じた会員にはクラブ施設内で使用できる金券のようなもの（クーポン）を提供するキャンペーンでしたが，その参加者のうち実際にクーポンを得る人の割合はそう高いものではありませんでした（2割弱）。しかしこのキャンペーンは，新規会員の獲得だけでなく，その後，会員としての定着に成果を示しました。ここで重要なことは，体型や体脂肪率の高さを気にする人にスポーツを勧め，まず参加者の「今あるニーズ」に対応するために，参加者と指導スタッフとの密接なコミュニケーションの基盤として，スポーツはやせるためだけのものではなく，交流や挑戦といったスポーツに内在する楽しみがあることを伝えることでした。脂肪量の削減に失敗した人でも，スポーツの楽しみへのヒントを得た人は，会員として活動を継続していくという事例は，スポーツビジネスにとって重要なヒントがあります。

　消費者のニーズへの対応は，ビジネスとして不可欠な消費者との接点をもたらし，コミュニケーションの出発点となりますが，そのコミュニケーションの中で，消費者をあるべき方向に導いていく働きかけ（「育てるニーズ」）が重要になるのです[2]。

② 学習支援型のスポーツビジネス

　消費者の「今あるニーズ」に対応し，コミュニケーションが始まり，スポーツ文化の理解を深め，文化の担い手となるために必要なニーズを育てていくことが，スポーツ文化の維持・向上とスポーツ市場の安定的な成長に必要です。その意味で，スポーツビジネスは「学習支援型産業」としての性格をもっている[3]

▷2　仲澤眞（2005）「スポーツの産業化と発展」公益財団法人日本体育協会編・発行『公認スポーツ指導者養成テキスト──共通科目Ⅱ』16-20頁。

▷3　松田義幸（1996）『スポーツ産業論』大修館書店，17頁。

のです。

　例えば，現在のプロスポーツの多くは，新規の観戦者の来場を促すために各種のプロモーションを行っています。スタジアムグルメやビール付きチケット，音楽や花火などのアトラクションなど（スポーツ観戦の附帯的サービス）で，スポーツにあまり興味のない人にも来場してもらうよう促します。そして，多くの場合，来場した人々に，ルール・戦術やゲームの見どころなどの情報，チーム（クラブ）の成り立ちや特徴，簡単な歴史等の情報，応援の仕方についての情報などを提供します。これは，スポーツやその楽しみ方の理解を促し，附帯的なサービスの受け手（消費者）としてではなく，文化の担い手として主体的にスポーツに向き合うスポーツのファンを育てる試みである，という理解ができます。

　現在のスタジアムやアリーナでは，MC（スタジアム司会者）のマイクパフォーマンスや効果音，映像によるアトラクションなど附帯的なサービスが充実してきていますが，ややもすればスポーツの楽しみ方に制限を設けてしまう懸念もあります。受動的なサービスを楽しもうとするあまり，スポーツのよりよい時空間を自ら創り出そうとすることを妨げてしまうかもしれないのです。

③ 文化の担い手の育成

　一般に消費者は生産者と対をなす概念ですが，スポーツビジネスにおいては，消費が生産を伴う場合が多くあります。例えば，テニスレッスンの受講者は，対価としてレッスン代を支払い指導サービスの提供を受けますが，そのレッスンに主体的に関わることによって，指導者とともによりよいテニスの時間を作り出そうと努力します。プロスポーツのファンも同様です。入場料を支払い観戦する権利を得る場面では消費者ですが，いいゲームになるように，あるいは応援対象のチームやプレイヤーが勝利するために，熱心に応援に参加するファン，さらには試合後に観客席の清掃ボランティアに参加するファンなどは観戦文化の担い手として理解することができます。

　スポーツビジネスは消費者のニーズに応えながらも，その消費者をどのようなスポーツ愛好者，スポーツ文化の担い手になってもらうかについてのビジョンが求められています。

（仲澤　眞）

▷4　例えば，Jリーグに所属するサッカークラブ，松本山雅では，ファンが自らつくるコミュニティや（クラブ側が提供するアトラクションだけでなく）ファン（同士）が集い，ファンが自らつくる楽しみを大切にした運営をしている。

▷5　トフラーは，生産活動を行う消費者として，プロシューマー（生産消費者，pro-sumer）という造語をもとに，生産と消費の融合を指摘した（トフラー，A.／徳岡孝夫訳（1980 = 1982）『第三の波』中公文庫）。

おすすめ文献

†佐伯年詩雄編（2006）『スポーツプロモーション論』明和出版。
†トフラー，A.／岡村二郎訳（1964 = 1997）『文化の消費者』勁草書房。

1　スポーツビジネスの使命

スポーツの公共性・公益性への配慮

1　スポーツの公共性・公益性とは

　公共性や公益性とは，「私」の利益や個人の立場を離れて，不特定多数の他人に結果として幅広く利益（公益）をもたらすことを意味しています。その特徴は，さまざまな観点から述べることができますが，ここでは，(1)国家や地方自治体などの公権力が法や政策などに基づいて行う活動（official），(2)共通の関心事や常識，あるいは共有する利益の追求（common），(3)誰に対しても公開され，アクセスができること（open），という3つをあげておきます。[1]

　私たちが現在，慣れ親しんでいるスポーツとは，19世紀後半にイギリスで誕生した近代スポーツからのことを指します。それ以前のスポーツは，例えば，サッカーやラグビーの原型とされているモブ・フットボールにみられるように，[2]たいへん暴力的で荒々しく死者も出るようなイベントだったので，当時の為政者（王や封建領主）からは禁止令がたびたび出されていました。[3]近代以前のスポーツは，official な観点からみれば，現在のスポーツとは正反対に，「反」公共的で，「反」公益的な性格をもっていたといえるでしょう。

　ところが，現在のスポーツは，近代以降の私たちの社会生活において求められる非暴力的で，禁欲的，倫理的な性格をもち，知性や技術を発揮し，あるいは集団や組織を編成する特徴をもっています。[4]だからこそ，次代の社会を担う子どもたちに，スポーツを通じてそのような性格を身に付けさせようとするスポーツ教育が誕生し，教育の対象としてスポーツが授業に取り上げられることにもなったのです（「近代体育」の誕生）。

　日本の近代社会は，欧米諸国より遅れた，いわゆる「近代後進国」として誕生しましたから，学校体育を通じてスポーツを扱うことに熱心であり，このような教育的価値を重視してスポーツの公共性や公益性が捉えられることになりました。ですから，同じく official な観点からみれば，日本のスポーツはその教育的価値によって支えられた，いわば「体育的公共性」あるいは教育的な公益性によって特徴づけられ，解釈されてきたといってよいでしょう。[5]

2　ビジネス化の功罪と公共性・公益性

　ところが，現代スポーツは学校を卒業してからも，誰も（みんな）がその楽しさを生涯にわたって享受することが可能な文化として捉えられるようになり

▷1　齋藤純一（2000）『公共性』岩波書店。

▷2　モブ（mob）とは暴徒・やじ馬的な群集を指し，中世ヨーロッパで行われた村対抗，町対抗で競われた群衆フットボールのこと。数百人単位の人々が1つのボール（当時は豚や牛の膀胱をくりぬいたもの）を決められた場所に持って行くことをめぐって，互いに殴る，蹴る，取っ組み合うなどの暴力行為が許されるゲームであった。

▷3　菊幸一（2013）「スポーツと暴力の関係・歴史－スポーツは極めて暴力的だった!?」菅原哲朗ほか編『スポーツにおける真の勝利』エイデル研究所，41-47頁。

▷4　菊，同上。

▷5　菊幸一（2012）「スポーツ文化論の視点」井上俊・菊幸一編『よくわかるスポーツ文化論』ミネルヴァ書房，2-5頁。

ました。ヨーロッパでは，スポーツ担当大臣が1975年に「ヨーロッパ・みんなのスポーツ（スポーツ・フォー・オール）憲章」を採択し，1978年にはユネスコ（UNESCO）が「体育・スポーツ国際憲章」を制定するなどして，すべての人々にスポーツする権利があることを謳っています。すなわち，スポーツの公共性や公益性に対する open な観点からの振興が，政治的な課題として積極的に取り上げられていくことになるわけです。

　これと並行して，スポーツへの幅広い関心をビジネスチャンスとして捉え，私的利益を優先するスポーツビジネスが誕生します。この市場メカニズムは，収益性を第一義とする以上，その確保が難しいマイナーな競技種目やその市場性が乏しい過疎化した地域，あるいは経済的に恵まれない人々に対して，その関心を向けない傾向にあります。つまり，その恩恵を受ける人々にとってはよいのですが，そうではない人々との格差を拡げてしまうという功罪を生み出すことになってしまうのです。その意味では，スポーツビジネスが，スポーツのopen な性格をかえって closed してしまうことになり，「反」公共的で「反」公益的な方向に導いてしまう結果を考えておく必要があります。

③　「スポーツ」という記号とビジネス

　さて，それでは，このようなビジネスの性格とスポーツの公共性・公益性とは相容れない性格のものでしょうか。

　答えは「否」です。

　なぜなら，現代ビジネスはグローバル化し，その主体である企業の文化的・社会的性格のあり様は，そのイメージとともに常にメディアを通じて世界中の消費者に伝えられ，意識されているからです。もし，企業が私益のためだけに環境汚染に手を貸したり，そのコンプライアンス（法令遵守）を怠ったりすれば，その「反」公共的イメージは瞬時のうちに当該企業のイメージをダウンさせることになるでしょう。グローバル市民は，私的利益を追求する企業にも，それと同時に公益性がどれだけ意識され，もって市民感覚の公共性がどれだけ発揮されているのかを，いわば「企業市民」としての性格を測っているのです。

　その意味でスポーツは，まさに近代以降，グローバル社会に必要な公共的な価値を付与され続けてきた文化であり，もって公共財としての記号やイメージを表しているのではないでしょうか。例えば，現代の市場メカニズムにおいて，「スポーツ」という記号は，「健康・活力・清廉・公正・明朗・責任・友愛・親善等々の現代社会において望まれる徳性を象徴的に帯び」ています。

　スポーツと関わろうとする企業やビジネスは，このような徳性に配慮することによって，common の観点から双方の公共性や公益性を高めることができるようになります。むしろ，現代のスポーツビジネスにおいては，そのような配慮が企業にとって，もはや必要不可欠なものとなっているのです。　（菊　幸一）

▷6　菊幸一（2011）「スポーツの公共性」菊幸一ほか編『スポーツ政策論』成文堂，159-168頁。

▷7　国際連合（United Nation）の専門機関の１つで，正式には「国際連合教育科学文化機関（United Nations Educational, Scientific and Cultural Organization）」と呼称。その目的は，教育，科学，および文化の側面からの国際協力を促すことである。

▷8　日本では1980年代から「みんなのスポーツ」が，1990年代からは「生涯スポーツ」が，それぞれスポーツ政策を展開するキャッチフレーズとして用いられてきている。

▷9　仲澤眞（2005）「スポーツの産業化と発展」公益財団法人日本体育協会編・発行『公認スポーツ指導者養成テキスト——共通科目II』16-18頁。

▷10　佐伯年詩雄（2005）「現代社会とスポーツ」公益財団法人日本体育協会編・発行『公認スポーツ指導者養成テキスト——共通科目II』14-16頁。

おすすめ文献

†齋藤純一（2000）『公共性』岩波書店。
†井上俊・菊幸一編著（2012）『よくわかるスポーツ文化論』ミネルヴァ書房。
†日本スポーツ社会学会編（2013）『21世紀のスポーツ社会学』創文企画。

1　スポーツビジネスの使命

 顧客志向と社会志向

 顧客志向と社会志向──市場を形成する「消費者」を「市民」に

　一般にビジネスは，顧客に満足をもたらす製品やサービスを提供し，その過程で収益を得ることから成り立っています。購入したサービスが満足するものでなかった場合，その顧客は継続的な購入を控えるようになります。顧客が満足できるサービスであっても，企業側の採算が合わないときには，継続的な提供ができなくなります。顧客満足と収益性の両方が実現するビジネスは持続可能なものになります。顧客満足への対応（顧客志向）はビジネスの基本です。スポーツビジネスもその例外ではありません。

　その一方で，スポーツビジネスには，スポーツ文化を守り，発展させていく使命があり，そのためには文化の担い手を育てること▼2，さらには，スポーツの▼1公共性や公益性に配慮する▼3ことが重要です。

　その考え方は，スポーツビジネスを扱う企業に，これまでの「顧客満足と収益性の交換」（顧客満足志向／顧客志向）という関係にとどまらず，企業に求められるさまざまな社会的責任を果たす「企業市民」として，積極的に地域や社会の福祉に貢献することを求めるようになります。大切なことは，市場を形成する人々は，安くていいものを買い求めたい「消費者」である一方で，社会的責任を果たす良識ある企業の取り組みを評価する「市民」でもあるという点です。

　例えば，プロ化されたサッカー，Ｊリーグでは，クラブや所属プレイヤーの地域貢献活動が義務づけられています。地域活動をとおした地道な地域貢献への努力を背景に，地域になくてはならないクラブとしての定着を目指しています。そこでは，図1の下のボックスが示すように企業（リーグ・クラブ）と顧客の「商業的な交換」の関係にとどまらず，⑴スポーツの公共性・公益性を確保するための活動や社会・地域に貢献する活動，⑵スポーツの文化性を維持・向上させようとする活動などに対して，企業と「市民」あるいは「文化の担い手」としての顧客が連帯・協働し，スポーツの社会的な機能を発揮しようとします。スポーツビジネス側が公共的で公益的であればこそ，行政も施策的に支援することが可能となり，市民のボランティア意識を喚起させ，他の「企業市民」としての企業からの協賛（スポンサー）活動を活性化させます。また，スポーツビジネス側のスポーツ文化に貢献すればするほど，「文化の担い手」と

▶1　 I-1-1 を参照。
▶2　 I-1-2 を参照。
▶3　 I-1-3 を参照。

して市民が利他的・向社会的な支援[4]をするようになります。

2　社会的消費者と社会志向のスポーツビジネス

スポーツは文化性の維持・向上（文化の論理）のためにビジネスとのコラボレーションのあり方を模索しています。一方、ビジネスは収益性の確保（企業の論理）のためにスポーツに関わります。その営みは、ややもすれば「反」公共的で「反」公益的なもの[5]になる場合があります。そこでスポーツビジネスによる「社会性の発揮」が重要になります。

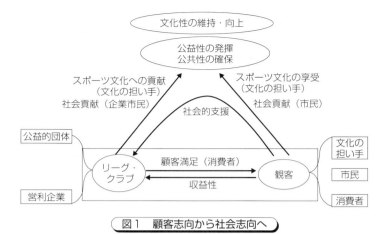

図1　顧客志向から社会志向へ

出所：仲澤眞（2015）「プロサッカー・スタジアムの観戦者——Jリーグにおける観戦者対応から」『体育の科学』65(19)，720-727頁。

成熟社会においては、「安くていいものを提供する企業であっても、環境負荷への配慮や労働環境への配慮が欠けている企業からは買わない、なぜならば、その企業が繁栄してしまうことは社会にとって好ましくないから」というタイプの消費者、いわゆる社会的消費者（socialized consumer）[6]が増えています。

社会的消費者は、自らの消費行動を社会全体への影響から考える人たちです。そうした社会的消費者に支持されるためには、顧客満足志向を超え、スポーツの公益性や公共性、そしてスポーツ文化に配慮する社会志向のスポーツビジネスのあり方が求められているのです（図1）。

ややもすれば、文化の論理で動くスポーツと企業の論理で動くビジネスは水と油のような関係になりがちです。そのような両者の親和性を高めるのが社会性の発揮なのかもしれません（図2）。　　　　　　　　　　　（仲澤　眞）

▷4　「利他的」は（自分のためという）利己的の反対語。例えば、サッカー男子A代表の試合には、クリーンサポーターという試合後に客席の清掃ボランティア活動に参加するファンが多数いる。
▷5　I-1-3 を参照。
▷6　間々田孝夫（2000）『消費社会論』有斐閣。

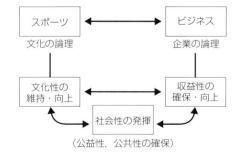

図2　社会性の発揮とスポーツ，ビジネス

出所：仲澤眞（2005）「スポーツの産業化と発展」公益財団法人日本体育協会編・発行『公認スポーツ指導者養成テキスト——共通科目II』16-18頁。

おすすめ文献

†間々田孝夫（2007）『第三の消費文化論』ミネルヴァ書房。

2　スポーツの社会的機能

 # スポーツのコミュニティ形成機能

 ## コミュニティ（community）とは

　"cooperation" "communication" "consortium" などの言葉を用いて，さまざまな組織が自らの姿や特徴，他者とのつながりや結びつきを表現しようとしています。おおむね "co-" "com-" "con-" という接頭辞がつく英単語には，「共に」や「共通の」という意味が含まれます。中でもコミュニティ（community）は，"com" と "mūnus" から成るラテン語の「コミューニース」が語源で，"com" は "with" にあたり，「一緒に」「共同して」を意味し，"mūnus" は "service" や "duty" にあたり，「貢献」「任務」「義務」を意味します。つまり，コミュニティという言葉には，共同の貢献や一緒に任務を遂行するという意味が込められています。

　しかしながら，都市化の進展にともない，共同の貢献や一緒に任務を遂行する「共同体」と呼ばれるような実体や実感も薄れており，コミュニティのアイデンティティは失われつつあります。同じ時間や空間，同じ価値を分かち合い，共有することによって他者とのつながりや結びつきを生み出し，形づくられるコミュニティを機能させるために，スポーツはどう貢献できるのでしょうか。

② スポーツの社会的効果

　社会が成立する基本要素は，人と人の間にみられる結合です。つまり，単体ではなく，2人またはそれ以上の人による相互の結合が集団を形成し，社会を成立させます。スポーツという行為の成立にもプレイヤーや対戦相手など，多様な人が関わり，その相互行為が人々に社会的効果をもたらすと考えられます。
　リーらによれば，スポーツがもたらす社会的インパクトには，地域内での協力や相互行為から生まれる信頼，ネットワーク，社会参加などの社会関係を意味するソーシャル・キャピタル（social capital），自分の存在を意味づけ，自分にとって大切と感じる社会集団やコミュニティへの所属意識を意味する集団アイデンティティ（collective identities），健康に関する適切な意思決定をするために必要な情報を理解し，それを利用できる個人の能力のことを指すヘルス・リテラシー（health literacy），心理的かつ経済的に調和のとれた生活の質のことを指す幸福感（well-being），そして自己啓発や社会を幸福に導く知識，スキル，能力，態度といった個人の特性を意味する人的資本（human capital）といっ

▷1　鈴木広（1986）『都市化の研究』恒星社厚生閣，135-161頁。

▷2　Lee, S. P., Cornwell, T. B. and Babiak, K. (2012), "Developing an instrument to measure the social impact of sport : social capital, collective identities, health lieracy, well-being and human capital," *Journal of Sport Management*, 27, pp. 24-42.

▷3　パットナム，R.／河田潤一訳（2001）『哲学す

た5つの要因があります。中でも，ソーシャル・キャピタルと集団アイデンティティが，スポーツと関連づけたコミュニティ形成機能を果たすと考えられます。

　ソーシャル・キャピタルの基本的な構成要素は，「社会における信頼・規範・ネットワーク[13]」です。平たくいえば，信頼とは，家族や身近な人だけでなく，広く一般社会を信用することで，規範は，「情けは人の為ならず」「持ちつ持たれつ」「お互い様」といった互酬性を意味し，ネットワークは，人やグループの間に抱かれる絆のことです[14]。2人以上の相互行為によって成り立つスポーツは，この3つの構成要素を促進するだけでなく，「する・みる・支える・創る」といったスポーツとの関わりから生じる分業や協働を通じて，組織内における互酬性を安定させたり，連帯感を高めたりします。また対戦相手や外部組織と交流を図るスポーツは，その機会を通じて外部の資源や情報を組織内に持ち込み，これまでになかった情報の伝播や新しいつながりをもたらしてくれます。前者のような同質的な者同士が結び付くことを「ボンディング（結束型）なソーシャル・キャピタル」と呼び，後者のような異質的な者同士が結び付くことを「ブリッジング（橋渡し型）なソーシャル・キャピタル」と呼びます。

　集団アイデンティティは，「誇り（pride）」と「尊重（respect）」によって強化されます[15]。例えば，地域に密着した活動によってホームタウンを意味づけているJリーグでは，観戦に来るサポーターがクラブと同一のユニフォームを着用したり，応援時にクラブ名を連呼したりすることによって，クラブの存在を自身に埋め込もうとします。そして対戦相手に勝利した際には，優越感に浸り，そのクラブの一員であることを誇りに感じてクラブへの集団アイデンティティを強めます。またチーム内で自分の役割や貢献が注目され，他のメンバーから尊重されたならば，チームへの所属が心地よくなり，所属に意味を見出すようになるため，集団アイデンティティが高まります。

③ つながりをデザインするスポーツ

　スポーツのコミュニティ形成機能とは，さまざまな「つながりをデザインする」ことといえます。現在，低迷や形骸化によって休止されていた企業や職場の「社内運動会」が改めて注目されていますが，これは，「運動会」という場を活用し，社内のソーシャル・キャピタルや集団アイデンティティ，さらには「集団凝集性[16]」や「集団効力感[17]」を高めたいという期待の表れといえます。

　「つながりをデザインする」には，固定的な人間関係ではなく，新しい相手と自発的に関係を形成しようとする「関係拡張[18]」が重要です。往々にして，スポーツは内集団意識が強くなりがちですが，新しいつながりを求めることによって，まだ関係づけられていないことが，相互作用を通じて思いもかけない新たな行為や結果を創り出します。それを「創発」と呼びますが，新しい社会を切り拓き，関係を紡ぐには大切なアクションといえます。　　　　（長積　仁）

I-2

る民主主義──伝統と改革の市民的構造』NTT出版。
▶4 稲葉陽二（2007）『ソーシャル・キャピタル──「信頼の絆」で解く現代経済・社会の諸課題』生産性出版，3-8頁。
▶5 Tyler, T. R. and Blader, S. L. (2001), "Identity and cooperative behavior in groups", *Group Process and Intergroup Relations*, 4, pp. 207-226.
▶6 Carron, A. V. (1982), "Cohesiveness in sport groups : interpretations and considerations," *Journal of Sport Psychology*, 4, pp. 123-138.
集団凝集性とは，「集団のメンバー間が引き合う魅力を維持する社会的な力であり，集団を分裂させる力に抵抗する力」と定義される。
▶7 Bandura, A. (1997), *Self-efficacy : the exercise of control*, Worth Publishers.
集団効力感とは，「課題の達成に必要とされる行動を系統立て実行するための能力に対する集団で共有された信念」と定義される。平たくいえば，自分たちならば，掲げた目標を達成できるという集団に対して抱く自信の程度のことである。
▶8 山岸俊男（1998）『信頼の構造──こころと社会の進化ゲーム』。

（おすすめ文献）
†稲葉陽二（2011）『ソーシャル・キャピタル入門──孤独から絆へ』中公新書。
†山﨑亮（2012）『コミュニティデザインの時代──自分たちで「まち」をつくる』中公新書。

2　スポーツの社会的機能

スポーツにおける地域貢献活動

▷1　地域貢献活動は確立された定義がある言葉ではなく，学問領域や使用者によって意味合いが若干異なる場合がある。

▷2　「地域貢献」は「社会貢献」に内包される概念である（図1）。

図1　地域貢献と社会貢献の関係性

出所：筆者作成。

▷3　スポーツ基本法は2011年8月施行。1961年制定のスポーツ振興法が50年ぶりに全部改正された。

▷4　大西孝之・原田宗彦（2008）「プロスポーツチームが行う地域貢献活動の消費者に与える影響——大学生のチーム・アイデンティフィケーションと観戦意図の変化に着目して」『スポーツ科学研究』早稲田大学スポーツ科学学術院，5，253-268頁を参照。

▷5　谷塚哲（2011）『地域スポーツクラブが目指す理想のクラブマネジメント——ソシオ制度を学ぶ』カンゼン，146-148頁を参照。

▷6　天野春果（2011）『スポーツでこの国を変えるために——僕がバナナを売って算数ドリルをつくる

① 地域貢献活動とは

　地域貢献活動とは，ある主体（個人や組織）が，活動拠点を置いている地域の人々や組織と協働し，地域課題の解決に寄与することや地域のより一層の発展に寄与することであり，公共性の高い活動です。似た言葉に「社会貢献活動」がありますが，一般的に社会貢献は特定の地域に限定しない活動まで幅広く含み，地域貢献は特定の地域を中心とした活動を意味します。[2]

　特定の地域，特に「活動拠点を置いている地域」という比較的狭い範囲に密着した活動を行うことは，スポーツにとって大きな意味をもっています。スポーツ基本法の冒頭（前文）では「スポーツは，人と人との交流及び地域と地域との交流を促進し，地域の一体感や活力を醸成するものであり，人間関係の希薄化等の問題を抱える地域社会の再生に寄与するものである」，「地域におけるスポーツを推進する中から優れたスポーツ選手が育まれ，そのスポーツ選手が地域におけるスポーツの推進に寄与することは，（中略）我が国のスポーツの発展を支える好循環をもたらすもの」と記されています。人口減少や少子高齢化が進みさまざまな課題を抱える地域において，スポーツは重要な役割を果たすことが期待されており，またスポーツの発展のためにも地域貢献活動が重要と考えられているのです。例えば，総合型地域スポーツクラブの取り組みは，こうした理念を具体化している好例といえるでしょう。

② スポーツビジネスにとっての地域貢献活動の意義

　スポーツビジネスの観点からも，活動拠点を置いている地域に密着した活動を行うことは非常に大きな意味をもっています。特に，1990年代から地域密着型の経営を志向したJリーグ各クラブによるホームタウン活動が成果を挙げて以降，プロ野球をはじめ多くのスポーツ組織が地域に焦点を当てた経営努力を行っています。Jリーグは単純にサッカーのプロリーグということだけではなく，日本の従来の学校体育や企業主導型のスポーツモデルから転換し，地域のスポーツクラブを基軸としてスポーツを通じた地域貢献を理念とした，地域主導型の新しいスポーツモデルを日本に定着させたのです。[5]

　具体的にJリーグ各クラブの取り組みをみてみると，例えば川崎フロンターレでは，市内の小学校と特別支援学校の児童向けにサッカーおよびフロンター

レを題材とした算数ドリルを地域と協働して作成し，無償配布しています。また，地域の商店街や団体，相撲部屋など多様な主体と連携し，バラエティに富んだ地域貢献活動を行い，市民やサポーターと直接触れ合っています。[16]

こうした取り組みを行う理由として，スポーツビジネスを展開して収益（金銭的価値以外の社会的価値を含む）を得るためには，集客力を高め入場料収入やグッズ販売収入，スポンサーに対する価値等を向上させる必要があり，そのためには「ホームタウン（地域）に住む人の生活を豊かにする」という視点を重視した地域貢献活動が効果的と考えられていることがあげられます。また，活動を通じて地域（市民，さまざまな団体，行政など）やサポーターがクラブに対し何を求めているのかマーケティングする機会も得られます。地域貢献活動は，間接的だが大きなプラス効果をクラブ経営にもたらす可能性があるのです。特に特定の大規模スポンサーをもたないクラブにとっては，地域貢献活動はクラブの成長のために極めて大きな意味をもちます。プロスポーツは年によって成績（勝敗）の波があることは避けられませんが，クラブが地域に浸透することにより成績に左右されない関係が構築され，経営の安定化が期待できます。

そして地域側もスポーツ組織（クラブ）による地域貢献活動を望んでいます。それは，クラブが地域に多様な効果をもたらすことが期待されているからです。特に地域活性化の面からは，地域のアイデンティティ形成，イメージアップ，コミュニティ形成，経済・産業振興効果[17]，市民の生きがいづくりなどへの寄与に大きな期待が寄せられています[18]。だからこそ，地方自治体などによるクラブへの公的な支援もさまざまな形で行われているのです。クラブと地域は，地域貢献活動によってWIN-WINの関係を築くことが可能といえるでしょう。

③ スポーツビジネスにとっての地域貢献活動の課題

スポーツビジネスを展開するクラブと地域の双方が期待する効果を得るためには，地域貢献活動に対して十分な戦略を立てて，熱意をもって取り組まなくてはなりません。漫然と場当たり的に行うと，地域からマイナスイメージをもたれたり，活動コストがクラブ経営を圧迫したり，選手の本来の活動にマイナスの影響が及んだりする懸念があります。また，地域貢献活動が集客増に直接的にはつながらない可能性を指摘する研究もあり[19]，こうした課題を踏まえつつ，しっかりしたビジョンと戦略をもって活動に取り組むことが必要でしょう。

クラブ側にとって特に重要な視点は，事業性を確保して効果的かつ効率的で適切な活動とすることと，事業の透明性を確保して関係者間で地域貢献活動全体のブランディングや個別の活動の目的・目標を共有することです。さらに地域のさまざまな組織や市民と協働する際は，互いの対等性・自主性の尊重や相互理解を進めるとともに，役割分担を明確化することも必要です。　（南　博）

ワケ』小学館，を参照。

[7] 経済・産業振興効果としては，試合会場に多くの観戦者を集客することによる消費効果等があるが，近年，地域企業の海外展開支援を企図するという，産業振興の面から注目すべき動向もある。例えばJリーグの北海道コンサドーレ札幌は，成長市場であるASEAN諸国（東南アジア）に着目し，サッカーを通じたアジア諸都市や企業などとの関係を構築して北海道や札幌の知名度を現地で向上させ，北海道の農林水産品や製造品などの海外進出を支援しようとしている。

[8] 堀繁・木田悟・薄井充裕(2007)『スポーツで地域をつくる』東京大学出版会，あるいは日本経済研究所(2009)「Jクラブの存在が地域にもたらす効果に関する調査」などが詳しい。

[9] 例えば，[4]であげた大西・原田(2008)など。しかし，これらの研究では地域貢献活動が集客増に間接的にプラス効果がある可能性を指摘している。

† 天野春果(2011)『スポーツでこの国を変えるために――僕がバナナを売って算数ドリルをつくるワケ』小学館。
† 堀繁・木田悟・薄井充裕(2007)『スポーツで地域をつくる』東京大学出版会。
† 谷塚哲(2011)『地域スポーツクラブが目指す理想のクラブマネジメント――ソシオ制度を学ぶ』カンゼン。

スポーツ消費者の向社会的行動

▷1　Batson, C. D. and Powell, A. A. (2003), "Altruism and Prosocial Behavior," In T. Millon & M. J. Lerner (Eds.), *Handbook of Psychology*, John Wiley & Sons, pp. 463-484.

▷2　De Groot, J. I. M. and Steg, L. (2009), "Morality and Prosocial Behavior : The Role of Awareness, Responsibility, and Norms in the Norm Activation Model," *The Journal of Social Psychology*, 149, pp. 425-449.

▷3　前掲▷1。

▷4　Inoue, Y. and Havard, C. T. (2015), Sport and Disaster Relief : A Content Analysis, *Disaster Prevention and Management : An International Journal*, 24, pp. 355-368.

▷5　日本対がん協会 (2015)「リレー・フォー・ライフとは？」。http://relayforlife.jp/aboutrfl (2017年7月26日最終アクセス)

▷6　ハート・オブ・ゴールド (2015)「アンコールワット国際ハーフマラソン＆アンコールウォーク」。http://www.hofg.org/project/sport/awhmwalk/ (2017年7月26日最終アクセス)

▷7　Busser, J. A. and Carruthers, C. P. (2010), Youth Sport Volunteer Coach Motivation, *Managing leisure*, 15, pp. 128-139.

① 向社会的行動とは

　向社会的行動（prosocial behavior）とは，助け合い，譲り合い，支え合いの精神に基づき，自分以外の人々に対して利益をもたらすことを目的とした行動を指します。具体的には，ボランティア活動への参加や，献血，災害被災者への義援金の寄付などがあげられます。また，昨今の環境問題への関心の高まりから，リサイクル活動や森林保全運動への参加を含む環境配慮行動（proenvironmental behavior）も向社会的行動の重要な一端をなすものとして認識されるようになりました。向社会的行動を行うには一般的に報酬を求めない強い主体性が求められるため，他人の幸福への寄与を最優先とする利他主義と深く結びつけることができます。ただし，スキルや経験を身に付ける目的でボランティア活動に参加する人もいるように，自分の利益を最優先とする利己主義に基づいて向社会的行動を行うこともあります。このことから，利他主義と向社会的行動は切り離して考える必要があります。

② スポーツ消費者と向社会的行動

　みるスポーツ，するスポーツ，支えるスポーツというそれぞれの場面で，スポーツ消費者と向社会的行動は密接に関係しています。例えば，みるスポーツに携わるスポーツ組織やアスリートは自然災害の被災者を支援するため，スポーツイベントなどを通してファンや観客からの募金活動を積極的に行っています。2011年3月の東日本大震災では，日本サッカー協会とJリーグが共同で復興支援チャリティマッチを行い，入場者らから総額2000万円以上の義援金を集め世間の注目を集めました。2005年にアメリカのニューオーリンズ市に多大な被害を出したハリケーン・カトリーナでも，地元のプロスポーツチームや所属選手が中心となって人々から多額の義援金を集めました。これ以外にも，みるスポーツによる災害支援の事例は国外でも多数報告されています。

　するスポーツにおいては，参加費の一部を非営利組織などへの義援金として寄付することを目的とした参加型スポーツイベントが世界中で広がりをみせています。これはチャリティ・スポーツイベントと呼ばれています。例えば，アメリカ対がん協会主催のウォーキングイベント「リレー・フォー・ライフ」は，2015年には世界25カ国で行われ，計470億円にも上る募金をがん研究のために

寄付することが見込まれています。またカンボジアのアンコールワット遺跡近郊で毎年行われる「アンコールワット国際ハーフマラソン」は大会の収益を地雷被災者や障がい者の自立支援のための義援金として寄付しています[16]。

　さらに，支えるスポーツに関連し，スポーツイベントの運営や地域スポーツクラブの指導は多くの場合，地元住民や父兄などのボランティアによって支えられています。支えるスポーツへの参加理由は多岐にわたります。例えば，ユーススポーツのボランティアコーチを対象とした研究は，(1)利他主義に基づく価値観，(2)自尊心の維持，(3)社会関係の構築，(4)スキル向上による自己成長，という4つの主な動機を特定しました[17]。支えるスポーツは，オリンピックなどの巨大スポーツイベントでも大きな役割を果たしており，2020年に開催される東京オリンピックでは8万人を超えるボランティアが必要になると試算されています。

❸ スポーツを通した向社会的行動の普及

　スポーツは向社会的行動を社会全体に広めるために多大な貢献を果たす可能性を秘めています。例えば，少年・青年期におけるスポーツ活動への参加は，向社会的行動を行ううえで不可欠な助け合いの心や他人への敬意を育む場として重要な役割があります。また，スポーツイベントの開催を通して競技者や観客，地元住民の間に一体感を生むことは，向社会的行動の普及の鍵となる社会関係資本（social capital）の創造や強化につながります[18]。さらに，プロスポーツ組織やアスリートは人気や知名度を利用し，向社会的行動を社会一般に浸透させるための促進的役割を担っています。例えば，地元のプロスポーツ球団が環境配慮行動の重要性を啓発することにより，より多くのスポーツ消費者がこれらの行動に参加するということが実証研究を通して明らかになっています。

❹ スポーツ消費者の向社会的行動の意義

　近年，スポーツの社会的価値への注目が高まっています。同じまちに暮らす住民が一緒になってみる，する，支えるなどのさまざまな形でスポーツに参加すると，地元への愛着が生まれ，信頼に基づいた社会関係が形成されます。このような経済面を超えた価値を，スポーツの社会的価値と呼びます。スポーツイベントの研究者であるオブライエン（O'Brien, D.）らは，スポーツの社会的価値を創出するための最適な方法として，チャリティ・スポーツイベントなどにおけるスポーツ消費者の向社会的行動をあげています[19][10]。すなわち，スポーツの社会的価値を高めるには，人々がスポーツボランティアなどを通して互いに助け合うとともに，スポーツ組織，イベント，アスリートが行う向社会的行動の啓発活動に触れることが不可欠です。

（井上雄平）

▷8　社会関係資本とは，社会を構成するさまざまな人々に相互利益をもたらす人的ネットワークや，規範，信頼関係を包括するものである。

▷9　Inoue, Y. and Havard, C. (2014), "Determinants and Consequences of the Perceived Social Impact of a Sport Event," *Journal of Sport Management*, 28, pp. 295-310.

▷10　O'Brien, D. and Chalip, L. (2008), "Sport Events and Strategic Leveraging : Pushing towards the Triple Bottom Line," In A. Woodside and D. Martin (Eds.), *Tourism Management : Analysis, Behaviour and Strategy*, CABI, pp. 318-338.

（おすすめ文献）

†Filo, K., Funk, D. C. and O'Brien, D. (2009), The meaning behind attachment : Exploring camaraderie, cause, and competency at a charity sport event, *Journal of Sport Management*, 23(3), pp. 361-387.

†Inoue, Y. and Kent, A. (2012), Sport Teams as Promoters of Pro-Environmental Behavior : An Empirical Study, *Journal of Sport Management*, 26(5), pp. 417-432.

†松井くるみ（2013）「スポーツ参加者の環境配慮行動──トライアスロン参加者を事例として」早稲田大学審査学位論文博士。

アスリートのロールモデル論

1 スポーツにおける公共性

　スポーツのもつ特徴の一つに公共性という概念があります。公共性とは広く社会一般に利害・影響をもつ性質です。これをスポーツに当てはめて説明してみましょう。例えば，私たちは一般的にスポーツを行う時，グラウンドや体育館・プールといった公共の施設を利用します。そこで出会った仲間やお気に入りのチーム・選手の応援を通じて新たなコミュニティが生まれることもあります。また，オリンピックやワールドカップといった国際試合では多くの人が自国の応援に夢中になり，一体感やナショナリズムを意識するでしょう。このように個人レベルを超え，社会と深く関わりをもつスポーツは社会性・公共性が高いプロダクトといえます。見方を変えると，スポーツプロダクトの中心に位置するアスリートは自分たちの言動や振る舞いが社会に多大な影響力を及ぼしているのです。

2 アスリートの影響力

　2011年4月，東日本大震災の影響で延期されていたプロ野球の復興慈善試合時のスピーチで，当時，東北楽天イーグルスの選手会長だった嶋基宏は「見せましょう，野球の底力を」と呼びかけて被災者の人々を勇気づけました。また，同年7月にサッカーのFIFA女子ワールドカップで優勝したなでしこジャパンの活躍は震災後の日本に元気をもたらしてくれました。選手の真摯な言葉やひたむきなプレイは，ファンのみならず人々に深い感動を与え，社会全体のムードを明る

くするということを我々が実感した出来事でした。
　一方で，プロ野球読売ジャイアンツ所属選手やバドミントン・ナショナルチームの選手による賭博問題は，その競技のみならず，スポーツやアスリート全体のイメージを大きく損ねることとなりました。当事者である選手たちはチームから解雇され，有望視されていたオリンピック出場の機会も失いました。このようなチームや選手の不祥事，また暴言や不誠実な態度によって支払う代償が膨大であるのは，スポーツに公共性があり社会に大きな影響力を与える存在であることの証明に他なりません。アスリートは自分たちの存在意義や置かれた立場を理解し，あるべき姿を認識することが求められています。

3 アスリートの価値とスポンサーの関係

　スポーツの不祥事はチームや選手を支えている企業スポンサーの信頼も損ない，契約を打ち切られる例もあります。それはすなわち選手たちの生活を支える収入源を失うことにもなります。スポンサー企業はスポーツ組織や選手を金銭的に支援すると同時に，イメージアップの効果も期待しています。多くのファンに愛されてメディア露出も多い人気選手，もしくはそのような選手が所属するチームには，スポンサーになりたいという企業やCM契約の依頼が増えるのは当然の流れといえるでしょう。
　アメリカのプロリーグなどでは，アスリートがメディアからの取材を受けた際，自分の言葉で競技やプレイを説明し，ファンやスポンサー企業に対して感謝

を伝えることができるようメディアトレーニングが義務化されています。アスリートには高い競技力が求められるだけではなく，ロールモデル（role model）としての自覚と，それを表現できるコミュニケーション能力も不可欠なのです。

4　ロールモデルとは

　アメリカではトップアスリートは常にロールモデルであることが求められます。ロールモデルとはわかりやすく表現すると「お手本となる人」という意味です。MLB のニューヨーク・ヤンキースで活躍したデレク・ジーターは，数々の賞を受賞するなど優秀なプレイヤーでしたが，それ以上に誰からも尊敬される人格者として知られていました。チームの勝利を第一に考え，チームメイトを労り，負けた時こそ真摯に報道陣のインタビューにも応じました。慈善活動にも積極的で，基金を立ち上げ，反薬物の啓発や奨学金の給付などを行う活動を行っています。ジーターとともにヤンキースでもプレイした松井秀喜もロールモデルとして評される選手の一人です。2000年にベトナムで野球教室をした時から，現地で孤児として暮らす20人ほどの子どもたちに対して経済的援助を行う里親活動を行っ

ています。しかしながらロールモデルとは，我々の手が届かないような規模の偉業を成し遂げる存在のことではありません。ジーターも松井も大スターでありながら，すべてのファンや子どもたちに対して親しみやすい雰囲気で接しました。その態度は，アスリートの姿を世の中に伝えるメディアに対しても同じだったといわれています。

　ミネソタ・ツインズなどで守備の名手として活躍したトリー・ハンターという選手がいます。2015年に惜しまれながら引退する際，MLB を中心に取材活動をするレポーターのフォーディン（Spencer Forden）は自身の Facebook にハンターと彼の間に起こったある出来事を投稿しました（表1）。投稿の最後にフォーディン自身が述べているように，真のロールモデルとは，日常のさりげない振る舞いから人として尊敬され，周囲を幸せにできる存在なのかもしれません。そしてその振る舞いの積み重ねが競技やスポーツの価値を高めることに貢献することを十分自覚しているのです。

（片上千恵）

表1　めったに話さない話：スペンサー・フォーディン

　2003年，フォートマイヤーズのスプリングキャンプに初めて行った際，ツインズのキャンプ地であるハモンドスタジアムのプレス席が見つけられず完全に迷ってしまった。私がスタジアムについてよくわかっていなかったことと，早く到着しすぎて助けてくれる人が誰も見当たらなかったということもある。
　結局スタジアムを2周してしまった後，ようやく頼りになりそうな人物に出会った。あえて彼を呼び止める必要はなかった。明らかに道に迷っていた私を見て，彼が声を掛けてくれたからだ。彼は私がどこに行きたいのか尋ねた。そして行き方を教えてくれただけではなく，目的の場所まで私を連れて行ってくれたのだった。
　目的地にたどり着いた時，私は彼に感謝して言った。
　「あなたがいなかったらここが分かりませんでした。今日が初めてなんです。」
　彼は輝くようなスマイルで言った。
　「私もですよ。」彼が去った後，実は彼にとっては初めての日ではなかったということに気付くのにそう時間はかからなかっ

た。
　案内してくれたのはトリー・ハンター。並外れた経歴を残して今日引退した。あの日彼は必ずしも私を助ける必要はなかったし，彼がしてくれたことはたった2分の時間を要しただけのことだった。しかし，私にとってはかけがえのない出来事であった。おそらく彼はこれまでプレイしたあらゆる場所でファンとチームメイトに似たようなことを数えきれないほどしてきたのだろう。
　これはまさに賞賛されるプレイヤーの話ではなく，人間としての話なのだ。彼がそういう行為をしてきたことで野球というスポーツはより尊いものになった。そして引退後も彼はそうし続けるのだろうと確信している。

3　スポーツマーケティングの特性

 # スポーツマーケティングの誕生

スポーツのビジネス化の進展

　スポーツマーケティングが誕生するためには，スポーツのビジネス化が進展する必要があります。近代工業化する19世紀後半，農村から都市に人々が集まり，都市の労働者による余暇活動がはじまりました。鉄道や電報技術の発達は，離れた場所へのチームの移動や試合結果をいち早く伝えることを可能にしました。こうした変化が都市の中産階級の人々のスポーツへの関心を高めました。起業家による新規事業も立ち上がるようになり，スポーツ用品を製造・販売する産業が発展しました。例えば，グローブ，自転車，ゴルフボール，体操器具，テニスラケットなどの生産を行う企業が19世紀後半には誕生しています。特にスポルディング社は当時もっとも成功したスポーツを商う企業としてあげられます。スポルディング社は小売店からスタートし，広いアメリカ大陸に対応した卸売りをはじめ，さらにスポーツ用品製造にも参入していきました。スポルディング社は経営の「垂直統合」をした結果，規模の経済を活かし，効率的な製品流通によって小売価格をコントロールすることができました。またスポーツ愛好家の需要に応え，多様なスポーツ用品を扱いました。スポルディング社は，スポーツルールの普及やトロフィーを提供して大会を奨励するなどスポーツの普及にも力を注ぎました。ほかにも野球のナショナルリーグと契約することで，公式グッズとして独占的な価値を高めたのも同社でした。こうしてスポーツの商業化は，スポーツイベント参加に対する課金，スポーツ観戦に対する課金，スポーツ用品購入に対する課金の分野で発達していきました。

② スポーツ用品販売とマーケティング手法の導入

　19世紀後半から20世紀に入り，スポーツ用品の売り上げを伸ばすためにマーケティングの手法が導入されました。著名な選手と契約してスポーツ用品を宣伝する方法は，エンドースメントといわれます。スポルディング社は，19世紀後半にすでにブランドの認知を高めるためにプロ選手や有名選手を活用しました。アメリカのヒラリック＆ブラズビー社は，1917年にアメリカの「野球の神様」と言われるベーブ・ルースとルイビルスラッガー（Louisville Slugger）バットのエンドースメント契約を行い，大きく販売を伸ばしました。また自転車業界では，引退したアスリートや有名な自転車選手を雇い，地域の販売店に自転

▷1　消費者（市場）に最も近い小売業（川下）から，消費者（市場）に最も遠い製造業（川上），そして川下と川上の間の流通を担う卸売業のすべてを自社でまかなうことを垂直統合という。

▷2　より多く生産することで一つあたりの平均費用が下がり，収益性が上がること。

▷3　Pedersen, P.M. and Thibault, L. (2014), *Contemporary Sport Management*, Human Kinetics.

車クラブの結成やレース大会開催の方法，自転車ツアーのルート開発について教えて回りました。

3 スポーツプロモーターとマーケティングの活用

スポーツイベントにおけるマーケティング手法の活用は長い歴史があります。例えば，古代ギリシャや古代ローマで行われたスポーツイベントでは会場の準備，出場するアスリートの手配，イベント進行を計画・実施する仕事が既にありました。こうした中，人々が満足するイベントにしあげるプロモーターの仕事は，スポーツマーケティングの原形と考えられます。現在のプロモーターは，イベントの成功のために，大会を広く告知し，観戦チケットを販売し，そしてイベントに協賛してビジネスを行いたい事業者から契約金を集めるなどのマーケティング手法が求められます。

4 「スポーツマーケティング」の誕生と進化

一般的に「マーケティング」の定義が示されたのは，1935年の全米マーケティング指導者協会[4]が最初とされ，その後もアメリカマーケティング協会が1948年に定義しています。マーケティングは，1960年代に4P（プロダクト，プライス，プレイス，プロモーション）を用いたマーケティングが構築され，70年代には，社会的価値に注目したソーシャルマーケティングや非営利組織のマーケティング論が誕生しました。80年代にはサービス産業化によって，サービスマーケティングが新たに発展し，サービス産業であるスポーツビジネスの活動がマーケティングとして認識されるようになりました。「スポーツマーケティング」という言葉は，1979年8月27日発行の『Advertising Age』という雑誌の中で初めて使われました[5]。そこではスポーツを生活用品や工業製品，またサービスのプロモーションの手段として活用したマーケティング専門家の活動を意味するものとして使われています。当時，テレビメディアが発達し，国境を越えて人々の興味・関心をひきつけるスポーツのメディア価値を利用したマーケティング活動が1970年代後半には始められており，それを表現する用語として「スポーツマーケティング」という言葉が生まれました。その後，1990年以降，物質的な「モノ」の消費から「ココロ」の豊かさを求める時代に突入し，企業と顧客が対話によって新たな需要を創出する関係性マーケティングがいわれるようになりました。感動や共感を備えたスポーツ製品を扱うスポーツマーケティングは，スポーツ製品自体の普及拡大を目指すマーケティング（Marketing of Sport）と企業などの外部組織がスポーツを通じて目的を達成するマーケティング（Marketing through Sport）の両面から，近年のデジタル化技術など新技術に対応しながら進化しています。

(髙橋義雄)

▶4 National Association of Marketing Teachers

▶5 原田宗彦・藤本淳也・松岡宏高（2008）『スポーツマーケティング』大修館書店。

（おすすめ文献）

†Pedersen, P. M. and Thibault, L.（2014）, Contemporary Sport Management, Human Kinetics.

†原田宗彦・藤本淳也・松岡宏高（2008）『スポーツマーケティング』大修館書店。

†広瀬一郎（2007）『スポーツマーケティングを学ぶ』創文企画。

3　スポーツマーケティングの特性

スポーツマーケティングの定義

1　スポーツのマーケティングと「スポーツマーケティング」

　「スポーツマーケティング」という用語が使われるようになる以前にも，スポーツ用品の販売促進やスポーツイベントの集客や経営には，歴史的にマーケティングの手法が取り入れられてきました[1]。「スポーツマーケティング」が使われ始めた1980年前後には，社会がサービス産業化し，スポーツ以外の娯楽が増加しました[2]。その結果，市場の競争が増し，スポーツ活動そのものが適切なマーケティングによってスポーツ消費者の心を捉える必要が出てきました。

　現在使われるスポーツマーケティングには「スポーツのマーケティング（Marketing of sport）」と「スポーツを通じたマーケティング（Marketing through sport）」の2つの意味が含まれています。前者のマーケティング「of」スポーツは，スポーツクラブやチームによるマーケティングを指し，スポーツ消費者に向けた活動を意味します。一方，後者のマーケティング「through」スポーツでは，企業などがスポーツを活用して製品の販売促進を行うマーケティングの意味に用いられます。

　これらの特徴を踏まえたうえで，マリンらは[3]，「スポーツマーケティングは，交換過程を通じてスポーツ消費者のニーズとウォンツに見合うようにデザインされたすべての活動であり，スポーツマーケティングには，2つの主要な力点として，スポーツの消費者に対するスポーツ関連の製品やサービスのマーケティングと，スポーツの価値を利用したパートナーシップやプロモーションによって他の消費者向けの製品や工業製品もしくはサービスを提供するマーケティング」としています。

2　スポーツマーケティングの特異性

　スポーツマーケティングは，その扱うスポーツ製品の特異性から一般的なマーケティングとは異なっています[4]。スポーツ製品の特異性には，まずスポーツ観戦やスポーツ活動の経験が，無形であり，手に取ることができないということがあります。実際に経験しない限り，その品質や価値を実感することはできません。

　次にスポーツ製品は，他の普通の製品と比較すると感情がこもった製品であるといえます。例えばチームのロゴが入ったスポーツ製品は，一般の製品と比

▷1　古代のギリシャやローマの競技もスポーツイベントであると考えれば，スポーツイベントを成功させるための工夫，そして19世紀後半のスポーツ用品産業の発達を支えた普及拡大活動はマーケティング的な手法が導入されていた。

▷2　時間が消費できる巨大なショッピングモール，シネコン，ライブコンサート，インターネット，エンターテイメント施設など。

▷3　Mullin, B. J., Hardy, S. & Sutton, W. A. (2014), *Sport Marketing Fourth Edition*, Human Kinetics.

▷4　Pedersen, P. M. and Thibault, L. (2014), *Contemporary Sport Management*, Human Kinetics.

較して心理的な感情移入がみられます。選手名の入ったレプリカユニホームは一般のスポーツウェアとは感情移入が大きく異なります。

またスポーツ製品は，家族や仲間といった人間関係に影響を受けやすい性質もあります。スポーツがチームという集合性をもたせ，人間関係をつなぐ製品となっているからです。

さらにスポーツ活動やスポーツイベントは，そのサービスの質が毎回変動します。そのため，スポーツ製品の評価は予測がしにくいという性質があります。例えば，選手やチームが置かれた状況によってパフォーマンスは異なり，天候にも左右されてしまいます。

そのほかにもスポーツ観戦は，試合の生産と消費が同時に行われる特性があります。スポーツの消費者は試合で選手を応援し，球場やアリーナの雰囲気をつくるなど生産の場面に立ち会うため，消費者自身が生産に影響を与えることになります。スポーツ観戦やエクササイズの指導を受けるようなサービスは，生産と同時に消費されるため，消費経験がその場で終わってしまい，保存してとっておくことができません。スポーツ製品のマーケティング担当者（スポーツマーケター）は，事前に品質を予測し，コントロールすることが難しい性質の製品を扱っています。

以上のようなスポーツ製品の特異性の結果，「スポーツマーケティング」という特殊なマーケティング分野が確立されています。

③ プロスポーツにみるスポーツマーケターの工夫

プロスポーツの試合のマーケターは，ゲームやプレイといったスポーツの中核的製品（core product）を管理しにくい側面があります。また，中核的製品の優秀さを理解・評価する力も観戦者によって異なります。そのため，中核的製品への満足はしばしば不安定になりがちです。そこで，スタジアムにおけるアトラクションや特色ある飲食の提供，応援グッズの共有や応援パフォーマンスの誘導などの付帯的なサービス（ancillary services）を提供することで顧客満足を得る工夫をしています。その工夫により，面白くないゲーム展開の場合や，スポーツそのものへの理解の低い人を対象とした場合でも，一定のサービス満足を提供することで，中核的製品を管理できないことによるリスクを低減しているのです。また，観戦者相互の交流を促し，観戦者自らがスポーツ観戦の魅力を高めることを支援する取り組みも，生産と消費の同時性というスポーツの特異性を踏まえたものです。 （髙橋義雄）

おすすめ文献

†Mullin, B. J., Hardy, S. & Sutton, W. A. (2014), *Sport Marketing Fourth Edition*, Human Kinetics.
†Pedersen, P. M. and Thibault, L. (2014), *Contemporary Sport Management*, Human Kinetics.
†原田宗彦・藤本淳也・松岡宏高（2008）『スポーツマーケティング』大修館書店。

3　スポーツマーケティングの特性

スポーツマーケティングの本質

▷1　「スポーツ消費者」と呼べる（詳細は [I-4-4] および [Ⅲ-10-1] を参照）。
▷2　プロダクト（製品）については，[Ⅱ-6-1] を参照。
▷3　マーケティングの中心概念であり，「欲しいものと引換えに何かを提供することによって，当事者双方が満足するような互恵的関係を創る行為」である。
▷4　スポーツプロダクトについては，[Ⅱ-6-2] を参照。
▷5　プレイ欲求については，[Ⅱ-6-2] を参照。
▷6　こうした観点は，「スポーツマネジメント」（1985年）の教科書に初めて登場したスポーツマーケティング論の中で，「スポーツマーケティングの特性」として詳述されている。Mullin, B. (1985), 'Characteristics of Sport Marketing,' In : Lewis, G. and Appenzeller, H. (Eds.), "Successful sport management," *The Michie Company : Charlottesville*, VA, pp. 101-121.
▷7　野村清 (1983)『サービス産業の発想と戦略──モノからサービス経済へ』電通，73頁。
▷8，9　R. P. バゴッジによれば，「限定的交換」とは2つの当事者間での互恵的関係（A ↔ B）をも

❶　交換対象としての「スポーツパフォーマンス」

　スポーツマーケティングでは，物財としてのスポーツ用具・用品だけではなく，サービス財としてのスポーツ活動（の場や機会），指導者や指導システム，スポーツイベントの企画・運営，スポーツ情報といった，スポーツに関連する物財やサービス財を効率的かつ効果的に，それらを求める人々に「プロダクト（製品）」として生産し，提供していくことが目的とされています。

　そのため，スポーツマーケティングの交換過程では，有形，無形のさまざまなスポーツプロダクト，いわば，スポーツ産業に含まれるすべてのプロダクトを扱うことができます。しかし，「スポーツ固有の楽しさや喜び」（プレイ欲求の充足）を基調とする「人間の文化的な営み」としてスポーツを捉えた場合，とりわけ，スポーツを「する・みる」といった「スポーツパフォーマンス」（実際のスポーツ参加・観戦）をスポーツプロダクトとして交換対象にすることが肝要です。こうした参加型スポーツや観戦型スポーツの価値普及・発展こそ，「スポーツのマーケティング（marketing of sport）」の醍醐味なのです。

❷　「生の」スポーツプロダクトの特異性

　このように，スポーツパフォーマンスという「生の」スポーツプロダクトを生産・提供するという点に，一般のマーケティングや他のプロダクトとは異なる，スポーツマーケティングの特性があるといえます。それは，「サービス特性」「予測不能性（結果の不確定性）」「競争─共創（協働）関係」といった観点から説明することができます。例えば，テニスレッスンというスポーツプロダクトは，常に手で触ってみることもできないし（無形性），参加者とインストラクターが出会って初めて生産と消費が同時に始まります（同時性）。また，そのクオリティや満足度などの評価も各参加者の感じ方や判断にすべてを委ねるしかなく（主観性），レッスンへの参加者数やその指導内容・方法なども誰が，いつ，どこで提供するかによって大きく変動します（変動性）。

　一方，プロ野球観戦を想像しても，当日の白熱したゲームと球場の盛り上がりは在庫として貯蔵し明日以降に体験することはできないし，ましてや昨日のプロ野球ゲームの観戦者市場など存在するはずがありません（一過性）。また，たとえスターティングメンバーや打順，ピッチャーなどが同じであっても，今

日のゲームは，先週とは違うし（非一貫性），「勝敗の行方（競争）（Competition）」さえわかりません（予測不能性）。多くのスポーツファンは，こうした非一貫性と予測不能性を楽しめる「その時，その場限りの商品」に魅力を感じてゲームを購入しているのかもしれません。それゆえ，球団やＪリーグクラブなどのプロスポーツ組織は，スタジアムやピッチでは競争する一方で，ファンへの価値あるゲームと観戦経験づくり，そしてプロリーグの発展（経営強化）のためには，ファンをも巻き込んで相手チームと「共創（協働）（Co-Creation/Cooperation）」するという，アンビバレントな状況に対応しなければなりません。

こうしたスポーツプロダクトの特異性がスポーツマーケティングの本質であると同時に，戦略的スポーツマーケティングの実践をも困難にしているのです。

❸ 「複合的交換」としてのスポーツマーケティング

スポーツマーケティングにおける交換の基本形態は，例えば，「Ａさんがテニスレッスンへの参加と引換えにレッスン料をＢスポーツクラブに支払う」という二者間の「限定的交換」です。しかし，オリンピックやＷ杯などのメガ・スポーツイベントには，スポーツのもつメディア価値の増大とともに，三者間以上の「複合的交換」を創造するという特徴があります（図１）。

例えば，国際オリンピック委員会（IOC）や国際サッカー連盟（FIFA）などの国際的スポーツ統括団体・組織は，公式スポンサー権やTV放映権，商品化権および公式ロゴマーク使用権など，「スポーツプロモーション」と呼ばれるプロダクトを代理店などに売買します（交換Ⅰ：権利ビジネス）。代理店はその後，独立したスポーツ組織としてスポーツマーケティング（交換Ⅱ～Ⅳ）を展開していきます。とりわけ，メディアは，スポーツ消費者（視聴者）との視聴取引（交換Ⅴ）を行う一方で，莫大な放映権料を補塡するためにCM料収入の獲得努力（交換Ⅵ）をします。

しかし，一般企業やスポーツ関連企業などからすれば，交換Ⅲ・Ⅵの関係構築は，自社の製品・サービスの販売や，広告・PR活動によるブランド・イメージの向上といった交換Ⅶの促進を狙った「スポーツを通じたマーケティング（marketing through sport）」という見方もできます。　　　　（中西純司）

つことであり，「複合的交換」とは少なくとも３つ以上の当事者が存在する相互関係のシステムを創ることであるという。Bagozzi, R. P. (1975), "Marketing as Exchange," *Journal of Marketing*, 39 (4), pp. 32-39.

▶10　スポーツプロダクトの価値や認知度などの普及・促進に必要な支援プロダクト（プロモーション商品・イベントや権利ビジネス関連商品）である。

おすすめ文献

† Schwarz, E. C. and Hunter, J. D. (2011), *Advanced Theory and Practice in Sport Marketing*, Routledge.

† 近藤隆雄（2012）『サービス・イノベーションの理論と方法』生産性出版。

† Mullin, B. J., Hardy, S. and Sutton, W. A. (2014), *Sport Marketing* (4th Edition.), Human Kinetics : Champaign, IL.

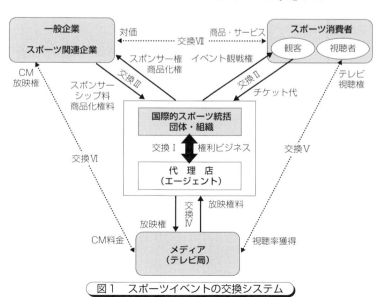

図１　スポーツイベントの交換システム

出所：筆者作成。

スポーツマーケティングの理念・倫理

▷1　山下秋二（2014）「序章　社会科学としての健康・スポーツ科学〜調査研究のあり方〜」出村愼一監修・山下秋二・佐藤進編著『健康・スポーツ科学のための調査研究法』杏林書院，2-20頁。

▷2　山下秋二（1985）「スポーツ・マーケティング論の展開」『体育経営学研究』日本体育経営学会，2(1)，1-11頁。

▷3　(1)公式スポンサー権，(2)公式マーク・ロゴ等を使用した各種商品化権（マーチャンダイジング），(3)独占放映権といった3つの総称である。

▷4　企業がマーケティング活動を行うための基本的姿勢や考え方である。

▷5　企業が社会的コーズ（大義，主張）に基づいて，社会全体との関わり（社会的責任や社会倫理など）を加味したマーケティング活動を行うことである。

▷6　コトラー，P.・カルタジャヤ，H.・セティアワン，I.／恩藏直人監訳／藤井清美訳（2010）『コトラーのマーケティング3.0

1 スポーツの見方・考え方の変遷

　山下によれば，「スポーツの見方・考え方」は時代とともに変遷してきたといいます（図1）。「第Ⅰ期：グループ・ダイナミクスの時代」は，「人間集団のありよう」とスポーツとの関係性に多くの興味・関心が注がれました。「第Ⅱ期：社会構造・地域政策の時代」は，スポーツ振興と地域コミュニティの形成との結合関係を重視した時期です。続いて，「第Ⅲ期：プレイ論の時代」は，多くの人々がいろいろな目的でスポーツを楽しみ始め，スポーツの文化的な見方が浸透していきます。「第Ⅳ期：民主化・社会化の時代」は，スポーツの急激な大衆化と「万人の権利」という考え方が浸透し，人々のスポーツ行動における社会的メカニズム（社会化）の予測・解明が重要な課題とされました。

　「第Ⅴ期：産業化の時代」は，スポーツの見方もプレイ論の枠組みを脱して大きく変容し，スポーツのビジネス化・商品化が進んでいきます。わが国にスポーツマーケティングの考え方が登場したのもまさにこの時期であり，後に「ユベロス・マジック」といわれる権利ビジネス（民間資本）が初めて導入されたオリンピック・ロサンゼルス大会（1984年）がその契機です。「第Ⅵ期：多元的パラダイムの時代」は，いろいろな価値観をもった人々がスポーツの楽しみ方（スポーツ享受）の多様性を「生活者の論理」で主張するようになった時期であり，この考え方が21世紀生涯スポーツ社会にも継承されています。

2 マーケティング理念の変遷

　スポーツマーケティングの理念は，スポーツ組織がスポーツ文化の普及・発展に向けたマーケティング活動を実行していくうえでの根本的な考え方や姿勢であり，各時代におけるスポーツの見方・考え方や人々のスポーツ行動のあり方などで大きく変わります。例えば，一般のマーケティング分野では，マーケティング理念が時代を背景に「生産志向→製品志向→販売志向→消費者（顧客）志向」といった4段階の変遷を遂げてきました。最初は，消費者が入手しやすい手頃な製品を作れば売れる「生産志向」や，よい（高品質・高機能の）製品を作れば売れる「製品志向」といった生産者優先の考え方です。やがて供給が需要を上回ると，消費者ニーズを無視してでも売り込まないと消費者は買わないという「販売志向」が重視され始めます。しかし，企業の身勝手な売り込

みでは製品が売れないことに気づき，消費者ニーズや欲求などを分析し消費者が最も満足する製品を生産・販売する「消費者志向」の理念が主流となり，ここに至って初めて，マーケティング本来のパラダイムが登場したといえます。

　しかし今や，「消費者満足」だけにとどまらず，社会全体の価値（社会福祉の向上や環境問題への取り組みなど）を長期的かつ倫理的な視点から優先する「社会志向」の理念が「社会的責任のマーケティング[15]」として高く評価される時代です。P. コトラーほかも，マーケティングの変化を「マーケティング1.0：製品中心の考え方」「マーケティング2.0：消費者中心の考え方」，そして「マーケティング3.0：人間の志や価値・精神中心の考え方」といった3段階で説明し，2010年以降は「マーケティング3.0」の時代を迎えると強調しています。[16]

❸ スポーツマーケティング3.0の時代

　図1は，スポーツマーケティングの理念の変遷を整理したものです。第Ⅰ～Ⅳ期（1950-85年）は，「活動場所の提供」「クラブ（仲間）の提供」「スポーツ教室・大会等の開催」など，ともかくスポーツ活動ができるよう規格化した単一製品をあの手この手で多数の運動者[17]に提供するという「マーケティング1.0」がスポーツ経営（スポーツ事業）[18]の考え方に反映されていました。

　第Ⅴ・Ⅵ期（1985-2010年）には，多くのスポーツ組織がスポーツ生産をビジネス化し，「お客様は王様である」という黄金律で，スポーツ消費者のニーズや欲求が十人十色であることに対応したスポーツプロダクトを効率的かつ効果的に生産・提供し，顧客（満足）の創造と維持を目指す「マーケティング2.0」がスポーツマーケティングの理念として重視されます。

　第Ⅵ期（2010年-）では，FacebookやTwitterなどのソーシャルメディアの台頭により，個人や集団，組織などが相互につながりさまざまなスポーツコンテンツを生成・共有するという新しいスポーツ享受スタイルが出現しています。その一方で，スポーツ界の不祥事（八百長・違法賭博，暴力，ドーピング，人種差別，ハラスメント，組織的な不正・汚職など）が社会問題化しています。現代は，多様なスポーツ主体の参加と協働共生によって，スポーツ・インテグリティ[19]を守り，よりよい社会づくりにも貢献できる望ましいスポーツプロダクトを創造するという「スポーツマーケティング3.0」の理念が肝要です。　　（中西純司）

——ソーシャル・メディア時代の新法則』朝日新聞出版。
▷7　「運動をする人」「するかもしれない人」など，「運動」の視点からみた「人間」の総称である。宇土正彦他著（1976）『体育管理学入門』大修館書店。
▷8　1980年頃は，「体育管理」「体育経営」「体育経営管理」などと呼ばれ，運動やスポーツ活動の成立・維持・発展に必要な直接的条件を整える営みとして「体育・スポーツ事業」論が体系化されている。
▷9　Sport Integrity。スポーツの高潔性，健全性，完全性を意味する用語。

（おすすめ文献）
†広瀬一郎（2007）『スポーツマーケティングを学ぶ』創文企画。
†久保田正義／宮﨑哲也監修（2011）『コトラーのマーケティング3.0に学ぶスポーツマーケティング入門』秀和システム。
†柳沢和雄・清水紀宏・中西純司編著（2017）『よくわかるスポーツマネジメント』ミネルヴァ書房。

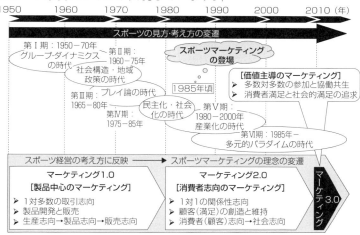

図1　スポーツマーケティングの理念の変遷

出所：筆者作成。

4　スポーツ市場の理解

スポーツ産業の特性

1　スポーツ産業とは

　スポーツ産業は政府統計などにおいて，独立した産業として扱われていません。例えば，日本標準産業分類により，スポーツを楽しむこと（以下，スポーツ享受）に関連する産業を把握しようとすると，「製造業」の下位項目である（以下，→と略す）「その他の製造業」→「がん具・運動用具製造業」→「運動用具製造業」の順となります。さらに，サービス業の視点から，「生活関連サービス業，娯楽業」→「娯楽業」→「テニス場」や「フィットネスクラブ」，また，「教育，学習支援業」→「その他の教育，学習支援業」→「教養・技能教授業」→「スポーツ・健康教授業」の順で把握することもできます。このように，スポーツ産業は多種多様な産業のうち，スポーツ享受に関係するものから再構成して捉えられることがわかります。これは産業分類の特徴を示すものだけではなく，スポーツ享受には多種多様な産業の横断的連携や協働を必要としていることを意味しています。ここではスポーツ産業を「スポーツの享受に関わる各種の産業を需要サイドから捉えなおしたもの」と理解し，その特性について考えていきます。

2　スポーツ産業の特性

　(1)　「業際性」への対応が求められる産業

　スポーツ産業は主に製造業，サービス業に広がる横断的な産業ですが，スポーツ享受に関わる多様な産業をトータルにマネジメントしていくこと，すなわち「業際性」への対応が求められる産業です。

　(2)　文化を産業化したもの

　スポーツ産業は，文化を産業化する際の理念として，スポーツ文化の維持や向上に貢献していくことが求められます。産業からの要求も，スポーツ文化の行方に照らしたものである必要があります。さらに文化を産業化する際の理念として，スポーツの公共性の確保，公益性の発揮にも配慮する必要があります。

　(3)　サービス業の比重が高い産業

　一般の消費者市場におけるスポーツ産業を財（用品・用具）とサービスに分けてみた場合，サービス業の比重が高いという特徴があります。

▷1　2013年10月改定。

▷2　政府統計にみる一般的な産業類型は，鉄鋼業，流通業など供給サイドから構成されてきたが，スポーツ産業にはスポーツを需要する側（需要サイド）からの産業類型の把握が必要となる（スポーツ産業研究会編（1990）『スポーツビジョン2』通商産業調査会）。

▷3　例えば，スノーボードのパッケージツアーでは，移動，宿泊，リフト券，食事（食券），傷害保険（時にはレッスンやレンタル，宅配）などがパッケージで提供されるが，そのどれか一つでも一定の期待水準を下回った場合，そのツアーの参加満足は低下してしまうかもしれない。スポーツ産業はスポーツ享受を核に多種多様な産業が連携する「業際性」や「トータルなマネジメント」が求められる。

▷4　Ⅰ-1-2を参照。

▷5　Ⅰ-1-3を参照。

▷6　施設を建設・購入・運営するなどの行政や民間事業者としてではなく，最終消費者としてスポーツ消費市場をみた場合。

〈立地重視型の産業〉

　一般にサービスは在庫ができず，消費する場面が時間的，空間的に制約されるため，サービスの消費には具体的な接点が必要なため，提供（供給）と利用（需要）の立地条件が重要になってきます。

〈消費者・顧客参加を前提とする産業〉

　スポーツサービスの消費者は，ただ受け身でサービスを受けるのではなく，積極的・主体的に質の高いスポーツ享受の時空間づくりに貢献する必要がある場合があり，いわゆる「生産消費者（プロシューマー）」が求められる産業です。

〈時間加工型の産業〉

　スポーツサービスを利用できる時間があるか否かが，消費行動を規定する場合があります。そのため，スポーツ産業は他のレジャー産業と自由時間をめぐって競合する場合があります。

〈内生化（内部生産化）の可能な領域が多く含まれる産業〉

　例えばスキューバダイビングやスノーボードなどは，初心者の頃はレッスンなどのサービスを利用する必要がありますが，熟練し自立できれば，自前で楽しむことができます。そのため，サービスの受け手の享受能力の高まりに対応していく必要があります。

　(4)　選択財としての性格が強い産業

　多くのスポーツ消費者にとって，スポーツ消費は選択財の消費として位置付いています。そのため「一般経済状況（景気）の影響を受けやすい産業」という性格があります。また，選択財としての性格から「依存効果（dependent effect），デモンストレーション効果（demonstration effect）が多くみられる産業」ともいえます。依存効果によるスポーツ消費とは，宣伝などの企業活動によって創出された需要を背景とするもの，デモンストレーション効果によるスポーツ消費とは，他人の消費行動の影響を背景とするものと理解できます。人々の暮らしの中にスポーツ享受がきちんと根付いていくことは，景気の影響を受けず，依存効果やデモンストレーション効果に頼らない，そして実用的で安定的なスポーツ消費につながるものと考えられます。　　　　（仲澤　眞）

▷7　内生化が進めば，自立したスポーツ活動が活性化する一方，その市場規模は縮小する可能性がある。

▷8　生産者の宣伝，広告によって消費者の欲望が喚起されること。貧しい社会では欲望は必要によって決定されるが，豊かな社会では消費者の顕示欲が消費を促すばかりでなく，生産者の宣伝などの販売技術が欲望をつくりだす（『ブリタニカ国際大百科事典』）。

▷9　ある人の消費欲望が他人の消費状態によって影響されることを指す。例えば，隣人が流行の新商品をもっていることにデモンストレートつまり誇示されて，自分もそれを購入したくなるような現象がそれである（『世界大百科事典 第2版』）。

おすすめ文献

†仲澤眞（1999）「スポーツ産業の動向」池田勝・守能信次編著『スポーツの経済学』杏林書院，21-41頁。

4　スポーツ市場の理解

 スポーツ市場の構造と規模

 スポーツ産業とは

　前節ではスポーツ産業を「スポーツの享受に関わる各種の産業を需要サイドから捉えなおしたもの」とし，その特性が要約されていました。このスポーツ産業の市場をピッツ（Pitts, B.）とストットラー（Stotlar, D.）は「消費者に対して提供されるすべてのスポーツ関連の製品（スポーツ用品，サービス，場所，人々，アイデア）によって構成される市場」と定義しました[1]。また，原田は，スポーツ産業を，(1)スポーツ用品産業，(2)スポーツサービス・情報産業，(3)スポーツ施設・空間産業の3つの領域に分類しています。これらの3領域はそれぞれ独立していましたが，近年ではその領域が重なり，複合型産業として活動していると述べられています[2]。スポーツ産業は，有形の製品を生産するものから，無形のサービスを提供するもの，スポーツそのものを生産するもの，さらに，関連する産業や支援する産業など，その構成要素は多様であり，規模はとても大きくなります。例えば，スポーツ用品産業の代表的な企業であるナイキは，国際的にも最も大きなスポーツ用品メーカーの一つですが，国際的なファブレス企業の代表格でもあります[3]。ナイキは自らブランドの製品を生産するだけでなく，自らイベントを企画し，スポーツを「する」空間を提供しています。また，自社のホームページだけでなく，SNSやスマートフォンのアプリケーションも活用し，製品や企業活動についての情報提供を行っています。これは，スポーツ用品産業領域のブランドが，当該領域を超えたビジネス展開をしている典型例といえますが，ナイキだけでなく多くのスポーツ関連企業が当該領域を超えたビジネスを展開している現状があります。

 わが国のレジャー産業市場とスポーツ産業市場

　スポーツ産業市場の提供側には，(1)スポーツ用品産業，(2)スポーツサービス・情報産業，(3)スポーツ施設・空間産業などが含まれ，一方，需要側には，(1)参加型スポーツ市場，(2)観戦型スポーツ市場，(3)イベント市場，(4)スポーツ用品市場などがあります[4]。このスポーツ産業の市場規模は「レジャー白書」によると，年間4兆円強（4兆186億，2019）と推計されています。レジャー産業市場は娯楽部門，趣味・創作部門，観光・行楽部門，スポーツ部門に分類され，スポーツ部門は2011年を最小（3兆8900億）に，その規模を徐々に拡大させて

▷1　ピッツ，B. G.・ストットラー，D. K.／首藤禎史・伊藤友章訳（2006）『スポート・マーケティングの基礎　第2版』白桃書房。

▷2　原田宗彦編著（2008）『スポーツ産業論　第4版』杏林書院。

▷3　ファブレス企業とはfab（fabrication facility「工場」）を所有していない企業のこと。例としたナイキは，市場投入の約半年前に展示会を行い，小売店からのオーダーを受け付ける（フューチャー・オーダー・システム）を採用し，追加注文は受け付けない場合がある。これらにより，固定資産や在庫リスクを低減させ，経営の効率化を図っている。

▷4　Funk et al. (2016), *Sport Consumer Behaviour Marketing Strategies*, Routledge, p. 44.

▷5　公益財団法人日本生産性本部（2020）『レジャー白書』生産性出版。

います。現在，スポーツ市場の規模はレジャー産業市場全体（72兆2940億，2019）の5.8％を占めています。

わが国におけるレジャー産業市場は，ギャンブル型（パチンコと公営競技[6]）レジャー市場の規模が大きいことが特徴で，その規模はレジャー産業全体の約4割（35.7％，2019），スポーツ産業の約6倍（2019）になります（表1）。

<table>
<tr><td colspan="2">表1　ギャンブル型レジャー市場</td></tr>
</table>

（単位：億円）

	2019年
(1)パチンコ（貸玉料）	200,000
(2)中央競馬	28,820
(3)地方競馬	6,740
(4)競輪	6,730
(5)競艇	15,340
(6)オートレース	750
計	258,380

出所：『レジャー白書』（2020）を基に筆者作成。

3 スポーツ産業の規模と推移

わが国のスポーツ産業市場はどのように推移しているのでしょうか。2012年から2019年までの推移をみると，スポーツ産業市場全体では，2012年をボトムに微増傾向にあるようです。スポーツ施設・スクール市場はほぼ横ばいですが，スポーツ用品，スポーツ観戦市場は，微増傾向にあるようです（表2）。

▷6　公営競技とは公の機関が賭博（ギャンブル）として開催するプロフェッショナルスポーツの総称である。日本で開催されている公営競技は競馬，競輪，競艇，オートレースの4競技である。

表2　スポーツ産業市場の推移

（単位：億円）

	2012年	2013年	2014年	2015年	2016年	2017年	2018年	2019年
スポーツ用品	19,910	19,980	20,330	20,950	21,040	21,420	21,910	22,010
スポーツ施設・スクール	17,890	17,800	17,670	17,760	17,640	17,720	17,720	18,130
スポーツ観戦料	1,360	1,410	1,480	1,560	1,600	1,620	1,640	1,720
スポーツ産業市場計	39,160	39,190	39,480	40,240	40,280	40,760	41,270	41,860

出所：『レジャー白書』（2018）を基に筆者作成。

参加型スポーツに関連の強い「スポーツ施設・スクール産業」では，その規模が縮小傾向にありましたが，2017年以降微増傾向にあります。一方で，観戦型スポーツに関係の強いスポーツ観戦料は，規模は他領域に比べ大きくはないものの，緩やかにその規模を拡大させています。

スポーツ産業市場の内訳では，ゴルフに関連する市場のシェアが高いという特徴があります（表3）。

表3　スポーツ産業市場におけるゴルフ市場

（単位：億円）

	2015年	2016年	2017年	2018年	2019年
スポーツ産業市場	40,270	40,280	40,760	41,270	40,860
ゴルフ市場	13,520	13,340	13,350	13,210	13,510
ゴルフのシェア	33.6％	33.1％	32.8％	32.0％	32.3％

出所：『レジャー白書』（2018）を基に筆者作成。

レジャー産業全体の5.8％がスポーツ産業市場であること，レジャー産業全体の35.7％がギャンブル型レジャー市場であること，スポーツ産業全体の32.3％がゴルフ関連市場であることなど，わが国のレジャー市場やスポーツ市場には特徴的な傾向があることがわかります。

スポーツの享受能力の高まりは，様々な内製化（自らの工夫でサービスの利用や製品の購入を控える）を生みます。そのため，参加人口の拡大や活動頻度の増加がそのまま市場規模の大きさに反映されない場合があります。「持続可能な成長」が問われるなか，市場規模の推移だけでなく活動の実態を捉えていくことがスポーツ市場の構造を理解するために必要です。

（井上尊寛）

おすすめ文献

†笹川スポーツ財団（2017）『スポーツ白書2017──スポーツによるソーシャルイノベーション』。
†Shank, M. D. (2009), *Sports marketing : A strategic perspective* (4th ed.), Prentice Hall : Upper Saddle River, NJ, USA.

4　スポーツ市場の理解

スポーツプロダクトの種類

❶ スポーツプロダクトの種類

　スポーツ産業は，提供側からは，(1)スポーツ用品産業，(2)スポーツサービス・情報産業，(3)スポーツ施設・空間産業などによって捉えられ，一方，需要側からは，(1)参加型スポーツ市場，(2)観戦型スポーツ市場，(3)イベント市場，(4)スポーツ用品市場などによって構成されます。このように，相互に関連していることは前述した通りですが，そこで生産されるプロダクトも多様になっています。例えば，観戦型スポーツの中核的な製品は「試合」ですが，その他にも試合を成立させるためのスタジアムや設備，観客席や飲食，応援用のタオルマフラーやユニフォーム，ファンクラブ専用の有料サイトなど，有形のモノから無形のサービスまで多くのプロダクトを扱います。

　参加型スポーツにおいて，例えばフィットネスクラブでエクササイズを行う場合，利用者が直接消費するプロダクトはスタジオでのプログラムやトレーニングなどの無形のソフトやサービスです。それを成立させるためのスタジオやトレーニングマシン，更衣室やシャワーなどの付帯設備もプロダクトに含まれます。さらに，トレーニングを行う際に必要な用具もプロダクトの一部になります。生産者は，それぞれのビジネスにおいて他者との優位性を確保するために，自らが提供する（生産する）プロダクトの特徴や強みあるいは弱みを把握しておく必要があります。まずはプロダクトとは何か，そしてスポーツプロダクトにはどのような特性があるのかについて解説していきます。

❷ プロダクトとは何か

　コトラーは製品について，欲求やニーズの充足のために提供され，その中には有形のモノだけでなく，サービスや人材，場所などの多くの要素が含まれると述べています。このように製品とは有形のモノを示すだけでなく，無形のサービスやソフト（ノウハウやプログラム）も含む概念であることがわかります。スポーツによって生み出される製品を考えてみると，スポーツをするために必要な用具・用品，スポーツを行う場所や設備・施設，スポーツをみるためのスタジアムやそこで生産される試合やイベントなどが製品に相当するでしょう。消費者はスポーツを「する」または「みる」という欲求を充足するために用具を購入したり，スタジアムへ足を運んだりします。その最終的な目的はさまざ

▶1　I-4-2 を参照。

▶2　原田宗彦・藤本淳世・松岡宏高（2008）『スポーツマーケティング』大修館書店。

▶3　フィリップ・コトラー，ゲイリー・アームストロング／和田充夫監訳（2003）『マーケティング原理（第9版）』ダイヤモンド社。

までですが，消費者は製品やサービスの消費によって得られる経験を買っているともいえるでしょう。

3　スポーツプロダクトの特性

　コトラーは製品の構造を，得られる便益の束を基に3つの階層で示しています。最も基本的な中核の部分として，(1)製品の核（中核となる便益），その外側に(2)製品の形態，そして(3)製品の付随機能という3つのレベルを設定しています。スポーツプロダクトを製品の3つのレベル（図1）で考えてみると，中核的な便益はプロスポーツにおける「試合」やフィットネスクラブでのトレーニングやレッスンなどの「スポーツサービス」を消費することによって得られる便益であるといえます。(1)スポーツプロダクトの中核的な便益について原田は，プロスポーツからは興奮や娯楽，カタルシスなど，フィットネスクラブでは健康や社交などがこれに相当するものとしてあげています。次に，(2)製品の形態（実態部分）については，プロダクトの特徴や名称，スタジアムや観客席，フィットネスクラブのスタジオやトレーニングマシンなどがあてはまります。最後に(3)製品の付随機能（付随部分）では，スタジアムの特別観覧席やシーズンチケット，フィットネスクラブであればロッカールームやフロントの対応，インストラクターなどがあてはまります。消費者の製品やサービスの購買行動を引き起こすためには，実態としての製品に加え，消費者の満足を最大化するような付随機能をいかにして創造するかを検討する必要があります。

4　コアプロダクトとサービス・クオリティ

　幅広いプロダクトを扱うスポーツでは，プロダクトの消費によって満足（あるいは不満足）を得，再度購入するかどうかの行動に至ります。プロスポーツ観戦者の観戦行動に関する先行研究では，スポーツ観戦の満足に対して，コアプロダクトとしての試合と付随機能であるサービスが行動に与える影響について検討されています。スポーツ観戦者の行動は，コアプロダクトへの満足がサービスに起因する要因よりも強い影響を与えていることが明らかにされていますが，試合というプロダクトは，対戦相手があって初めて成立するモノであり，予測やコントロールが難しいという特徴があります。そのため，スポーツマーケティングでは，コアプロダクトの質の低下による不満足を低減するために，付随部分から得られる便益を最大化することに注力しています。コアプロダクトから得られる便益は個人の享受能力によって増減するため，試合というプロダクトの便益の束を最大化する場合も，またその最小化を防ぐ場合も，コントロール可能な付随部分を管理していくことが大切です。　（井上尊寛）

▶4　和田充夫・恩蔵直人・三浦俊彦（2005）『マーケティング戦略』有斐閣。

図1　製品の3つのレベル

出所：コトラー（2003：349）および和田ら（2005：168）を基に筆者作成。

▶5　原田宗彦編著（2008）『スポーツ産業論第4版』杏林書院。
▶6　Yoshida, M. and James, J. D. (2010), "Customer Satisfaction With Game and Service Experiences：Antecedents and Consequences." Journal of Sport Management, 24, pp. 338-361.

おすすめ文献
†山下秋二・中西純司・松岡宏高編著（2016）『図とイラストで学ぶ 新しいスポーツマネジメント』大修館書店。
†コトラー，フィリップ・アームストロング，ゲイリー／和田充夫監訳（2003）『マーケティング原理（第9版）』ダイヤモンド社。

4　スポーツ市場の理解

4 スポーツ消費者の類型

▶1　Funk et al. (2016), "Sport Consumer Behaviour Marketing Strategies", Routledge, p. 5.

▶2　心理的反応には満足感，達成感，自尊感情，愛着などが，行動的反応にはクチコミ，コミュニティ化，カスタマイズ化，向社会的行動などが含まれる。

▶3　わが国において，スポーツを年間1回以上行う割合は，約半世紀で(1965-2013)で，46.9-80.9％まで増えてきている（内閣府(1965)『スポーツに関する世論調査』文部科学省(2013)「調査結果の概要」『体力スポーツに関する世論調査』14頁）。

▶4　日本スポーツマスターズの全国大会では，毎年，7000人を超える中高年アスリートが参加している（日本体育協会(2015)）。

① スポーツ消費者

　スポーツ消費者行動は「スポーツ製品の購入や利用，およびその購入・利用に対して生じる様々な心理的・行動的反応[2]」とされ，スポーツ消費者は図1のように，大きく4つに分類されます。

　(1)　参加型スポーツ消費者（active sport consumer）：主に自らのスポーツ参加に関わるスポーツ消費を行う人々を指します。スポーツ参加の動機は，競技志向，健康志向，楽しみ志向など多様なものを背景としています。若年層・青年層では競技志向が強く，壮年期以降では健康や楽しみ志向が強くなる傾向がありますが，マスターズ・スポーツのように，中高年層でも競技志向のスポーツを楽しむ人もいます。

　(2)　観戦型スポーツ消費者（passive sport consumer）：スポーツの（スタジアムやアリーナなどにおける）ライブ観戦や（テレビ，ラジオ，ネットなどを介する）メディア視聴に関わるスポーツ消費を行う人々を指します。ライブ観戦で人気のあるスポーツの入場者数は，人気の上位10競技だけで年間1億1000万人と推計され，テレビでスポーツ観戦をする人は国民の88％とされています。スポーツやスポーツビジネスが社会に大きな影響力をもつ背景には，こうしたスポーツの人気があります。昨今では，ライブ観戦とメディア観戦の境界があいまいになり，両者が統合される動きがあるという指摘があります。

　(3)　スポーツ用品の消費者（consumers of tangible sport products）：スポーツの用品・用具，シューズ・ウェアなどのスポーツ用品を購入する人々を指します。今日では，スポーツ活動のためだけでなく，日常の使用にスポーツ用品を購入する人がいます。競技力向上に直結した本来的なスポーツ用品，アスリートでない人が自己表出の手段として購入する高機能スポーツ用品，特定のスポーツやチームのファンであることを表出する（レプリカユニフォームなどの）スポーツ用品，日常で使用されるスポーツ用品など，スポーツ用品の消費者が求めるものは多岐にわたります。

　(4)　スポーツイベントの消費者（consumer of sport events）：スポーツイベントに自ら参加することや，スポー

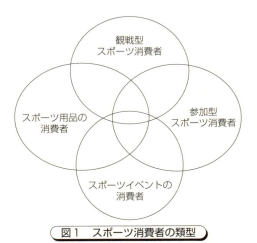

図1　スポーツ消費者の類型

出所：Funk et al. (2016：44).

ツイベントを観戦することに関わる消費を行う人々を指します。参加費や観戦チケット代などイベントへの直接的消費だけでなく，移動や宿泊などスポーツツーリズムとも深く関わるスポーツ消費領域です。スポーツイベントの消費者は，スポーツの財源への影響だけでなく，地域社会への社会的・文化的・政策的な影響からも重要な存在になっています。

❷ スポーツ消費の重層性とその動機

　図1は，スポーツ消費者が4つに分類されることに加え，複合的なスポーツ消費を行っていることも示しています。参加型スポーツ消費者は，一般に，その活動に伴って施設利用やスポーツ用品の購入，イベント参加などの消費を伴います。さらに，参加型スポーツに関わる人は，観戦型スポーツの消費も活発であることが報告[10]されています。観戦型スポーツの消費者は，応援グッズにみられるスポーツ用品などを購入[11]しています。関連して，観戦型スポーツの消費者は，一般のスポーツ観戦者とスポーツチーム（クラブ）の熱心なファンとに分けて扱うべきという指摘があります。後者はシーズンチケットの購入や特定の有料視聴契約，チーム（クラブ）のグッズ購入など，より多くのスポーツ消費を行うからです。[12]

　スポーツ消費は行動的な特徴に基づく分類だけでなく，動機などの心理的特徴との関係で捉えることもできます。例えば，観戦型スポーツ消費者の動機としては，人々と交流したい（Socialization），卓越性を求めたい（Performance），興奮を求めたい（Excitement），自尊心を満たしたい（Esteem），ストレスを解消したい（Diversion）などから類型化した「SPEED モデル」などが広く知られています。[13]

❸ スポーツの文化とスポーツ消費者

　トフラー（Toffler, A.）は，文化の消費者を，消費行動一般にみられる「費用と便益を交換する（transaction）」主体としてではなく，その文化活動の成果に対して主体的に，献身的に関わる者であるとしています。協働（チームの運営を手伝う），社会的相互作用（他のファンを気遣う），結果への寛容性（チームを気遣う）などのファン・エンゲージメント（fan engagement）の概念にみられるように，ファンは，チケットを買い，スタジアムでサービスを受ける消費者であるだけでなく，ファンとしてスポーツに主体的に向き合い，そのスポーツ文化の担い手として，その時空間をよりよいものにしていく存在でもあります。

　スポーツ消費者は，行動的特徴，心理的特徴などで分類できますが，単なる消費者であるのか，あるいは文化の担い手であるのか，という視点もスポーツマーケティングでは重要になります。スポーツビジネスが，スポーツ文化の維持と向上を担うものであるならば，スポーツ消費者にも文化の担い手としての役割を伝えていく必要があるのです。　　　　　　　　　　（吉岡那於子）

▶5　ライブ観戦の人気上位種目は人気順にプロ野球（NPB），高校野球，Jリーグ，マラソン・駅伝であった（笹川スポーツ財団（2016）『スポーツライフデータ2016』94頁）。

▶6　前掲▶5の94頁。

▶7　前掲▶5の97頁。

▶8　パブリック・ビューイングでは，応援仲間との集合的な応援や応援のパフォーマンスを楽しむことができ，メディアを介しての観戦でありながら，単にみることを超えて，応援パフォーマンスを伴って，自らもゲームに参加する身体性を味わうことを可能にするなどの指摘がある（杉本厚夫（2015）「観戦学の視座──多様化する観戦の楽しみ方」『体育の科学』65（10））。

▶9　日本スポーツマスターズでは1回あたりの経済効果が6.7億円と試算されている（日本体育協会（2016））。

▶10　前掲▶5の93頁。

▶11　サッカー日本代表戦の観戦者の71.7%がレプリカユニフォームを所有している（日本サッカー協会・筑波大学（2016））。

▶12　前掲▶1の46頁。

▶13　前掲▶1の105頁。[III-12-3]を参照。

（おすすめ文献）

✝トフラー，A.／田中直毅訳（2007）『「生産消費者」の時代』日本放送出版協会。
✝トフラー，A.／岡村二郎訳（1964 = 1997）『文化の消費者』勁草書房。
✝トフラー，A.／徳岡孝夫訳（1980 = 1980）『第三の波』中公文庫。

5　戦略的スポーツマーケティングのプロセス

 スポーツマーケティングと市場志向

 スポーツ組織と戦略的志向性

　スポーツマーケティングとは，人々や社会がスポーツに求めるニーズを見極め，それに応えることです。今日，急速かつ多様に変化するニーズに対応するため，スポーツマーケティングはスポーツ組織にとってなくてはならない組織的機能となっています。このように，市場のニーズに応える環境適合の点からその重要性を理解することができますが，そもそもスポーツ組織はどのような理念に基づいてスポーツマーケティングを実践すべきなのでしょうか。あるいは，スポーツ，消費者，競争相手，社会のどこに重点を置くと，スポーツ組織は市場のニーズに応えることができるのでしょうか。こうした疑問に答えるために生まれてきたのが戦略的志向性（strategic orientation）[1]という考え方です。戦略的志向性には市場との対話を最優先に考える市場志向の他に，大量生産を優先する生産志向，販売に主眼を置く販売志向，最高品質の製品の製造にこだわる製品志向などがあります。ここではスポーツマーケティングの効果を最大化させるために欠かせない市場志向について解説します。

2　戦略的志向性としての市場志向

　スポーツ組織が市場志向であるかどうかは，スポーツマーケティングをどの程度実行しているかによって決まります。既存および潜在顧客のニーズを把握するとともに，その情報を組織内で共有し，全組織をあげて市場に反応するスポーツ組織ほど市場志向ということになります[2]。こうした認識は「組織行動」の視点が基になっており（表1），(1)マーケットリサーチを実施して市場を理解していること，(2)生成した市場情報を組織内に広く普及させていること，(3)得られた情報を基にマーケティングプランを設計・実行し市場に反応していることなどが判断基準となります。さらに，「組織文化」の視点から市場志向を捉えることも可能で（表1），(1)顧客を大切にする文化（顧客志向），(2)競争相手の動きに迅速に対応する文化（競争相手志向），(3)組織内で協力して市場に反応する文化（協調志向）の3つが根付いているかどうかも，市場志向のスポーツ組織には求められます[3]。重要なのは，市場志向の行動は必然的に市場志向の文化を必要としますから[4]，卓越したマーケティング力を備えたスポーツ組織は文化的にも行動的

▷1　戦略的志向性とは，組織の戦略を決定づける際の基となる経営理念，哲学，文化のことである。

▷2　Kohli, A. K. and Jaworski, B. J. (1990), "Market orientation : The construct, research propositions, and managerial implications," *Journal of Marketing*, 54(2), pp. 1-18.

▷3　Narver, J. C. and Slater, S. F. (1990), "The effect of a market orientation on business profitability," *Journal of Marketing*, 54(4), pp. 20-35.

▷4　Homburg, C. and Pflesser, C. (2000), "A multiple-layer model of market-oriented organizational culture : Measurement issues and performance outcomes," *Journal of Marketing Research*, 38(2), pp. 449-462.

表1　市場志向を構成する概念

市場志向	
組織行動的視点	組織文化的視点
1．市場情報の生成	1．顧客志向
2．市場情報の共有	2．競争相手志向
3．市場への反応	3．協調志向

出所：Kohli, A. K. and Jaworski, B. J. (1990)
　　　および Narver, J. C. and Slater, S. F.
　　　(1990) を基に筆者作成。

にも市場志向であるといえます。

3　市場志向になるための条件

　スポーツ組織はある日突然，市場志向になる訳ではありません。市場志向に関する膨大な量の先行研究をまとめた報告によると，(1)組織のトップがマーケティングの重要性を理解していること，(2)組織内の部署が互いに協力する体制になっていること，(3)短期的な売上だけでなく，顧客満足などの心理的変数を評価する制度が整っていること，(4)顧客思いの接客方法を学ぶトレーニングが準備されていることの4つが，市場志向の組織を生み出すための条件であることがわかっています。中央競技団体，プロ野球チーム，Ｊリーグクラブのようなトップレベルのスポーツ組織であっても，そこで働く専任職員の数は数十人規模です。こうした状況は，大企業に比べると職員同士が連携しやすく，市場情報の共有が起こりやすい環境といえます。ところが，スポーツ組織が市場志向になれない問題の多くは，マネジメントを行う職員と競技を行うアスリートの間に認識の不一致がある場合や，トップのスポーツ経営者が市場志向の重要性を十分に理解していない場合に発生します。したがって，スポーツ組織を市場志向にするためには，縦（トップ・マネジメント）と横（アスリートと職員）のつながりの中で市場に目を向ける体制を整える必要があります。さらに，一般のスポーツ参加者や観戦者を顧客として捉え，彼らのニーズを充足するための研修が実施されていることや，顧客思いのサービスを提供したスタッフを評価する表彰制度が整備されていることも重要です。スポーツ組織が市場志向になるためには，たとえ組織的に小規模であっても，このようなトレーニングや評価システムを導入しなくてはなりません。

4　市場志向から期待できる効果

　市場志向はスポーツ組織が外部環境に適応するために欠かせない組織文化ですが，経営的な視点からも，多くの成果をもたらすことが明らかになっています。スポーツ組織が市場志向になると革新的な新製品が開発され，売上，利益，市場占拠率が増加するだけでなく，そこで働く人の職務満足，忠誠心，団結力が増します。また，顧客の間では利用する製品やサービスに対する満足度が高まり，それを提供するブランドや組織に対する愛着も強まります。これらの関係性は，スポーツ組織が市場志向になると製品イノベーションが起こり，生み出された発明品は組織だけでなく，そこで働くスタッフの成長にもつながることを意味しています。世界一のスポーツメーカーのナイキの理念は「世界中のアスリートにインスピレーションとイノベーションを与える」というものです。次々とヒット製品を生み出し，成長を続けるナイキの競争力の源は，市場志向という組織文化にあるといっても過言ではありません。　　　　　（吉田政幸）

▷5　Kirca, A. H., Jayachandran, S. and Bearden, W. O. (2005), "Market orientation : A meta-analytic review and assessment of its antecedents and impact on performance," *Journal of Marketing*, 69(2), pp. 24-41.

▷6　前掲▷2の7-12頁。
▷7　市場占拠率とは，市場における全売上高の中で，ある組織の製品の売上が占める割合のことである。
▷8　製品イノベーションとは，ある組織が市場における既存製品の価値を凌駕する新しい製品を開発することである。

おすすめ文献

†Kohli, A. K. and Jaworski, B. J. (1990), "Market orientation : The construct, research propositions, and managerial implications," *Journal of Marketing*, 54(2), pp. 1-18.
†中西純司 (2014)「スポーツマーケティングにおける『市場志向』概念の検討――民間スポーツフィットネスクラブ組織への適用」『立命館産業社会論集』50(1)，127-153頁。
†Narver, J. C. and Slater, S. F. (1990), "The effect of a market orientation on business profitability," *Journal of Marketing*, 54(4), pp. 20-35.

5　戦略的スポーツマーケティングのプロセス

 **スポーツマーケティングにおける
環境適合**

▶1　マーケティングプロ
セスとはマーケティング戦
略の立案，実行，評価の流
れを段階的に示したもので
ある。
▶2　Mullin, B. J., Hardy,
S. and Sutton, W. A.
(2007), *Sport Marketing*
(3rd ed.), Human Kinetics.

マーケティングプロセス

　マーケティングという言葉を聞くと，「商品の販売促進などのさまざまな手
段を通して行われる消費者に対するアプローチ」と考える人が多いと思います。
これは間違いではありませんが正解でもありません。マーケティングの計画は
戦略的なマーケティングプロセスの中の一つのステップであり，プロセス全体
の機能を理解することで，より効果的かつ効率的に立案することができます。
戦略的なマーケティングプロセスの主な構成要素は，(1)市場と自組織の環境分
析，(2)マーケティング目的と目標の明確化，(3)マーケティングプランの開発，
(4)組織全体としての戦略とマーケティングプランの調整，統合，およびプラン
の実施，(5)実施したマーケティングプランのコントロールおよび評価です。

　このプロセスの中心的機能はマーケティングプランの開発ですが，プランの
立案は独立した存在ではありません。どのような戦略を具体的に立案していく
かの指針は，それぞれのマーケティングプランの目的や目標です。目的とは組
織がマーケティング戦略を展開する意義や理由であり，多くの場合は広義的で
質的な記述で表現されます。一方，目標とはマーケティング戦略を展開するこ
とによって得られる達成目標であり，多くの場合は具体的で量的な記述で表現
されます。例えば，不本意なシーズンを送り終盤の消化試合期にあるプロ野球
チームがあるとします。来場者数を1万人程度と予想しますが，何とか2万人
の来場者を集めたいと考えました。併せて，近年の低迷したチームイメージを
払拭するため，来シーズンからチームカラーを白から赤へと大転換する方針の
もと，早急にその認知を高めていきたいと考えています。数的な記述（2万人
の来場者を集める）はマーケティング目標であり，一方で認知度を高めるといっ
た質的な記述はマーケティング目的となります。この目的や目標を指針とし，
マーケティング戦略を立案すると「先着2万人の来場ファンにニューレッド
チームTシャツをプレゼント！」という企画へとつながっていきます。この
ように達成すべき目的や目標はマーケティング戦略の立案の道しるべとなり，
明確な表明であればあるほど，戦略内容を容易に設定できます。

② 環境分析

　マーケティングプランの立案と同様に，目的や目標も思いつきで表明するも

のではありません。どのような目的や目標を立てるか，あるいは立てるべきか
は，市場や自組織に関する環境分析の結果が指針となります。この環境分析は
戦略的マーケティングプロセスの最初のステップであり，あとに続く他のス
テップの基準となることからもその重要性を理解できます。分析対象は内部環
境と外部環境に分類されます。[3]

内部環境とは，戦略的マーケティングプロセスに影響を及ぼす可能性がある
組織内部の影響要因を指します。代表的なものに，組織全体としてのミッショ
ンやビジョン[4]，経営戦略，組織の構造や組織文化などが含まれます。マーケ
ティングプランはマーケティング目的や目標を基に考案されると説明しました。
この目的や目標は自組織全体としてのビジョンやミッションおよび経営戦略の
範囲内でなければいけません。つまり，一般的にマーケター個人が組織全体の
意思決定には参加しませんが，プランの考案に際し自組織の動向に関する情報
を的確に把握しておく必要があります。

次に外部環境とは，戦略的マーケティングプロセスに影響を及ぼす可能性が
ある組織外部の影響要因を指します。政治や経済の情勢，法規則の改正，科学
技術の進展，文化および社会的価値の傾向，人口構成の変化などマクロ環境的
な要因を含みます。例えば，政権が交代すれば政策への予算措置の比重も変わ
ります。スポーツ事業に対する公的機関の予算配分はスポーツ組織にとって大
きな影響を与える要因です。さらに，もう一つ重要な外部環境の要因に競合組
織の動向があります。競合組織は直接的競合組織と間接的競合組織に分類する
ことができます。例えば，水泳教室事業を展開している組織にとって，同類の
サービスを提供している同地域の他の水泳教室は直接的競合相手になります。
また，子どもの習い事という観点で考えれば，他のスポーツ教室や英語などの
教養教室も間接的な競合相手となります。レジャー産業の消費者を奪い合って
いるという広義な観点では，東京ディズニーランドなどの娯楽ビジネスも間接
的な競合相手とみなすことができます。直接間接を問わず，常に競合組織の事
業内容やマーケティング戦略の動向に目を光らせておかなければいけません。
これらの外部環境要因は自組織において管理できないものの，事業展開におい
て情報収集を心掛ける必要があります。

③ 環境適合

「市場は生きもの」と称されることがあります。これは市場が常に変化する
ためです。成功しているビジネスも市場環境の変化に対応できなければ後退の
一途を辿ります。一方，環境の変化を的確に把握することで，新しいビジネス
チャンスを発見できます。スポーツ組織は常に内部環境と外部環境の両方に関
し，継続的に情報を収集・分析し，市場環境へ適合していく必要があります。

(徳山　友)

▷3 Shank, M. D. and Lyberger, M. R. (2015), *Sports Marketing* (5th ed.), Routledge.
▷4 ミッション（mission）とは組織の使命や存在意義を指し，ビジョン（vision）は組織の将来構想を指す。基本的にミッションは不変だがビジョンは変化することがある。

【おすすめ文献】
†Kotler, P. (1997), *Marketing Management* (9th ed.), Prentice Hall.
†ブランチャード，K.・ストーナー，J.／田辺希久子訳 (2004)『ザ・ビジョン 進むべき道は見えているか』ダイアモンド社。
†Shank, M. D. and Snyder, R. A. (1995), "Temporary solutions: Uncovering new market opportunities in the temporary employment industry," *Journal of Professional Services Marketing*, 12 (1), pp. 5-17.

5　戦略的スポーツマーケティングのプロセス

SWOT 分析によるアプローチ

 SWOT 分析とは

　スポーツ組織がマーケティング戦略を立案する場合，まずそれぞれの組織が置かれている環境や資源を把握することから始めます。スポーツ組織を取り巻く周辺環境は絶えず変化しており，変化に対応したマーケティング戦略を立てなければ，組織の存続が危ぶまれる状態に陥ってしまいます。したがって，組織の置かれている状況を基に経営戦略を策定することが極めて重要です。自らの環境を把握し，意思決定を行うための有効な分析方法の一つに SWOT 分析があります。SWOT 分析は，1970年代に K. アンドリュースらによって紹介され，その後広く普及しました。組織を取り巻く環境要因を「Strength（強み）」「Weakness（弱み）」「Opportunity（機会）」「Threat（脅威）」に分類し，それぞれの頭文字をとって SWOT 分析と呼んでいます（図1）。SWOT 分析では組織の置かれている環境を「外部環境」と「内部環境」に分類し分析します。

2　脅威と機会（外部環境），強みと弱み（内部環境）

　「Opportunity（機会）」と「Threat（脅威）」は，外部環境に関する項目です。P. コトラーらは，「マクロ環境要因」（人口統計的，経済的，自然環境的，技術的，政治，法的，社会文化的）および「ミクロ環境要因」（顧客，競合他社，流通業者，ディーラー）を観察しなければいけないと指摘しています。外部環境を観察する主な目的は新たなマーケティングを行う機会をみつけることにあります。外部環境の中に脅威になるものもあります。このような外部環境上の脅威は，不利なトレンドや変化によって引き起こされます。スポーツビジネスを取り巻く環境は日々大きく変化しています。例えば今から30年程前までは主なプロスポーツは，プロ野球と大相撲だけでしたが，1993年の J リーグ開幕以降，B リーグ（バスケットボール）や F リーグ（フットサル）などをはじめさまざまな新リーグが設立されています。また，IT 技術の進化や LCC（格安航空会社）の台頭により，海外のプロスポーツについても接触がより容易になっています。さらにはスポーツを時間消費型のレジャーと捉えると，ここ数年の間に余暇活動は多様化しており，特にデジタルデバイスを利用した情報革命に

▶1　Andrews, K. (1971), *The Concept of Corporate Strategy*, R. D. Irwin : Homewood, IL, USA.

▶2　フィリップ・コトラー，ケラー・ケビン・レーン／恩藏直人監修／月谷真紀訳 (2008)『コトラー＆ケラーのマーケティング・マネジメント（第12版）』ピアソン・エデュケーション。

	内部環境	外部環境
ポジティブ	Strength（強み）	Opportunity（機会）
ネガティブ	Weakness（弱み）	Threat（脅威）

図1　SWOT分析の枠組み

出所：フィリップ・コトラー・ケラー・ケビン・レーン／恩藏直人監修／月谷真紀訳 (2008)『コトラー＆ケラーのマーケティングマネジメント（第12版）』ピアソンエデュケーションを基に筆者作成。

よってスポーツの脅威となるものが増加しています。一方で，環境要因はこのような逆風だけではありません。2019年のラグビーワールドカップや2020年の東京オリンピック・パラリンピックなどのメガ・スポーツイベントは日本のスポーツ界全体にとって魅力的な機会になるでしょう。

　魅力的な機会を発見してもその機会を必ずしも活用できるとは限りません。魅力的な機会を活用するには自らの「Strength（強み）」や「Weakness（弱み）」などの内部環境を評価する必要があります。他の組織との比較において，自組織が特徴的な資源を持ち合わせていれば，それが強みとなります。これに対して，組織内に欠点や不足しているものがあれば，それは組織の弱みといえます。強みと弱みは内部環境ですが，そもそも競合相手との相対的な評価によって組織の強みと弱みが決定されるため，内部環境は外部環境の影響を受けます。このように，マーケティング戦略の立案では，SWOT 分析のような環境分析を用いて組織の置かれた状況を確認する必要があります。この時，過度に内部要因を強調したり，自社の強みに関連した脅威や機会にだけに目がいかないよう，外部から内部の順で検討することが肝心です。

③ SWOT 分析の活用

　SWOT 分析だけで新たなマーケティング戦略が立案されるわけではありません。SWOT 分析はあくまでスポーツ組織が置かれている環境を把握するための手段にすぎません。SWOT 分析でスポーツ組織の現状把握をした後は，アクションを起こすための具体的な目標を設定する必要があります。目標を設定した後は，その目標を達成するためのマーケティング戦略を立案し，具体的なアクションプログラムの作成・実行に移ります。さらには実行するのみで終わるのではなく，その結果を顧みて（フィードバックとコントロール）（図2），次のアクションにつなげることが大切です。

（岩村　聡）

おすすめ文献

†コトラー，F.／恩藏直人・大川修二訳（2003）『コトラーのマーケティングコンセプト』東洋経済新報社。

†ミンツバーグ，H.ほか／斎藤喜則監訳（2012）『戦略サファリ 第2版──戦略マネジメント・コンプリート・ガイドブック』東洋経済新報社。

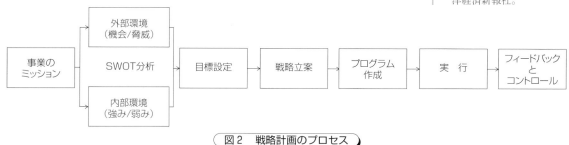

図2　戦略計画のプロセス

出所：フィリップ・コトラー，ケビン・レーン・ケラー／恩藏直人監修／月谷真紀訳（2008）『コトラー＆ケラーのマーケティングマネジメント（第12版）』ピアソンエデュケーション。

5　戦略的スポーツマーケティングのプロセス

スポーツマーケティングプロセス

 マーケティングプロセスの枠組み

　マーケティングプロセスは，スポーツ組織などが置かれている状況を把握するために，組織の内部環境と外部環境の両方を調査することから始まります。その手法としては，例えば前節のSWOT分析があげられます。スポーツ組織が環境把握のために実施している調査の例として公益社団法人日本プロサッカーリーグ（Jリーグ）が大学と連携して行っているJリーグ観戦者調査があります。この調査はJリーグが開幕する直前の1992年から現在に至るまで毎年行われています。2001年からは所属する全クラブを対象に実施しているため，調査規模は1万7000サンプルを超えるまでになっています。この調査から得られたデータをみると，Jリーグ観戦者の変化，すなわちJリーグの市場の変化がよくわかります。このような調査によって組織を取り巻く環境を把握することができます。

　図1はマーケティングプロセスの流れを示しています。調査により市場情報を把握した後は，計画の段階に入ります。計画には，(1)組織全体を望む方向に導くための戦略計画の段階と，(2)具体的なマーケティング戦略を立案するマーケティング計画の段階があります。マーケティング戦略を立案する際は，先の調査で明らかになった外部環境を考慮するのはもちろんのこと，特定のターゲット市場に焦点を合わせたマーケティング目的と目標を設定し，さらに，予算に加え，いつ，だれが，どこで施策を行うかといった具体的な計画を立てることが求められます。

　マーケティング戦略は適切に策定されなければいけませんが，適切な方法により実行できなければその成果は制限されてしまいます。マーケティングを実行する段階ではマーケティング計画を効果的に機能させるための月別，あるいは日別の細かな活動が特定される必要があります。マーケティング計画の段階が「なぜ」「どのように」を扱うのに対して，実行では「誰が」「どこで」「いつ」「どのように」などの課題に

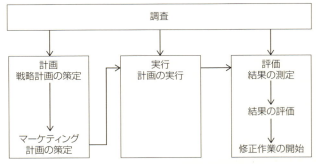

図1　調査，計画，実行，評価の関係

出所：コトラー（2003）を基に筆者作成。

取り組むこととなります。

　マーケティングの実行段階では想定外のことがしばしば発生します。その経験を次のマーケティングプロセスに活かすためにはこれまでの活動を評価することが重要です。評価では，まず自分たちが何を達成したいのかという目標を設定することが必要です。目標がなければ，施策の達成度を確認できなくなってしまいます。明確な目標のもと，結果を測定し，測定した結果を評価し，次のマーケティング施策へと役立てていく段階までを含め，マーケティングプロセスと呼んでいます。

② ターゲットの設定

　マーケティングプロセスを展開するにあたって重要なのがターゲットの選択です。スポーツ消費者が求めるニーズは多様であることから，すべての人を満足させるプロダクトを提供することは難しいのが現実です。そのため，ターゲットをしぼり，その特性に合ったプロダクトを提供する方が効率的です。ターゲットを設定するには市場細分化（セグメンテーション）を行います。スポーツ消費者の市場を細分化する視点として人口統計的変数，社会心理的変数，行動的変数，ベネフィット変数が有効とされています。[1] これらの変数を基に市場を細分化しますが，効果的なセグメントを切り出すためには，識別可能性，接近可能性，実質性，反応度などを考慮する必要があります。[2]

　（1）識別可能性：セグメントは，識別可能で測定可能でなければなりません。例えば15-18歳の年代を高校生というセグメントで識別することは容易です。さらに，その中でどのくらいの人が特定のスポーツプロダクトに興味があるのかなどを知るためにこのセグメントを抽出する変数（年齢）が測定可能でなければなりません。

　（2）到達可能性：セグメントは，計画したマーケティング戦略に基づき，到達できなければいけません。例えば，熱心なサッカーファンはサッカー場などでたくさんのサッカーの試合を観ているので到達しやすいでしょう。しかし，潜在的なファンは必ずしもサッカー場にいるとは限りません。

　（3）維持可能性：測定可能で到達可能なセグメントを発見したとしてもセグメントの規模が十分でなければいけません。市場セグメントが十分な売り上げを上げるだけの購買力がなければ，そのマーケティング戦略にかかるコスト（時間や資金など）にみあった利益を得ることは難しいでしょう。

　（4）反応度：セグメントは，計画されたマーケティング戦略に反応するような集団でなければいけません。たとえ，上記の３つの条件が満たされたとしてもマーケティング戦略に反応しない（つまり，このセグメントのために開発・提供したスポーツプロダクトが彼らのニーズを満たせない）ようであれば，ターゲットとするには注意が必要です。　　　　　　　　　　　　　　　　（岩村　聡）

▶1　フィリップ・コトラー，ゲイリー・アームストロング／和田充夫監訳（2003）『マーケティング原理（第9版）』ダイヤモンド社。
▶2　Mullin, Bernard J., Hardy, Stephen and Sutton, William A. (2007), *Sport Marketing*, Human Kinetics Publishers.

（おすすめ文献）
†ピッツ, B. G.・ストットラー, D. K.（2006）『スポーツ・マーケティングの基礎（第2版）』白桃書房。
†フィリップ・コトラー／木村達也訳（2000）『コトラーの戦略的マーケティング』ダイヤモンド社。

コラム 2

国際競技力とスポーツマーケティング

2015年9月19日，エディー・ジョーンズ率いるラグビー日本代表は，ワールドカップ・イングランド大会の初戦で強豪南アフリカと対戦し，「世紀のジャイアントキリング」と称される大金星をあげました。その結果，続くサモア戦のテレビ放送では，日本国内で2500万人という一つの国では過去最高となる視聴者数を記録しました（ワールドラグビーによる推計）。また，南ア戦後には日本ラグビーフットボール協会に新規スポンサーに関する問い合わせが殺到するという現象もみられました。

このように，国際競技力を争うハイパフォーマンス・スポーツのマーケティング活動を考える場合，競技結果がマーケティング成果に大きく影響するという大前提を踏まえて，国際競技力とスポーツマーケティングについて考えてみます。

1 スポーツ競技団体の財政状況

ここでは，国際競技力を競う主体として，オリンピックやパラリンピック対象競技の「中央競技団体（NF）」を想定します。NFの収入構成は，一般に「競技者・団体からの収入」「事業収入」「補助金，助成金」「寄付金」「資産運用収入」に大別されます。「競技者・団体からの収入」はアスリートや地域の競技団体からの年会費，登録料など，活動する主体が負担するものです。一方，「事業収入」は観戦者の入場料，協賛金，放映権料などのNFが提供するサービスに対する取引の対価と定義されています。

笹川スポーツ財団が行ったNFに関する調査では，

日本でもっとも収入が大きいNFは約183億円でしたが，この団体は突出して大きく，調査対象とした66団体の中央値は約2億8000万円であったと報告しています。また，「総収入の規模が大きくなるほど，『競技者・団体からの収入』比率が低くなり，『事業収入』比率が高くなる傾向」が見られました。収入が突出した1団体と，収支の仕訳が困難な1団体を除いた64団体の平均の事業収入比率は40.6%であったと述べられており，平均的なNFにとって1000万円程度のスポンサー収入によるインパクトは大きいといえます。一方，支出についても，支出規模が大きいほど競技会開催や強化・育成・普及といった「事業費」比率が高く，「管理費」比率が低くなる傾向でした。

冒頭に国際競技力の向上がマーケティング活動に影響する具体例をあげましたが，国際競技力の向上で視聴者数が増加し，試合放送のメディアバリューが高まり，放映権料やスポンサー収入が増えるといった好循環が起こっていることがうかがえます。また，収入が増えることによって，代表選手の強化合宿や海外遠征，国際大会の開催といった事業を実施する「NFの体力」も高まることから，さらに国際競技力向上に向けた取り組みを増やすことができているといえます。さらに，メディアへの露出機会が増えれば，競技をはじめる人口が増え，競技者からの登録料が増えるとともに，有能な人材（タレント）の発掘機会も高まるといった効果も見込まれます。

上記の調査では，具体的な競技団体名は明示されていないため，国際競技力と財政状況との関係をみるこ

とはできませんが，NF が国際競技力を向上させよう
とする動機は，上記のような好循環を期待してのもの
であるといえます。

2　もう一つのアプローチ

　日本トライアスロン連合は，「愛好者に経済的な余
裕がある人が多い」という特徴を捉え，高級車を扱う
自動車企業にメリットを訴えてスポンサー獲得に成功
しました[15]。上述した「トップダウン」型に対して，底
辺を増やして少しずつ頂点を高くしていく「ボトム
アップ」戦略をとっています。このように，競技特性
によって，従来とは異なる視点でマーケティング活動
を行い，国際競技力向上につなげようとする試みも始
まっています。

3　現場の葛藤

　一方で，スポンサーとの契約によって，アスリート
のパフォーマンスに負の影響が及ぶこともあります。
例えば，サッカー女子日本代表は，2015年ワールド
カップの前まで，代表活動中に使用するスパイクを日
本サッカー協会が契約するスポーツメーカーのものに
限られ，普段慣れ親しんだスパイクを着用することが
できませんでした[16]。また，競泳では，2008年北京・オ
リンピックの前，記録向上の効果が高いとされる「新
型水着」が日本水泳連盟と契約していない会社のもの
であったことから，日本選手団としてオリンピック本
番で着用を認めるかどうかについて，直前まで議論さ
れました[17]。

　いずれも，アスリートが選択できるような結果とな
りましたが，スポンサー獲得のプロセスで，アスリー
トの利益を考慮することの必要性が示唆された事例で
す。

4　より良い循環を構築するために

　アスリートが国際大会で活躍することは，そのス
ポーツへの関心を高め，参加者を増やすことにつなが
ることは間違いありません。一方で，あらゆるスポー
ツの国際競技力はますます高まり，アスリートやそれ
を支える NF が活動するための経済的負担は高まる一
方です。そのために，マーケティング活動によって普
及・育成・強化の基盤となる財政を強化することが
NF には求められています。スポンサーや放映権者，
NF，そしてアスリートのそれぞれがメリットを見出
せるようなソリューション（解決策）を見出していく
ことが求められています。　　　　　　（河合季信）

▶1　「ワールドラグビー CEO も日本絶賛　プレーも視
聴者数も」『朝日新聞デジタル』（2015年10月13日付）
http://www.asahi.com/articles/ASHBD7JVYHBDUHBI
012.html（2015年11月2日最終アクセス）。
▶2　「W杯3勝効果！ラグビー代表の待遇大幅改善へ」。
『スポニチアネックス』（2015年10月15日付）http://
www.sponichi.co.jp/sports/news/2015/10/15/kiji/K2015
1015011323670.html（2015年11月2日最終アクセス）。
▶3　笹川スポーツ財団（2015）『中央競技団体現況調査
──2014年度調査報告書』笹川スポーツ財団。
▶4　三浦，同上。
▶5　「BMW がトライアスロンの『一般参加者を支援す
る理由は？』スポーツマーケティングの新戦略」『日経ト
レンディネット』（2013年8月30日付）http://trendy.nikkei
bp.co.jp/article/pickup/20130827/1051723/（2015年11月
2日最終アクセス）
▶6　「川澄はプーマ一筋　スパイク選択が選手の自由
に」『日刊スポーツ』（2015年5月21日付）http://www.
nikkansports.com/soccer/japan/news/1479789.html（2015
年11月2日最終アクセス）
▶7　「日本水連，五輪代表選手にスピード製水着の着用
認める」『AFPBB News』（2008年6月11日付）http://
www.afpbb.com/articles/2403310（2015年11月2日最終
アクセス）。

第 II 部

マーケティングの基礎

6　スポーツマーケティングにおけるプロダクト論

有形プロダクトと無形プロダクト

1　有形─無形プロダクト連続体

　P. コトラー[1]によれば，「プロダクト（製品）とは，ニーズや欲求を満たすために市場へ提供されるもの」と定義され，その中には有形財，サービス，経験，イベント，人間，場所，資産，組織，情報，アイデアなどの多岐にわたるものが含まれています。G. L. ショスタック[2]は，こうしたプロダクトの特徴を明確にするために，プロダクトに占める有形性と無形性の比率（割合）を基準とした「有形─無形プロダクト連続体」という考え方を提案しました。

　この考え方を活用すれば，「スポーツ参加者や観戦者，あるいはスポンサー企業などに価値や便益を提供するために設計された有形財やサービス財，またはその2つの組み合わせ」としての「スポーツプロダクト」も簡単に整理できます。例えば，図1の左側に位置する「スポーツ施設・設備」「スポーツ用具・用品」は，スポーツ消費者からみて，有形性が優位なので，有形プロダクト（物財＝モノ）の特徴が濃いといえます。これに対して，右端の「スポーツスクール・レッスン」は，インストラクターが提供する「指導」そのもので，無形性が優位なので，無形プロダクト（サービス財）の特徴が濃くなります。

　また，ちょうど中間に位置する「スポーツイベント」は，有形性（試合会場，座席シート，売店，飲食物，グッズ・記念品など）と無形性（試合そのもの，アスリート・選手の高度な競技パフォーマンス，試合会場の雰囲気など）が適度にミックスされた「ハイブリッド型プロダクト」といえます。

2　スポーツサービスと「真実の瞬間」

　このスポーツプロダクト連続体[3]は，さまざまなスポーツプロダクトを「物財かサービス財か」の二分法で捉えるのではなく，「有形性と無形性のバランスがとれたパッケージ」として理解するという「サービス・ドミナント・ロジック[4]」[5]の考え方を暗示しています。しかしあえて分類して考えると，中間のスポーツイベントを含めた右側を，一般的には「サービス財としてのス

▷1　コトラー，P.／恩藏直人監修／月谷真紀訳（2001）『コトラーのマーケティング・マネジメント─ミレニアム版』ピアソン・エデュケーション。

▷2，4　Shostack, G. L.（1977）, "Breaking Free from Product Marketing," *Journal of Marketing*, 41 (2)：73-80.

▷3，6　Smith, A. C. T.（2008）, *Introduction to Sport Marketing*, Butterworth-Heinemann.

▷5　「モノ」と「サービス」を区別することなく包括的に捉え，顧客との「価値共創」の視点からマーケティング論理を構築しようとする新しい枠組み。

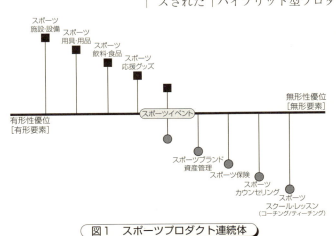

図1　スポーツプロダクト連続体

出所：Shostack, G. L.（1977）と Smith, A. C. T.（2008）を基に筆者作成。

ポーツプロダクト」、つまり「スポーツサービス」と呼んでいます。特に、「スポーツカウンセリング」や「スポーツスクール・レッスン」のように、無形性優位のスポーツサービスには「生産と消費の同時性」（生産即消費・消費地立地）という特徴があります。これは、顧客がスポーツサービスの生産過程に「共同生産者」として参画すると同時に、その消費過程を通して「経験価値」や「サービス・クオリティ」などを主観的に評価するというやっかいな性質です。

この性質をコントロールするうえで、「真実の瞬間」という概念はとても示唆的です。この概念は、スペイン語の「闘牛場において闘牛士が牛を仕留める（あるいは、逆襲されて闘牛士が命を落とす）一瞬、トドメの一撃」に由来し、英和辞典では「正念場、決定的瞬間」を意味します。マーケティング分野では、「サービス・エンカウンター」（顧客接点）の重要性を表現する用語として定着しています。図２には、テニスレッスン参加者がクラブ側やインストラクターと出会う「真実の瞬間」（❶〜❿）を視覚化し、×印❼は参加者が「レッスン中」に何らかの不愉快な出来事に遭遇したことを意味します。そのため、たとえ他の顧客接点が非常に良かったとしても、参加者は、レッスン中の致命的な失敗体験に対するマイナス評価をレッスン全体の評価として判断します。

❸ サービス・マーケティングという発想

顧客接点への対応は、物財中心の伝統的な４Ｐマーケティング（Product, Price, Place, Promotion）では難しく、「サービス・マーケティング」という発想が必要不可欠です。この発想では、４Ｐに加えて、(1)サービス提供者や他の顧客を意味する「参加者（Participants）」、(2)サービス提供の場を構成する「物的環境要素（Physical evidence）」、(3)サービス提供の実際の手順や活動フローおよび顧客参加・協働（価値共創）の程度などを示す「サービス提供プロセス（Process of service assembly）」の３Ｐが重要視され、７Ｐからなるサービス・マーケティング活動によって顧客接点に上手く対応していくのです。　（中西純司）

▷7　経験価値については、IV-18-4 を参照。

▷8　Normann, R. (1984), *Service Management : Strategy and Leadership in Service Business*, John Wiley & Sons.

▷9　顧客がサービス組織や具体的なサービスと出会う場面のことである。

▷10　こうした評価は「最小律の法則」と呼ばれる。田内幸一・浅井慶三郎 (1994)『サービス論——サービスへの多面的アプローチ』調理栄養教育公社。

▷11　４Ｐは製品、価格、流通、プロモーションを指す。

▷12　Booms, B. H. and Bitner, M. J. (1981), 'Marketing Strategies and Organizational Structures for Service Firms,' In : Donnelly, J. H. and George, W. R. (Eds.), "Marketing of Services," American Marketing Association : Illinois, IL, pp. 47-51.

おすすめ文献

†佐藤知恭 (1992)『イラスト版　顧客満足ってなあに？——CS推進室勤務を命ず』日本経済新聞社。

†近藤隆雄 (2010)『サービス・マーケティング−サービス商品の開発と顧客価値の創造 (第2版)』生産性出版。

†ラッシュ，R. F.・バーゴ，S. L.／井上崇通翻訳／庄司真人・田口尚史訳 (2016)『サービス・ドミナント・ロジックの発想と応用』同文舘出版。

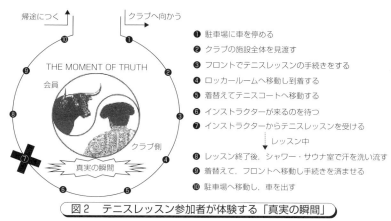

図2　テニスレッスン参加者が体験する「真実の瞬間」

❶ 駐車場に車を停める
❷ クラブの施設全体を見渡す
❸ フロントでテニスレッスンの手続きをする
❹ ロッカールームへ移動し到着する
❺ 着替えてテニスコートへ移動する
❻ インストラクターが来るのを待つ
❼ インストラクターからテニスレッスンを受ける
　　↓ レッスン中
❽ レッスン終了後、シャワー・サウナ室で汗を洗い流す
❾ 着替えて、フロントへ移動し手続きを済ませる
❿ 駐車場へ移動し、車を出す

出所：佐藤（1992）を基に筆者作成。中央の図は Normann, R.（1984）。

6　スポーツマーケティングにおけるプロダクト論

スポーツプロダクトの構造

▷1　カイヨワ, R.／清水幾太郎・霧生和夫訳(1970)『遊びと人間』岩波書店。

▷2　Pitts, B. G. and Stotlar, D. K. (2002), *Fundamentals of Sport Marketing* (2nd Edition), Fitness Information Technology, Inc. (＝2006, 首藤禎史・伊藤友章訳『スポート・マーケティングの基礎(第2版)』白桃書房).

▷3　コトラー, P./恩藏直人監修／月谷真紀訳 (2001)『コトラーのマーケティング・マネジメント──ミレニアム版』ピアソン・エデュケーション。

▷4　一般に, スポーツの文化的要素は, (1)「観念文化」としてのスポーツ観(思想など), (2)ルールやフェアプレイ, 技術・戦術・戦略などの「行動文化」, (3)施設・設備や用具・用品などの「物質文化」の3つで構成される。

▷5　井上明人 (2012)『ゲーミフィケーション──〈ゲーム〉がビジネスを変える』NHK出版。

1　スポーツ消費者が求めるベネフィット

　R. カイヨワのプレイ論に基づくと, スポーツ参加であれスポーツ観戦であれ, その根源的な欲求には「自由に身体を動かしたい」(活動),「他者と競争したい」(競争＝アゴン),「自らの目標を達成したい」(達成),「自然や人工的な障害物に挑戦し克服したい」(克服),「誰かの真似をしたり誰かに変身したりしてみたい」(模倣＝ミミクリ),「験を担いで運を引き寄せたい」(運＝アレア),「スリル感を味わいたい」(めまい＝イリンクス) などがあると考えられます。

　こうした欲求充足こそ, スポーツ消費者が求める本質的かつ人間的なベネフィット (便益) であり, スポーツ本来の楽しさや喜び (内在的価値) を創り出す「コアプロダクト」なのです。しかし, 現代のスポーツ消費者は,「健康・体力の維持・増進」「社交」「ストレス解消や気分転換」など, 人間生活上のある種の「必要充足」のための手段的な便益 (外在的価値) を求めてさまざまなスポーツ参加や観戦を楽しむことの方が多いのかもしれません (図1)。

2　スポーツプロダクトの5つの次元

　B. G. ピッツ＆D. K. ストットラーは,「スポーツプロダクトとは, 消費者のスポーツ, フィットネス, レクリエーション関連のニーズや欲求を満たすために提供される有形もしくは無形の属性をもった, あらゆる財, サービス, 人間, 場所, アイデアである」と定義しています。このような有形, 無形, または両者の属性をもった「スポーツプロダクト」という複雑な概念を正確に理解していくためには, P. コトラーが顧客の期待に基づいてプロダクト構造を5つのレベルで説明した「顧客価値ヒエラルキー」の枠組みがとても役に立ちます。

　図2には, 参加型および観戦型スポーツプロダクトの代表例として, テニスレッスンとプロ野球リーグ戦 (の試合) について解説しています。もっとも基本的なレベルは,「中核ベネフィット」であり, 顧客が何を求めてテニスレッスンやプロ野球の試合を買うのかというコアプロダクトに相当します。第2レベルは, 顧客に対して中核ベネフィットを実在

図1　スポーツのコアプロダクト

出所：筆者作成。

する形で示す「基本製品」であり，スポーツに共通する文化的構成要素で成り立っています。このレベルで初めて，個別の形態を整えたスポーツの姿（種目）がみえてきます。

　しかし，何の飾りづけもしないでそれらを市場に供給しても，なかなか買い手がつかないでしょう。そのため，第3レベルの「期待製品」では，顧客がスポーツプロダクトを購入するときに通常期待するさまざまな属性や条件を組み合わせてパッケージすることがとても重要な課題になってきます。第4レベルは，顧客の期待をさらに上回る「膨張製品」であり，本来のスポーツ活動（種目）とは直接的な関係はありませんが，競合他社との製品差別化や，顧客満足および顧客ロイヤルティの維持・向上には不可欠な「周辺的サービス」です。そして，第5レベルでは，将来的にスポーツプロダクトの機能拡張や転換等が期待できる「潜在製品」についても十分考慮しておく必要があります。

❸「ゲーミフィケーション」とスポーツプロダクトの進化

　ICT化の進展とともにソーシャルメディアの普及も相まって，スポーツプロダクトの潜在製品にも革新的な機能拡張や転換が起こっています。その代表的な例が「ゲーミフィケーション（Gamification）」という発想です。ゲーミフィケーションとは，「ゲームの要素をゲーム以外のものに使う[5]」ことです。

　例えば，スポーツ用品業界世界No.1のナイキが開発した'Nike +'という仕組み（スマートフォンアプリやFacebookなど）[6]やコナミスポーツクラブの'MY Fit Planner'というWebサイト[7]は，ジョギングやランニングおよびトレーニングなどのスポーツ参加を各自の体力レベルやペースに合わせてゲーム感覚で楽しむことができます。また，メジャーリーグ（MLB）が公式アプリとして提供する'MLB.com At the Ballpark'や'MLB. com At Bat'では，チケット購入と観戦した試合の記録や，試合経過のリアルタイムでの確認などが簡単にでき，新しいスポーツ観戦スタイルで楽しめます。こうしたゲーミフィケーション技術は，スポーツプロダクトをより進化させていくでしょう。　（中西純司）

▶6　Nike＋は，人々のランニングのモチベーションを高め，習慣化させられるよう，「走る」ことをゲーミフィケーション化した代表的事例である。

▶7　2012年11月1日から導入された新カウンセリングシステム。http://www.konamisportsclub.jp/myfitplanner/（2016年2月1日最終アクセス）。

(おすすめ文献)

†山下秋二・中西純司・畑攻・冨田幸博編（2006）『スポーツ経営学［改訂版］』大修館書店。

†原田宗彦編著／松岡宏高・藤本淳也著（2008）『スポーツマーケティング（スポーツビジネス叢書）』大修館書店。

†山下秋二・中西純司・松岡宏高編著（2016）『図とイラストで学ぶ　新しいスポーツマネジメント』大修館書店。

図2　スポーツプロダクトの5次元モデル

出所：筆者作成。

スポーツマーケティングにおけるサービス特性

1　物財とサービス財

　スポーツシューズなどの物財とフィットネスクラブなどが提供するサービス財には，それぞれ根本的に異なる性質があります。表1に示すように，一般的に，物財は製品として実体があり（有形性），工場で生産されてから店頭に並び（非同時性），質が常に一定に保たれ（等質性），在庫として保管することが可能です（保存性）。一方，サービス財は経験的であり，物財と違って実体がなく（無形性），提供者と消費者の相互作用の中で生み出されます（同時性）。さらにサービス財の場合，質が提供者と消費者のそれぞれの能力によって変化し（異質性），在庫として保存することは難しいです（消滅性）[1]。物財が所有することのできる客観的な製品であるのに対し，サービス財は消費者の価値観によって主観的に評価される経験的な製品です。サービス財が独自に帯びている性質をサービス特性（service characteristics）と呼びます。経験的なスポーツという活動を製品として消費者に提供する場合，サービス特性を踏まえた対応がスポーツ組織には求められます。

2　サービス財の無形性

　サービス特性の中でもっとも基本的で頻繁に言及される性質は無形性です[2]。例えばマラソン大会に参加する場合，製品となるレースは実際に出場するまでみることも，触れることも，感じることもできません。試合で着用するウェアやシューズなどを手に取ってみたり感じたりすることはできても，レースという試合経験を実体のある製品として所有することはできません。したがって，スポーツをサービス特性にあてはめると，物質的に形がないという特徴が無形性ということになります。

　ところが，スポーツが携帯電話や自動車などの一般的な製品ともっとも異なる点は物質的な無形性ではなく，試合の行方をイメージしにくい心理的無形性の方です[3]。これは試合展開や結果を予想しづらい競技レベルの高いイベントほど顕著です。試合の勝者を予測できない不確実性こそが人々をスポーツに惹きつける大きな要因ですが，これが

▶1，2　Zeithaml, V. A. and Bitner, M. J. (2003), *Services marketing : Integrating customer focus across the firm* (3rd ed.), McGrawHill : New York, NY, USA.

▶3　Laroche, M., Bergeron, J. and Goutaland, C. (2001), "A three-dimensional scale of intangibility," *Journal of Service Research*, 4(1), pp. 26-38.

表1　物財とサービス財の比較

物財	サービス財
実体のある製品（有形性）	実体のない経験（無形性）
生産と消費が別（非同時性）	生産と消費が同時（同時性）
質が常に標準化された製品（等質性）	質が毎回異なる消費経験（異質性）
在庫としての保管が可能（保存性）	在庫としての保管が不可能（消滅性）

出所：Zeithaml, V. A. and Bitner, M. J. (2003) を基に筆者作成。

原因でマーケティング・ミックスにおける試合の宣伝（プロモーション政策）や料金設定（価格政策）が難しくなっているのも事実です。

３ サービス財の同時性，異質性，消滅性

サービス財としてのスポーツプロダクトには他にも同時性，異質性，消滅性などの性質があります。まず同時性とは，製品の生産と消費が同時に発生することで[4]，試合当日にならないと経験できないスポーツプロダクトの特徴を非常によく表しています。テレビによるスポーツ中継は録画することで消費のタイミングを遅らせることができますが，同時性が大きく関係しているのは生中継のライブ観戦の方です。固唾を呑んで試合の行方を見守る際の緊張感は，サービス財としてのスポーツイベントがもつ同時性によって醸成されます。

次に異質性とは，アスリートの調子が毎試合変わるように，パフォーマンスの質や結果が対戦相手，試合日，時間帯，選手自身のコンディションによって変化することです[5]。例えば，スポーツ観戦の場合，試合を見る観戦者も，一人ひとりのニーズや観戦スタイルが異なるため，その経験の評価は異質性と密接に関係しています。異質性の理解で重要なのは，提供者側の選手と消費者側のファンの能力が別々に関与しているのではなく，両者が出会った時の相互作用の中で互いの能力が同時に発揮されるということです。したがって，ファンサービスを行う選手の対応力に加え，ファン自身も知識が豊富で高い応援能力を備えている場合，充実した観戦経験を積むことができます。さらに，選手とファンの相互作用はスタジアム環境の影響を受けるため[6]，観戦者にとってスポーツイベントの異質性は高いといえます。

最後に，消滅性はスポーツという経験自体を将来に向けて完璧には保存できないことを指します[7]。同時性でも説明したように，スポーツ中継を録画すれば映像を保存できますが，ライブ観戦の際に感じる臨場感や興奮などの感覚まで人工的な方法で確実に保存・再現することはできません。このような消滅性は特にスポーツマーケティングの流通政策に大きな影響を与えています。例えば，人気のない試合の観戦チケットを保存して需要の多い繁忙期に販売することは，対戦カードが異なるため不可能です。空席はその日の試合で埋めるしかなく，逆に満員御礼の人気の試合で収容し切れなかった人たちに対して，後日，まったく同じ内容の試合を見せることもできません。物財であれば不良品を返品することができますが，スポーツの試合は返品が利きません。　　　　（吉田政幸）

▶4，5，7　前掲▶1。

▶6　例：座席によって利用できるファンサービスが異なるため。

（おすすめ文献）
†原田宗彦（2008）「スポーツプロダクトとは」原田宗彦編著『スポーツマーケティング』大修館書店，34-66頁。
†松岡宏高（2010）「スポーツマネジメントの概念の再検討」『スポーツマネジメント研究』2，33-45頁。
†冨山浩三（2015）「4章スポーツサービス産業」原田宗彦編著『スポーツ産業論（6版）』杏林書院，41-50頁。

6　スポーツマーケティングにおけるプロダクト論

スポーツプロダクトの管理

1　コアプロダクトの品質管理

　スポーツビジネスのコアプロダクトはスポーツという経験です。消費者はスポーツを「する」または「みる」という形態で体験し，身体的（運動技能，体力の向上など），心理的（気晴らし，達成感など），社会的ベネフィット（連帯感，地域愛着など）を獲得するためにスポーツを消費しています。図1に示すように，これらのベネフィットを生み出すコアプロダクトには基本特性が備わっており，次の3つに集約されます。すなわち，競技に関わる選手，監督，対戦相手などの「人的要素」，スタジアムやスポーツ用品などの「有形要素」，試合，ルール，プレイなどの「無形要素」です。これらの要素は競技種目に関係なく共通して備わっていますが，実際に消費される時はサッカー，野球，陸上競技，テニスなどの特定の競技として取り組まれます。

　コアプロダクトを管理するためには，その(1)製造，(2)提供，(3)評価の三段階の行程を考える必要があります。製造段階では，スポーツの基本特性に含まれる人材（選手，運営スタッフ），施設（競技場，座席），情報（歴史，成績）などの資源を，消費者が求めるベネフィットを備えたコアプロダクトへと変換します。言い換えると，この製造の行程はマーケティングプランの中でコアプロダクトを企画し，価格，流通，販売促進などの他のミックス要素と調整する作業になります。次に，提供の段階では，消費者がコアプロダクトのベネフィットを実感できるようにスポーツ経験を実際に作り出さなければなりません。スポーツという製品の中核的要素は「する」「みる」などの経験であり，その生産と消費は同時に発生します。ライブイベントの価値を高め，臨場感溢れるスポーツ経験を消費者に提供することが大切です。最後に，評価の段階では提供されたコアプロダクトの内容および結果が消費者の期待を上回り満足できるものだったかを知るため，消費者の意見を集約します。顧客満足度調査を実施し，コアプロダクトが消費者のニーズに適合したかどうかを入念に確認しま

▶1　松岡宏高（2010）「スポーツマネジメントの概念の再検討」『スポーツマネジメント研究』，2，33-45頁。

▶2　Mullin, B. J., Hardy, S. and Sutton, W. A. (2007), *Sport marketing* (3rd ed.), Champaign, IL : Human Kinetics.

▶3　Golder, P., Mitra, D. and Moorman, C. (2012), What is quality? An integrative framework of processes and states, *Journal of Marketing*, 76 (4), pp. 1-23.

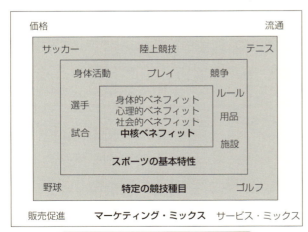

図1　コアプロダクト（灰色）の構造

出所：Mullin, B. J., Hardy, S. and Sutton（2007）を基に筆者作成。

す。

② 周辺的サービスの品質管理

スポーツマーケティングでは，コアプロダクトの提供を円滑かつ魅力的にするための拡張的なプロダクトも多数存在します。それらは機能的要素と娯楽的要素に分かれ，例えば機能的要素には会場までのアクセス，施設のわかりやすさ，待ち時間などです。一方，娯楽的要素には催し物，演出，音楽などが含まれます。これらはコアプロダクトに付加価値を加えるだけでなく，仮にコアプロダクトが期待どおりのパフォーマンスを発揮しなかった時（応援するチームの敗戦や成績不振など），その損失を補償する役割があります。したがって，プロスポーツの場合であれば，「試合は負けても全体的には満足できた」と来場者に感じてもらうためのファンサービスに運営スタッフは努めなければなりません。コアプロダクトが一時的な試合であるのに対し，それを補完する周辺的サービスは試合前後も含めた1日がかりの体験です。こうした考えは勝敗を伴う試合という製品を売るスポーツマーケティング独自の視点です。

③ プロダクト・ライフサイクル

プロダクトが市場に登場してから徐々に売れなくなり姿を消すまでの過程をプロダクト・ライフサイクルといいます。主に(1)導入期，(2)成長期，(3)成熟期，(4)衰退期の4段階に分かれます。例えば近年着用できるウェアラブル端末の開発が進み，時計型，ブレスレット型，指輪型，衣服型などの情報端末が次々と発売されています。市場は導入期にあり，消費者はどのブランドであれば安心して購入できるのかなかなか判断できません。このような段階ではブランドネームよりも消費者が求める品質やベネフィットが備わっていて買い得感が得られる安価なものが売れる傾向にあります。

成長期になると多くの類似品が登場し，競争が激しくなります。他社製品から差別化し，自社製品への愛着を強めるため，ブランド・イメージの向上がマーケティング目的となります。さらに市場が飽和し成熟期を迎えると，同一ブランドを購入し続けてもらうため，顧客維持活動に努めなければなりません。他社へのブランドスイッチを防ぐためにメンテナンスや買い替えを勧めないといけなくなり，リレーションシップ・マーケティングが有効になります。最後に，もしスポーツプロダクトが衰退期に入ってしまうと，市場での役割を終えて歴史に幕を下ろすか，あるいはイノベーションを起こして新製品へと生まれ変わるかどうかの決断を迫られます。イノベーションを選択する場合は，成長を期待できる他の製品カテゴリー（介護，医療，観光など）や新市場（南米や東南アジアなど）への参入を検討することとなります。 （吉田政幸）

▶4 Yoshida, M. and James, J. D. (2011), Service quality at sporting events : Is aesthetic quality a missing dimension?, *Sport Management Review*, 14 : pp. 13-24.

▶5 Shank, M. W. and Lyberger, M. R. (2015), *Sports marketing: A Strategic Perspective* (5th ed.), Routledge : New York, NY, USA.

おすすめ文献

†原田宗彦（2008）「2章 スポーツプロダクトとは」原田宗彦編著『スポーツマーケティング』大修館書店，34-66頁。

†松岡宏高（2010）「スポーツマネジメントの概念の再検討」『スポーツマネジメント研究』2，33-45頁。

†Yoshida, M. and James, J. D. (2010), Customer satisfaction with game and service, experiences : Antecedents and Consequences, *Journal of Sport Management*, 24, pp. 338-361.

7　スポーツマーケティングにおける価格政策論

 1 価格形成のメカニズム

▶1　フィリップ・コトラー，ゲイリー・アームストロング／和田充夫・青井倫一訳（1995）『マーケティング原理』ダイヤモンド社，400-401頁。

❶ 価格をめぐる議論

　コトラー（Kotlar, P.）は価格について，(1)歴史的には価格は購買者と販売者の相互の交渉によって決定され，交渉によって両者が満足な価格に到達していたこと，(2)すべての購買者に対して同一の価格を設定するようになったのは19世紀末の大規模小売業の発達によるものであったこと，(3)マーケティング・ミックスにおいて収入を生み出す唯一のものが価格であり，他のマーケティング要素はすべてコストであること，(4)価格設定の方法が原価志向に偏っていること，などを指摘しています。これらのことは，価格の意味を考えるうえで重要です。例えば，交渉により需要側と供給側の両者が満足に至るということは，マーケティングが交換をとおして両者にとっての新たな価値を創出していることの証左になります。さらに，上の指摘は「一律に示された価格は，品質の目安となるのか」，「そもそも価格とはどのように決めることができるのか」などの問いを新たに生みます。

❷ 価格設定の方法

　では，価格とはどのように決めることができるのでしょうか。価格決定の方法には，主に以下のようなものがあります（表1）。
　(1)　原価志向型価格設定：原価に一定の利益を加えて価格を設定する方法です。例えば，製造や流通，販売などに6000円かかるシューズに2割の利益を求めたい場合，その価格は6000÷（1−0.2（希望収益率））＝7500になります。
　(2)　需要志向型価格設定：供給サイドからの価格設定ではなく需要サイドの意識（製品やサービスの知覚価値）をもとに価格の設定を行う方法です。このブランドのこの製品であれば，いくらくらいまでなら買ってもいいか，という消費者自身の自問自答を踏まえた価格設定です。

▶2　Ⅱ-7-2 を参照。

　(3)　競争志向型価格設定：競合する他社製品やサービスの価格を重視して，価格を設定する方法です。比較購買に対応するための方法で，時にはシェアを維持するために利益率を大幅に下げても，競合製品に対応しなければならない場合があります。
　スポーツマーケティングの領域は広範であり，スポーツの用品やウェア，観戦のチケット，フィットネスクラブの

表1　価格設定の方法

原価志向型価格設定	原価に一定の値入高（利益）を
需要志向型価格設定	消費者の知覚価値をベースに
競争志向型価格設定	競合製品の価格に対応して

出所：コトラー（1995）を基に筆者作成。

	価格		
	高価格	中価格	低価格
高品質	1. プレミアム戦略	2. 高品質戦略	3. 過剰品質戦略
中品質	4. 過剰価格戦略	5. 平均的戦略	6. 値頃戦略
低品質	7. ひんしゅくを買う戦略	8. 見せかけの戦略	9. 安売り戦略

図1 価格および品質に関するマーケティング・ミックス戦略

出所：コトラー（1995：433）。

月会費など，その対象は多様であるために，スポーツビジネス一般の価格形成については，一括りで論ずることは難しいですが，例えば，Jリーグ観戦のチケット価格の設定については，概して慣習価格を踏まえた需要志向型価格設定[3]となっています。一方，同じJリーグでも，スタジアム内飲食物の価格は主として原価志向と需要志向から設定されています。

3 価格と品質の関係

一般に価格は品質を反映するものと考えられますが，その関係は一様ではありません。図1は模式的にその関係の多様性を示したものですが，プレミアム戦略—平均的戦略—安売り戦略という右下への対角線からずれることにより，製品やサービスの特徴的なポジションを確保することがあります。例えば，高品質戦略や値頃戦略を採用することによって，市場におけるシェアの拡大，ブランドイメージの向上，競合の参入防止などの効果を求める場合があります。その意味で「一律に示された価格は，品質の目安となるのか」という問いには，1つの正解はなく，個々の事例をみていく必要があります。

例えば，プロスポーツ観戦では，天候やプレイやゲームの質などの中核的製品のコントロールができないことがあり，その観戦にかかる費用と品質の関係が不安定な場合があります。

そのため，プロスポーツ観戦では，来場者ギフトの提供，スタジアムにおけるアトラクションや特色のある飲食の提供，応援グッズの共有や応援パフォーマンスの誘導などの付帯的なサービス（ancillary services）を充実させ，価格と品質の関係に一定の安定性を確保するような工夫がマーケティング担当者に必要となります。

（仲澤　眞）

▶3　Jリーグの場合，リーグ・ディビジョンの上方への移動（J3→J2，J2→J1）するクラブのチケット価格は主に当該のディビジョンで支配的な価格帯で決定しており，2014シーズンまでにJ1に昇格した31ケースのうち55％が値上げをしている。一方，2014シーズンまでにJ2に降格した29ケースのうち72％は価格を据え置いている。

おすすめ文献

†野口智雄（2011）『ビジュアル・マーケティングの基本（第3版）』日経文庫。
†野口智雄（2012）『ビジュアル・マーケティング戦略』日経文庫。
†フィリップ・コトラー，ゲイリー・アームストロング／和田充夫・青井倫一訳（1995）『マーケティング原理』ダイヤモンド社。

7　スポーツマーケティングにおける価格政策論

 値頃感と消費者心理

▷1　Ⅱ-7-1 を参照。

▷2　名声価格は威光価格（prestige price）とも呼ばれます。

❶ 心理的価格設定

　価格設定の基本は原価志向，需要志向，競争志向で理解することができますが，さらに消費者の価格に対する心理に基づくものが心理的価格設定です。

　(1)　名声価格（威光価格）：安価で品質のよいものがより多く売れることが需給関係の基本ですが，ウィンタースポーツやアウトドア用品，あるいは専門品としてのスポーツブランド品などでは，高い価格をつけた方が品質の評価（名声）が高まり，よく売れる場合があります。この場合，価格が品質のバロメーターになります。

　(2)　端数価格：498円，980円など，500円や1000円といったキリのいい価格設定ではなく，ギリギリまで安価にする努力をしたと感じさせることで購入を促す価格を端数価格といいます。日常的に高い頻度で購入されるような製品やサービスに用いられます。

　(3)　慣習価格：自動販売機の飲料や駅売の新聞など購買習慣上，消費者の意識にほぼ定着している価格です。この価格は少し下げても需要は伸びませんが，少し上げると需要が大きく減るとされています。

❷ 需要の価格弾力性

　原価志向，需要志向，競争志向，そして心理的価格設定を踏まえて決定された価格を変更した場合，消費者はどのような反応を示すのでしょうか。そのような問いに有効なものが価格弾力性です。

▷3　所得の価格弾力性は，需要の変化率÷所得の変化率から求めることができます。所得の変化の影響を受けやすいもの，受けにくいものを特定することができます。

▷4　生活の必要をみたすためのものを必需財，奢侈（しゃし）的な性格をもつものを選択財と呼ぶことがあります（『世界大百科事典』）。

　価格弾力性とは，製品やサービスの価格あるいは消費者の所得の変動によって，ある製品やサービスの需要や供給が変化する度合いを示す数値です。需要の価格弾力性の場合は，需要の変化率÷価格の変化率の絶対値で示され，この値が1より大きいと「弾力性が大きい」といい，1より小さいと「弾力性が小さい」とされます。価格弾力性が小さい場合は，価格を変更してもほとんど需要は変化しませんが，価格弾力性が大きい場合は，価格が変わると需要が大きく変化します。通常，灯油やお米，野菜などの日常的な生活の必需財は価格弾力性が小さく，高級車や宝飾品などの選択財は価格弾力性が大きいとされています。

　例えば，テーピング用テープが1000円から1200円に値上げされた時に（20%の値上げで）1週間の売上が100本から90本に減少した（需要が10%減少）としま

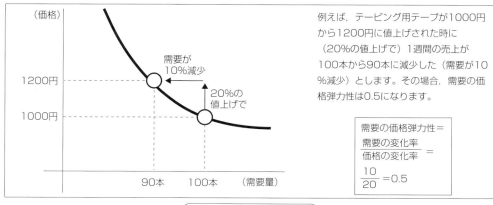

例えば，テーピング用テープが1000円から1200円に値上げされた時に（20%の値上げで）1週間の売上が100本から90本に減少した（需要が10%減少）とします。その場合，需要の価格弾力性は0.5になります。

需要の価格弾力性＝
需要の変化率／価格の変化率
＝$\frac{10}{20}$＝0.5

図1　需要の価格弾力性

出所：干種義人（1979）を基に筆者作成。

す。その場合，価格弾力性は0.5になります（図1）[5]。

　例として，サムライブルー（サッカー男子A代表）チケットの価格弾力性について考えてみます。現在は，サッカー男子A代表（サムライブルー）の試合人気があり，チケット入手が困難な場合が多いですが，過去（2008年）には入場者数の減少に悩む試合[6]がありました。そのため数試合に限り試験的にチケット価格を下げたことがありました（2009年）。チケットの価格は，需要志向および慣習価格としての性格がある，つまりファンが支払える範囲でこのような金額であろうという相場が形成されていると考えられていましたので，ファンにおけるチケットの値頃感が変わってしまう……，一度下げたら上げにくい……など，チケットの値下げには大きな決断が必要でした。しかしながら，結果としてはチケット値下げの効果は大きなものではありませんでした。そして，それ以降，チケットの値段を下げることはありませんでした。では，この例からサムライブルーのチケットは需要の価格弾力性が低いものとして理解することができるでしょうか。微視的にはそのように理解できると思いますが，サムライブルーの観戦に際してのチケット以外のコスト（移動時間や労力，交通費，宿泊費など）がありますので，チケットの値下げ自体が入場者数の変動に及ぼす影響は大きなものではないという理解が妥当かもしれません。今後，詳しい分析が必要なテーマです。

③ スポーツの習慣形成効果

　スポーツ消費と価格弾力性についての分析は，その消費者にとって，スポーツが生活の中に位置づいているかを反映する傾向にあります。スポーツが暮らしの中で重要な位置を占めている人は，その活動の継続を重視するため，価格の変動や所得の変動を受けにくくなります。

　スポーツビジネスが安定的な市場を確保するためには，生活におけるスポーツを必需財化していくことが重要です。　　　　　　　　　　（仲澤　眞）

▷5　干種義人（1979）
『経済学原論』47頁。

▷6　2008年5月27日のパラグアイ戦の入場者数は2万7998人。埼玉スタジアム（収容6万3700人）で行われた日本代表戦で，これまで最少だった2005年2月2日のシリア戦の3万2832人を下回り，過去最少となった。

おすすめ文献
†野口智雄（2011）『ビジュアル・マーケティングの基本（第3版）』日経文庫。
†野口智雄（2012）『ビジュアル・マーケティング戦略』日経文庫。

プレミアムモデル

1 価格と品質・価値

消費者は，製品やサービスの品質や価値を価格で判断する場合が多いといわれています[1]。同じような製品やサービスでも，価格が高ければ品質や価値も高く，価格が低ければ品質や価値も低いと感じるようです。つまり多くの消費者は価格を品質や価値の目安にしていると考えることができます。ここで取り上げるプレミアムモデルは，プレミアム価格戦略や名声価格とも呼ばれることがあり，品質を重視し，価格も高価格に設定する戦略です（ Ⅱ-7-1 の図１参照）。

古典的な経済学では，消費者は皆，価格が安ければ購入するだろうという考えをもっていました。ところが近年では，消費者の知覚価値によって，価格が妥当かどうかという値頃感よりも高い価格でも購入する場合があります。ある製品やサービスを購入することによって得られる体験，自分らしさ，ブランドに対する信用，思い入れ，ロイヤルティなどの付加価値を知覚することで，プレミアム価格で購入されます。アメリカにおいて，かつては日用品（コモディティ製品）と同じものとして捉えられていたコーヒーを，イタリアのエスプレッソをベースにアレンジしたスペシャリティコーヒーというカテゴリーを生み，清潔でおしゃれな店舗を整備し，当時の値頃価格の10倍のプレミアム価格設定をしたのはスターバックスです[2]。それでも大きな人気で，現在では世界70カ国に２万4000店舗を展開する企業となりました[3]。

2 プレミアム性を支えるもの

商品やサービスのプレミアム性を支えるものには，有形で客観的に評価できる客観属性と，無形で主観的に評価される主観属性があると報告されています[4]。スポーツ観戦を考えた場合には，スタジアムの座席やトイレ，通路，飲食スペース，観戦環境などの施設・設備は，善し悪しが眼に見えて客観的に評価できる客観属性と考えることができます。一方，試合の内容や一緒に観戦した仲間との会話や，スタジアムを埋める観客の雰囲気，対戦するチームの特徴，歴史・伝統，チームに対するイメージ，ブランドなどは，主観属性と考えることができるかもしれません。多くの場合，これら客観属性と主観属性が協同して働き，プレミアム性を支えています。ウェンブリーで開催されるサッカーのFAカップ，ウィンブルドンでのテニスの全英オープンに代表される，あのチーム（選手）とこのチーム（選手）があそこで対戦する，といった要素がプレミアム価値を生み，通常よりも高い価格を設定できると考えられます。

3 スポーツにおけるプレミアムモデル

アメリカのMLBで用いられたダイナミック・プライシングを，わが国でも近年は，複数の日本のプロ野球球団やプロサッカークラブが導入しています。それは，これまで固定されていたチケット価格を，対戦チームや平日・休日開催，リーグ後半の順位争いが激化する時期などの状況に応じて変動させるものです。

人気のあるチームが対戦する場合や多くの人々が観戦したいと思われる試合は高額のプレミアム価格となり、消化試合などは低額となります。

スポーツクラブ NAS 株式会社は2010年6月に、大人の社交場をコンセプトとしたプレミアムスポーツクラブ NAS 銀座をオープンしました。現在では入会金無料にし、安価な月会費を設定するフィットネスクラブが多い中、NAS 銀座は入会金が20万円、月会費が28万円と高額設定（最上級会員）になっています[15]。ジム、ゴルフレンジ、エステティック、バー＆ラウンジを備え、コンシェルジュを配置して、一人ひとりに適したホスピタリティを提供しています。

メーカー自体のプレミアム性が高いブランドにパタゴニアがあります。他のスポーツ・アウトドアメーカーと比べると、ほとんどの商品が高額設定になっています。その背景にはパタゴニアの環境問題への取り組があります。いち早くオーガニックコットンを使用し、古着の修理やリサイクルを始め、売り上げの1％を環境保護、自然保護団体や NPO に寄付しています[16]。つまり、パタゴニアを身につけるということは、環境や自然に対する意識が高いという価値観やライフスタイルを表すことにつながっているわけです。消費者に、無駄な消費を抑えることを提案しているので、自社の売り上げが下がりそうですが、現実にはパタゴニアの環境保護活動に賛同して喜んで購入する人々が多く、業績も伸びています。　　　　　　　（工藤康宏）

▶1　Kotler, Pilip and Keller, Kevin Lane（2008）, *Marketing Management*, 12th ed., Prentice-Hall（＝2011, 恩藏直人監／月谷真紀訳『コトラー＆ケラーのマーケティング・マネジメント』535-577頁).
▶2　Bedbury, Scott（2002）, *A New Brand World*, Viking Penguin（＝2008, 土屋京子訳『なぜみんなスターバックスに行きたがるのか？』講談社).
▶3　Starbucks Corporation 公式 HP。URL http://www.starbucks.com/about-us/company-information/starbucks-company-profile（2017年8月20日最終アクセス）
▶4　田中洋（2008）「プレミアム商品はどのようにしてできるのか」ていくおふ, Winter 2008, No. 121, ANA 総合研究所, 2-9頁.
▶5　Premium Sports Club NAS Ginza 公式 HP。URL http://www.nas-club.co.jp/ginza/index.html（2017年8月20日最終アクセス）
▶6　福田稔（2014）「輝き続けるブランドの本質、ぶれない環境経営がブランドになったパタゴニア」『日経ビジネス ONLINE』。URL http://business.nikkeibp.co.jp/article/report/20140508/264168/?P=1（2017年8月20日最終アクセス）

8　スポーツマーケティングにおけるプロモーション論

コミュニケーションの原理

❶　プロモーションとコミュニケーション

　プロモーションとは，製品・サービス（以下，製品など）に関わるメッセージを人々に伝達する手法や活動のことです。メッセージの送り手（＝マーケティング主体）から受け手（＝顧客）に向けたコミュニケーションともみなされます。送り手は，受け手に向けてマス・メディア，インターネットなどの媒体を用いてメッセージを発します。メッセージは，文字や言葉以外に，写真，動画などが用いられる場合もあり，受け手に望む反応（＝目標）をいかに引き起こすかを見極め，メッセージと媒体の選択がなされます。

❷　ターゲットと期待反応

　まず，送り手は，メッセージを届けたい相手（受け手）を確定します。不特定多数の大衆という場合もあれば，特定の層や集団などが，市場調査などを経てターゲット（以下，標的）として具体化される場合もあるでしょう。次に，受け手に何を期待するか，メッセージに対するリアクションを目標として明確にします。例えば，「日本でオリンピックが2020年に開催される事実を知ってもらう」，「ボランティアへの参加に関心を抱かせる」などの形で示されます。

❸　メッセージの選択と表現

　メッセージについては，「何を伝えるか」（コンセプト），そしてコンセプトを「どう表すか」（表現方法）が課題となります。メッセージのコンセプトについては，仮に，製品などに関する何かを伝えるとしても，その「何か」に相当する選択肢は多岐に及びます。次の視点から導くことができます。

　(1)　製品などそのものの特徴（名称，形態，機能，便益，イメージ，理念など）
　(2)　製品などと顧客との関係（用途，利用場面，顧客イメージなど）
　(3)　製品などを提供する企業の特性（経営理念，創業者，歴史，技術力など）
　(4)　他社製品などとの競争関係（優位性，差別性など）

　コンセプトをスローガンやキャッチコピー，写真，映像などでまとめ上げる作業（表現制作）には，コピーライター，アートディレクターなど専門職（クリエイティブ）が関与します。表現されたメッセージの中からどれを選ぶかは，(1)プロモーション目標（標的に望む反応）達成への寄与，(2)標的への訴求力，(3)

▷1　ターゲットは性別，年齢，家族構成，所得，職業，趣味などのほか，意識や行動傾向，価値観，ライフスタイルなど，目的に応じた視点から構成される。

▷2　1社が生産販売する品種が多数に及ぶ場合，全品の宣伝を逐一するよりもそれらを取り扱う企業自体の特長を，例えば，創業理念と社名やブランドとの関連性などを訴えるほうが効率的であるだけでなく効果的でもある。

▷3　ライバルとなる他のチームや企業の商品の特長を意識し，それに対する自分たちの商品の利点（機能，価格，環境への影響，保証など）を把握しておく。

ライバルに対する競争優位性，(4)他のマーケティング・ミックス要素との整合性，などから判断されます。

4 メッセージの伝達手段や媒体の選択

メッセージの次はそれを伝える媒体（手段）の検討です。代表的な伝達手段としては広告活動，PR活動，人的販売，販売促進（セールス・プロモーション）があり，実際にはこれらを組み合わせて展開します（プロモーションミックス）。

(1) 広告活動：テレビ，ラジオ，新聞，雑誌などのマス・メディアのほか，インターネットのサイトやソーシャル・メディア，人々が集まるスポーツ大会など，有料の広告媒体を用いるものがあります。ここでは，目標，受け手の特性，メッセージを考慮し，媒体の選択と組み合わせ（メディア・ミックス）が検討されます。

(2) PR活動：プレス発表のように，マス・メディアに記事とされることを狙った情報提供です。インターネットの発達により，ソーシャル・メディアを用いて情報拡散する消費者の影響力を利用する動きが活発です。

(3) 人的販売：文字通り，営業担当者や販売員といった人を介して，消費者にダイレクトに情報を提供する活動です。

(4) 販促活動：上のいずれにも属さない活動の総称で，試供品，クーポン，景品，懸賞，見本市，商品展示など，製品等の実物をみたり，直接に触れたり，使ったりする実体験の機会を提供することで購買に結びつけようとします。

5 効果測定とフィードバック

プロモーションの効果では，目標の達成度が問われます。プロモーションは，情報がただ伝われば良いというわけではなく，購買行動に結びつく反応を引き起こすものでなければなりません。しかし，プロモーション効果を評価する際には，販売額，シェア（市場占有率），売上げなどの購買結果を表す指標は適切ではありません。それらの数値はマーケティングミックスをはじめとする企業活動全体の成果を反映しているものだからです。

そこで，プロモーションの役割を，購買行動の前提となる消費者の心理変容をもたらすものと捉え，プロモーション前後で製品などに対する態度がどう変化したかを捉え，例えば，注目→関心→欲求→行動などの観点から量的に把握する方法が採られます。プロモーションの目標を，「製品に対する注目度を20％（現在値）から30％（目標値）へ高める」など，測定可能な形で表します。

効果の中にはターゲットの予想外の反応，ターゲット以外の反響など，想定外のものもあり，次のプロモーションの計画にはその点も考慮します。プロモーション担当者は，効果測定と原因分析を行い，プロモーション戦略全体の軌道修正やプロモーション・ミックスの改善，メッセージやメディアの見直しに努めるのです。

(嵯峨 寿)

▶4 ターゲットが日頃，接触・利用している媒体は一つとは限らないので，メッセージの送り手は，複数の媒体を組み合わせるなどしてより確実かつ効果的にメッセージを届ける。

▶5 「記者会見」を開催するには記者への案内，会見場所の確保などの面倒がかかるのに対して「投げ込み」は，コンパクトに要点をまとめて記者はじめ関係者に情報を配信する方法。

（おすすめ文献）

†ベネトン，L.／金子宣子訳（1992）『ベネトン物語』ダイヤモンド社。

†資生堂企業文化部（2001）『美を伝える人たち』求龍堂。

†スコット，D. M.・ジュレック，R.／関根光宏・波多野理彩子訳（2014）『月をマーケティングする』日経BP社。

8　スポーツマーケティングにおけるプロモーション論

スポーツと広告

❶　ウェアに表示された企業名

　競技場などで選手のウェアをみると，胸や背などにはチームや選手の名前以外に，企業名やロゴが入っています。それらのネーム，マークには主に(1)ウェアを製造しているメーカーのロゴ，シンボルなどのマーク，(2)ウェアを着用している選手が所属するチームまたはクラブを所有している企業，いわゆる「親会社」に関わるもの，(3)選手またはチーム，大会などをサポートしている「スポンサー」に関わるもの，の3種類があります。

　本節では，(2)(3)について，マーケティングにおけるプロモーションの手段である広告に注目し，スポーツとの関係をみていくことにします。

❷　親会社の広告媒体としての企業運動部

　企業が運動部を所有する例は今もみられますが，これは，プロスポーツや東欧圏のステート・アマに比肩する独特の制度です。「親会社」が運動部を所有する目的には，(1)会社への社員の帰属意識醸成，(2)宣伝効果，(3)企業としての社会的責任（Corporate Social Responsibility：CSR）などがあります。

　職場レクリエーションから発展した企業内運動部は，やがて実業団リーグに成長し，試合会場が観客で一杯になってテレビで放映されるようになると，親会社の広告媒体としての価値が高まります。選手のウェアに限らず，応援席の横断幕や応援旗などに入った会社の名称やマークなどが観客の目に入り，テレビ視聴者も，アナウンサーが連呼する企業名を耳にする機会が増えるからです。

　親会社にとってはテレビCMを流す放送時間枠を買わずとも自社をアピールできる，いわゆるパブリシティ[1]の部類に入ります。しかし，部の運営予算には親会社の広告費が充てられる場合も多く，親会社の業績不振などで広告予算が減ると，休部や廃部に至ることもあります。運動部が，それを保有する親企業のプロモーション・メディアの一つとみなされるケースでは，景気動向や親会社の業績が運動部（＝広告媒体）への予算配分の意思決定に影響を及ぼすのです。

❸　独立したクラブのプロモーションと媒体価値

　バブル経済期以降の低成長時代にあっては，実業団リーグで連勝記録を打ち

▶1　パブリシティとは商品やブランドなどに関わる情報をテレビや新聞，雑誌などの有料広告スペースに掲載する代わりに，番組や記事などの中で無償にて露出・紹介してもらうこと。

立て，多くの日本代表選手を輩出してきた名門の企業チームですら廃部になることは珍しくありませんでした。企業内運動部ゆえの限界と危機への対策として，親会社から独立を図り，プロとなるアスリートやクラブが日本にも現れました。こうした選手やクラブは，自身がマーケティング主体となり，広告活動をはじめとするプロモーションを行う立場となります。自分たちが提供できるプロダクトのファンにとっての価値を見極め，それをメッセージにしてターゲットに届けるわけです。

スポンサーを引き受ける企業にすれば，自社で運動部を所有するよりも，社外のクラブ，アスリート，イベントなどの有望な媒体に投資し，自社のプロモーションに活用するほうが効率的であるとの判断が働きます。特に，マス（大衆）をターゲットとするスポンサーにとっては，観客動員数，視聴率，フォロワー数などが媒体選択の目安となります。

しかし，スポンサー企業は，観客などの人数ばかりでなく，質的特性にも注意を向けます。観客の中に，自分たちが関係を結びたい，メッセージを届けたいターゲットがはたしてどの程度いるのか無関心ではありません。スポーツのクラブや大会主催者などマーケティング主体は，このように，企業に対して広告活動の機会を提供でき，観客数の拡大につながる広告活動を独自に展開する一方で，広告媒体としての自らの価値をスポンサー企業に対して販売できるのです。

❹ 広告媒体から社会的責任（CSR）の対象となるために

競技者やクラブが，親会社ないしスポンサー企業の広告媒体とみなされ，広告予算で管理運営されているとすれば，経営的に不安定な状態にあると言えるでしょう。なぜなら，企業の業績悪化によって最初に削減・縮小される一つが広告宣伝費であるからです。

近年，企業は私的利益の向上ばかりでなく，社会的責任が厳しく問われるようになってきました。そのため，以前のように業績悪化を理由に運動部の所有を簡単に放棄したり，社外のスポーツ関係への支援を縮小したりする意思決定には慎重にならざるを得ません。そこで，競技者やクラブがより安定した運営資金を調達するには，スポーツに対する企業の認識を，私企業の宣伝ツールとしての役割から，公益性の高い社会的資産といったレベルに変革できるかが鍵になります。企業内運動部においても，アスリートにとっても，リーグやイベントを主催する競技団体なども，プロモーション計画と展開には，消費者はもちろん企業の視線をも意識し，自らの固有価値に関わるアピールと同時に，スポーツ全体の社会的価値の創出と向上に寄与するメッセージの発信が大切になるのです。

(嵯峨　寿)

▷2　日本リーグ6連覇などの偉業を誇り，多くの日本代表選手を輩出してきた日立女子バレーボール部が2001年に廃部となったことは，スポーツ界への衝撃のみならず，バブル崩壊後の長引く経済不況と企業の業績低迷を社会に強く印象づけた。スポーツデザイン研究所の調べによると（2002年6月），1991年から2001年までの間，トップレベルにあった210の企業運動部が休廃部している。

▷3　サッカーJリーグが誕生した1993年はバブル経済末期にあたるが，それまでの好景気を追い風とした発足であったとはいえ，企業内運動部が抱える財政不安を解決する挑戦でもあった。

▷4　クラブやリーグなどはステークホルダーにみずからの社会的な価値や力を証明するなど，多数の信頼や支持を得る戦略的な取り組みが求められる。

▷5　世界や社会が直面する問題に対して人々の関心をスポーツを通じて喚起したり，スポーツに解決の手助けができたりすれば，人々の信頼と好感は選手個人やチームを超えてかれらの競技種目，さらにはスポーツ全体にまで及ばないとも限らない。

おすすめ文献

†天野祐吉（2003）『私説広告五千年史』新潮社。
†島森路子（1998）『広告のヒロインたち』岩波書店。
†トスカーニ，O.／岡元麻理恵（1997）『広告は私たちに微笑みかける死体』紀伊國屋書店。

8　スポーツマーケティングにおけるプロモーション論

スポーツ組織における広報

1　従来型のスポーツ広報

　企業など一般的な組織における広報（Public Relations）とは「企業（組織，個人）が自社および製品・サービスに対してステークホルダーとの間に継続的な"信頼関係"を築いていくための考え方と行動のあり方[1]」のことです。すなわち，ステークホルダーを正確に把握し，コミュニケーションを取ることが重要視されています。

　スポーツを取り囲むステークホルダーは，ファン，メディア，スポンサー，地域住民，自治体，リーグなど，一般企業と比べて多岐にわたります。一般的なスポーツ組織における広報は，依頼される取材を管理したり，開催される試合会場におけるアスリートたちのメディア対応をコントロールするなどアスリートに関わる業務が主たるものです。さらにそれらの取材がどのようにメディアに報道されたかをチェックするのも広報の大事な仕事の1つです。同時に世の中の動向を把握するため，毎日のクリッピング作業は欠かせません。

　その他の業務としては，記者会見（プレス・カンファレンス）の企画運営，プレスリリース[2]の作成，メディアガイド[3]の作成，印刷媒体・ウェブ媒体用の刊行物作成などがあります。

2　スポーツ広報の特異性

　スポーツ広報の特異性としては，他業界に比べて比較的メディア環境に恵まれていることがあげられます。国内において全国展開しているスポーツ専門新聞が6紙（夕刊紙を含めると7紙）あり，一般紙においても必ずスポーツ面が存在します。テレビにおいても主要なニュース番組にはスポーツコーナーが併設され，競技によっては専門番組も編成されています。また，衛星放送による多チャンネル化やインターネット放送によりスポーツ中継の放送数も拡大しているため，一般大衆がスポーツに触れる機会は増えています。このような状況は，スポーツ広報担当者の主業務が既存のスポーツメディアとのリレーション活動に力点を置くことにつながっています。

　一方で恵まれた環境がゆえに，これまでは広報が自らプロモーションするという意識が低く，一般的にスポーツ組織のプロモーションへの投資予算は乏しい傾向にあります。そこで，各スポーツ組織はコントロールできない勝敗など

▷1　公益社団法人日本パブリックリレーションズ協会（2017）『改訂版 広報・PR概論』同友館。

▷2　プレスリリース（Press Release）とは，テレビ局や新聞社，雑誌社等の報道機関に対して情報の提供や発表を行うこと。「ニュースリリース」と呼ばれることもある。

▷3　メディアガイド（Media Guide）とは，報道機関向けの資料で，スポーツ組織の場合，試合やイベントの際に配布される資料のことを指す。選手名鑑，チームの戦績，施設案内，スケジュールなど，取材のための情報を掲載するもの。

の結果に左右されない広報活動にも力を入れ始めています，プロ野球・千葉ロッテマリーンズの「挑発ポスター[14]」やJリーグ・川崎フロンターレの「算数ドリル[15]」などがその最たる例といえるでしょう。こうした広報活動は一般的にはパブリシティと呼ばれ，メディアへの情報提供を通じて社会にとって有用なニュースを提供することで信頼性を確保する活動です。

3 メディア環境の変化に伴うスポーツ広報の役割

　インターネットの進化に伴い，スポーツを取り巻くメディア環境も急激な変化を迎えました。2006年から2014年までの期間，ある調査のデータによると[16]，2006年171.8分あった週平均のテレビ接触時間は2014年には156.9分にまで減少しました。一方で2006年にはわずか10.9分であった携帯電話（スマートフォンを含む）の接触時間は2014年には，74.0分まで増加の一途を辿っていることが明らかになっています。

　インターネット利用が人々の生活に浸透するにつれ，広報の業務も多様化しています。例えば公式サイトを中心としたオウンドメディア[17]の制作・管理やTwitter・Facebook・LINEといったSNSに組織の公式ページを設置するなど，主体的に速報性やオリジナリティのある情報を展開する業務が加わりました。

　あわせて，動画の撮影・編集・配信が容易に行えるようになったことから，アスリートのインタビューなどを広報担当者自らが撮影・編集し，オウンドメディアやSNS上に公開することも一般的になってきています。

4 危機管理重視の時代へ

　スポーツにおいても，組織自体の重大な問題からアスリート個別のトラブルまで多岐に渡る不祥事が起こる危険性を含んでいます。こういった不祥事を未然に防ぐための啓発活動を行ったり，万が一，不測の事態が起こってしまった際にはダメージを最小限にし，いち早く信頼回復に向けて対処を行うクライシス・コミュニケーション（Crisis Communication）[18]など，危機管理はスポーツ広報の重要な仕事です。一般的には軽微なものであってもスポーツに対する注目度の高さから，その影響が組織や個人のみならずマーケットやスポンサーへの損失にも及ぶ可能性があるのです。

　同時に，昨今ではSNSによる「炎上」リスクについても十分留意する必要があります。アスリート個人のアカウントから発信される不適切な内容や，ファンが撮影した画像から判明した事実など，これまでの数倍のスピード感で拡散が進むことから，スポーツ広報の担当者はより迅速な対応が必要とされます。

（片上千恵）

▶4　千葉ロッテマリーンズ「挑発ポスター」2005年の開幕戦に千葉ロッテがプロモーションの一環として掲出したポスターで，対戦相手への敵対心を露わにした挑発的な内容が話題になった。以降，同球団の名物企画としてセ・パ交流戦の際に制作されている。

▶5　川崎フロンターレは2009年からホームタウンである川崎市の小学6年生を対象に所属選手の写真や名前が使われた算数ドリル帳を作成・配布している。子どもたちとクラブの接点を作ることが目的。

▶6　博報堂DYメディアパートナーズ編『広告ビジネスに関わる人のメディアガイド2015』宣伝会議。

▶7　オウンドメディア（Owned Media）とはチームやクラブ内で保有し，運営・管理する媒体（メディア）のこと。チーム公式サイトやブログなどを指す。

▶8　クライシスとは「危機」のこと。スポーツ組織においては，選手・スタッフの不祥事や災害・経営不振など危機的状況への対応。

（おすすめ文献）

†天野春果（2011）『僕がバナナを売って算数ドリルをつくるワケ』小学館。
†企業広報戦略研究所編著（2016）『戦略思考の広報マネジメント』日経BPコンサルティング。

8　スポーツマーケティングにおけるプロモーション論

スポーツ組織のプロモーションミックス

① プロモーションの役割

　プロモーションの役割は，製品やサービスの存在を消費者に認知させ，関心や欲求を喚起させ，購入までの動機付けを行うためのコミュニケーション活動です。スポーツ団体でいえば，ある大会の開催を決定し，チケットの価格と販路を決定した後は，いかにしてチケットを売り込む活動を行うのかというプロセスに該当します。製品やサービスの内容をただ宣伝・広報するだけの活動ではなく，消費者に購入したいと思わせるよう仕掛けるのがプロモーションといえるでしょう。

▷1 ▷2　山﨑利夫(1999)「マーケティングプログラムの展開」池田勝・守能信次編著『スポーツの経営学』杏林書院，84-113頁。

② プロモーションの分類

　消費者を購買行動まで誘導するために，的確なプロモーション戦略を策定することが重要です。一般的にプロモーションの構成要素には広告，パブリシティ，販売促進，人的販売の4つがあります。消費者は普段，複数の要素から刺激を得て，それらを総合的に判断することにより，「この試合に行きたい」「あのチームが好き」といった反応につなげています。効率的なマーケティング目標達成のためには，これらの要素をばらばらに展開するのではなく，それぞれの特徴を理解したうえで最適に組み合わせること，すなわち「プロモーションミックス」を開発していくことが必要です。

③ あるプロサッカークラブの業務

　わが国のプロスポーツチームにおいては，人的リソース・経営的資源の関係で，コストをかけた広告を用いることは少なく，定期的に作られる日程告知ポスターや駅・商業施設等への看板などが中心です。主たるプロモーション施策としては，プレスリリースの配信や，オウンドメディア・SNSによる告知，メディアアタックと呼ばれるマスメディアへの売り込みなどがあります。

　以下は，あるJリーグクラブにおけるプロモーション活動の1年間の流れを図示したものです。(1)年間通じて行われる業務（図1），(2)試合が実施されるシーズン期間中（2月後半-12月）に行われる業務（図2），(3)シーズンオフ（1，2月）に行われる業務（図2）の3つに分類されます。これらの業務を企画し，実際に運営するためには，クラブのプロモーション担当者のみならず，営業や

運営など，組織を横断的に連携するパワーが必須です。加えて外部業者へのアウトソーシングやボランティアスタッフの協力も欠かせません。

ここではプロサッカークラブを例に説明してきましたが，プロ野球やBリーグ（プロバスケットボールリーグ）でも同様に，世間の認知度や影響力に反比例する“マンパワー不足”は大きな課題です。だからこそ，スポーツ組織のプロモーション担当者にはプロスポーツとしてのメディア露出力を最大限生かしながら，効率のよいプロモーション施策をプランニングし，実際のアクションにつなげる企画力と実行力が必要となります。インパクトのあるプロモーションの成功は莫大な資金獲得をもたらす可能性を秘めています。スポーツの価値を尊重しながら，いかに効果的なプロモーション施策を打ち出せるかはスポーツ発展の鍵となるでしょう。

（片上千恵）

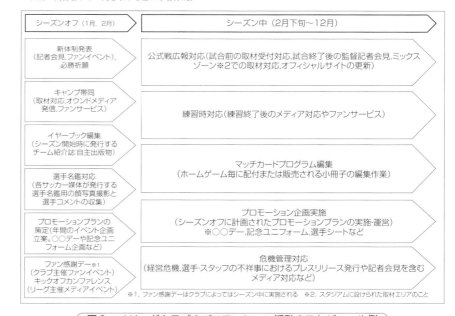

ホームページ更新
クラブ公式サイト上の新着情報の更新作業コンテンツ制作。選手名鑑，試合速報やプレスリリース，各種コラムなど新たな情報がある毎に更新を行う。
SNS　（Twitter, Facebook, Instagramほか）
クラブのオフィシャルSNS上に，新着情報を掲載する。最近では動画による配信も多くあり，試合のハイライトや選手のメッセージ動画など，編集作業を経て掲載する。
プレスリリース配信
選手の移籍情報，試合やその他のイベント情報などクラブから発表したい内容をFAXおよびメールで各メディアやステークホルダーに対して配信する
各種取材対応（TV，ラジオ，新聞，雑誌，インターネットほか）
各メディアから要望があった取材依頼について，その可否を決め，取材するものについてはスケジュール調整をして取材を実施。取材対象である選手やスタッフへの帯同も行う。
メディアアプローチ
各種メディアへの売り込み活動。監督や選手インタビューや各種プロモーションプランの告知依頼など。場合によっては広報担当自らが番組に出演してPRすることもある。
クラブ定期刊行物（月刊誌，隔月誌）
クラブが発行するファン・サポーター向け書籍の編集。

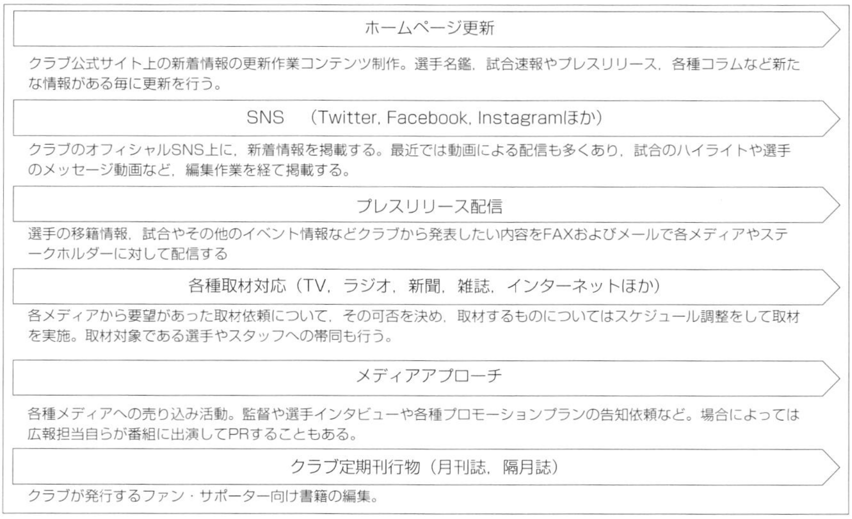

図1　Jリーグクラブのプロモーション活動のスケジュール例（通年）

出所：実務者からの聞き取りを基に筆者作成。

シーズンオフ（1月，2月）
シーズン中（2月下旬～12月）
新体制発表（記者会見,ファンイベント），必勝祈願
キャンプ帯同（取材対応,オウンドメディア発信,ファンサービス）
イヤーブック編集（シーズン開始時に発行するチーム紹介誌:自主出版物）
選手名鑑対応（各サッカー媒体が発行する選手名鑑用の顔写真撮影と選手コメントの収集）
プロモーションプランの策定（年間のイベント企画立案。○○デーや記念ユニフォーム企画など）
ファン感謝デー※1（クラブ主催ファンイベント）キックオフカンファレンス（リーグ主催メディアイベント）
公式戦広報対応（試合前の取材受付対応,試合終了後の監督記者会見,ミックスゾーン※2での取材対応,オフィシャルサイトの更新）
練習時対応（練習終了後のメディア対応やファンサービス）
マッチカードプログラム編集（ホームゲーム毎に配付または販売される小冊子の編集作業）
プロモーション企画実施（シーズンオフに計画されたプロモーションプランの実施·運営）※○○デー,記念ユニフォーム,選手シートなど
危機管理対応（経営危機,選手·スタッフの不祥事におけるプレスリリース発行や記者会見を含むメディア対応など）
※1．ファン感謝デーはクラブによってはシーズン中に実施される　※2．スタジアムに設けられた取材エリアのこと

図2　Jリーグクラブのプロモーション活動のスケジュール例

出所：実務者からの聞き取りを基に筆者作成。

おすすめ文献

†原田宗彦・藤本淳也・松岡宏高（2008）『スポーツマーケティング』大修館書店。

†片上千恵（2011）「メディア・トレーニング」加藤清孝編著『実践から読み解くスポーツマネジメント』晃学出版，137-147頁。

メディアトレーニング

1　メディアトレーニングの目的

　近年，スポーツが世界的に人々の生活と切り離せないものになると同時に，アスリートのイメージに対する価値や影響力も飛躍的に高まってきました。アスリートのブランドイメージを製品やサービスに関連づけることで得られるエンドースメント収入も伸びてきています。では，そのイメージはどこで作られ広められていくのか。実は，アスリートがさまざまなステークホルダーと直接的に接することは少なく，テレビ，新聞，インターネットなどのメディアを介してコミュニケーションが図られます。このようにアスリートのイメージを世間に広める役割を担っているのがメディアなのです。だからこそビジネスとして発展した現代のスポーツ界において，アスリートが所有するスポーツ組織やアスリートと契約しているマネジメント会社などは，メディアに対するアスリートの言動や振る舞いを適切に管理・指導していく必要があります。その際に，アスリートがステークホルダーにメッセージを適切，かつ効果的に伝えられるよう，どのようなメッセージをどのように発信すればよいかをトレーニングするのがメディアトレーニングです。

2　スポーツにおけるメディアトレーニングの現状

　(1)　アメリカの場合：メディアトレーニングはもともと政治家や企業のトップ，または組織の情報を公に話す機会をもつスポークスパーソンなどを対象に，

PR会社のサービス・プログラムの一環として存在しました。特にPR先進国であるアメリカでは，メディアトレーニングの歴史は古く，スポーツの世界においてもフィジカルトレーニングやメンタルトレーニングなどと同様にアスリートが受けるべきトレーニングの一つとして位置付けられています。アメリカオリンピック委員会（USOC）や4大リーグはもとより，全米大学体育協会（NCAA）などにおいても組織単位でメディアトレーニング用の教本が製作され，アスリートを対象に定期的にトレーニングを実施しています。

　アメリカのプロリーグの中には，ドラフト会議の会場で指名される可能性のある選手向けにメディアトレーニングを行うというリーグもあります。その背景には，リーグに所属が決まった瞬間から選手はそこでプレイするのにふさわしい言動が求められるというリーグの方針があります。プロスポーツ選手は高い競技力をもつだけでなく，プレイ以外の場所でも人々が憧れるような人物であること，すなわちロールモデルであることが理想とされており，そのためにも常に堂々とした発言や振る舞いができるようメディアトレーニングが義務付けられているのです。

　(2)　日本の場合：一方，日本スポーツ界でも近年，メディア対応に対する関心は高まってきました。日本野球機構（NPB）やJリーグが毎年開催する新人研修では，メディア対応に関する講習会が行われています。また，各チームや連盟・協会といった組織単位で専門知識をもったメディアトレーナーと契約して，定

期的なトレーニングを実施するケースもあります。今後，2020年に東京で開催されるオリンピック・パラリンピックに向けて社会におけるアスリートの注目度が増すに連れ，自分自身の言葉でスポーツの魅力や競技の面白さを発信するためのメディアトレーニングはますますニーズが増してくるでしょう。

3 メディアトレーニングの内容

メディアトレーニングの内容は，取材対象者がどのメディア（テレビ，新聞，雑誌，ラジオ，インターネット）に対してどのような取材を受けるかといった条件によって異なります。インタビューや記者会見などの場合，一般的な手法としては，(1)コミュニケーションに関するレクチャー，(2)伝えるべきキーメッセージの作成，(3)ビデオカメラの前でスピーチや模擬インタビューの実践，(4)映像をレビューしながら指導を受けていくという流れで構成されます。撮影により自身の姿を客観視することで，人前に立った時の姿勢や表情，声の調子など，細かい癖も把握できます。このような一連の流れを通して，選手はメディアの特徴を理解し，ロールモデルとしての自覚を養い，同時にどのような情報発信の仕方が効果的なのかを学んでいきます。

最近ではソーシャルメディアの普及に伴い，情報発信の仕方やリスクを学ぶ「SNSトレーニング」の重要性が急速に高まっています。トレーニングを受けることで選手の危機管理意識を喚起し醸成することもメディアトレーニングの大きな役割といえるでしょう。

（片上千恵）

▷1 選手が企業と肖像権利用や商品化権の独占契約を結び，商品の普及に努めること。その場合の選手をエンドーサー（endorser）と呼ぶ。
▷2 組織の活動に直接的・間接的に利害関係を有するもののこと。スポーツ組織の場合は，ファン・スポンサー企業・メディア・地域社会・選手（チームメンバーや対戦相手）等があげられる。
▷3 PR は Public Relations の略。PR 会社は企業・団体の担当者に代わって（または協力して），広報PR 業務を行う。
▷4 アメリカとカナダにおいて人気・経営規模で団体競技の頂点に位置するプロスポーツリーグを指す。アメリカンフットボール（NFL），野球（MLB），（NBA），アイスホッケー（NHL）の４つ。また1993年に創立されたサッカー（MLS）は認知度，収益面で４大スポーツには及ばないが，入場者数や人気の上昇は目覚ましい。
▷5 Nippon Professional Baseball Organization の略。日本プロ野球のセントラル・リーグおよびパシフィック・リーグを統括する一般社団法人。

【参考文献】
片上千恵（2011）「メディア・トレーニング」加藤清孝編著『実践から読み解くスポーツマネジメント』晃学出版，137-147頁。

インタビューのDo's and Do Not's

Do	Don't
・準備をする	・ノーコメントは言わない
・ポジティブでいる	・ネガティブにならない
・相手の目を見る	・隠れない
・明確で簡潔な内容をゆっくり話す	・冷静さを失わない
・話す前によく考えて，言いたいことを簡単にして伝える	・いつも見られていることを忘れない
・友好的に，そして親切で，時に情熱的に	・皮肉を言わない
・正しい言葉を使う	・"う～ん，えっと，あの～，そうですね～"などのつなぎ言葉を使わない
・"決まり文句"は忘れる	・気持ちと反対の態度をとらない
・感情を表現する	・機会を失わない
・きちんとした印象を残す	

図1 インタビューの注意点

出所：「ウェストバージニア大学・メディアリレーションズハンドブック」。

9　スポーツマーケティングにおける流通政策論

 # マーケティングチャネル

1　日本の流通構造

　スポーツ業界に限らず，日本の流通構造は，製（製造業者・メーカー・生産者），配（卸売業者・問屋），販（小売業・小売店）の三層構造になっています。商品の流れを川にたとえて，メーカーが川上，消費者が川下といわれます。

> （川上）メーカー　⇒　卸業者　⇒　小売業者　⇒　消費者（川下）

　最近では，(1)メーカーと小売業が直接取引するケース（問屋無用論[1]），(2)メーカーと消費者が直接取引するケース，(3)小売業が製造を行い，プライベートブランド[2]を立ち上げるケースがあります。いずれも中間に位置する卸売業が苦しい立場に置かれています。上記(2)のメーカーによる消費者への直接販売では，ナイキやアディダス，プーマといった外資系メーカーが直営店に力を入れており，国内メーカーもこれに対抗して直接販売の店舗を展開しています。上記(3)の具体的な例としては，アルペンが「イグニオ」ブランドを立ち上げ製造直販を展開しています。

2　メーカーの流通チャネル政策

　メーカーの流通チャネル政策[3]には直接流通と間接流通があります。「直接流通」はメーカーが消費者に直接商品を販売するケースです。アパレル関係ではSPA[4]といわれ，ユニクロなどが有名です。一方，「間接流通」はメーカーと消費者の間に卸売業[5]や小売業[6]など仲介となる流通業者が存在するケースです。多くのメーカーが間接流通チャネル政策を採用し，さらに商品や市場の特性を考えて，次の3つのチャネル政策を展開します。一つ目は「開放的流通チャネル政策」です。仲介となる流通業者を限定せずに多くの流通業者を使う政策です。広範囲にわたる小売店を通じてより多くの消費者に販売することを目的とします。二つ目は「選択的流通チャネル政策」です。開放的流通と排他的流通の中間となるチャネル政策で，ある程度の基準を満たす流通業者に限定されます。三つ目は「排他的流通チャネル政策」です。仲介となる流通業者を絞り，特定の流通業者だけに商品を扱わせる政策です。開放的チャネルと異なり，流通業者を制限することでブランドの維持・管理等が容易になります。

③ メーカーのチャネル選択

一般的にウェア、用具、シューズなどはスポーツ用品に分類されますが、日本標準産業分類には「スポーツ用品製造」という分類がなく、ウェア製造は「スポーツ用衣服製造業」、シューズ製造は「運動用具製造業」として区別されています。また、スポーツメーカーはスポーツ用品全般を扱う「総合メーカー」と、特定の品種や競技種目に特化した「専門メーカー」に分類できます。ミズノ、アシックス、デサントは「総合メーカー」であり、モルテン（ボール）、ミカサ（ボール）、ゴーセン（テニスのガット）、山本光学（ゴーグル）、D&M（サポーター）、早川（柔道着）、ヤマト卓球（卓球）、モンベル（山用品）などの多くは「専門メーカー」といえます。これらの専門メーカーは、自社の商品や顧客の特性を考え、最適なチャネルを選択する必要があります。

顧客がスポーツ用品を購入するチャネルとして、スポーツ店のような「店舗販売」と通信販売のような「無店舗販売」があります。「店舗販売」には、「スポーツ用品専門店」「ホームセンター」「ディスカウントストア」「デパート」などがあり、さらに「スポーツ用品専門店」には、地域密着型の「小型スポーツ専門店」、チェーン展開する「大型スポーツ専門店」、百貨店の「スポーツ用品コーナー」などが含まれます。スポーツデポやスポーツオーソリティのような「大型スポーツ専門店」が売上げを伸ばしています。一方「無店舗販売」には、「オンラインショッピング」「カタログ通販」「TVショッピング」などがあり、パソコン、インターネット、携帯電話の普及によって電子商取引の利用者も増えています。

④ 小売業のチャネル政策

スポーツ小売店には、アルペングループが運営する「アルペン」「スポーツデポ」「ゴルフ5」、ゼビオが運営する「ゼビオ」「ヴィクトリア」の他にも、ヒマラヤ、イオングループのメガ・スポーツが運営する「スポーツオーソリティ」、ムラサキスポーツ、二木ゴルフ、ICI石井スポーツなどがあります。最大手のアルペングループは、ウインタースポーツは「アルペン」を中心に78店舗、ゴルフ用品は「ゴルフ5」を中心に205店舗、一般スポーツ用品は「スポーツデポ」を中心に142店舗、その他10店舗を展開しており、店舗総数は435店舗に上ります。売上げは、「アルペン」285億円、「ゴルフ5」714億円、「スポーツデポ」1116億円、その他43億円となっています。また、アルペングループは、自社のプライベートブランドとして、「IGNIO」「TIGORA」「Hart」「FABLOCE」「kissmark」などの商品開発に取り組んでいます。さらに、スキー場やゴルフ場の経営にも乗り出し、総合的なスポーツ小売業になりつつあります。

(植田真司)

▶7 大手小売業3社の売上（2015年公表）
アルペン：2113億円、
ゼビオ：2048億円、
ヒマラヤ：724億円。
▶8 アルペン（2015）『有価証券報告書』第43期。

(おすすめ文献)
†日本商工会議所（2012）『販売士ハンドブック（基礎編）』カリヤック。
†根城泰・平木恭一（2015）『図解入門業界研究最新小売業界の動向とカラクリがよ〜くわかる本（第2版）』秀和システム。

9　スポーツマーケティングにおける流通政策論

 仲介業者の種類と役割

❶ 仲介業者の種類

　仲介業者には，メーカーと消費者をつなぐ役割[1]があり，卸売業と小売業があります。卸売業者は契約内容により，さらに，(1)代理店，(2)特約店，(3)販売会社（販社）などに分けられます。(1)の代理店は，メーカーとの契約により，一定地域で販売権を得て販売を代理する卸売業者です。販売網がない市場に新規参入する場合や，自社で販売網をつくるのが難しい場合，代理店制度を採用すると短期間で効率的に流通チャネルを構築できるメリットがあります。(2)の特約店は，メーカーと特定の条件が付いた特約契約を結び，販売活動を任された卸売業者です。特約があるためメーカーの支配力は代理店よりも強化されます。特約店の中には一次特約店から取次ぎを受ける二次特約店もあります。(3)の販売会社は，特定のメーカーに専属した卸売業者です。代理店や特約店よりもメーカーによって強く統制されます。販売会社のメリットは，メーカーの意図を反映しやすく，価格の安定が実現できる点ですが，流通を硬直化させる危険もあります。

❷ 仲介業（卸売業）の役割

　メーカーと小売業の間に介在する卸売業には大きく２つの役割があります。一つは取引総数の減少であり，もう一つは在庫総数の減少です。それぞれの小売業者が，メーカーと直接取引をすると，市場における取引数が非常に多くなります（図１）。そこで，卸売業者が介在すると，取引の効率がよくなり取引総数が減少し，流通費用も節約されます（図２）。例えば，卸売業者が介在しないと，３×５＝15回の取引が行われるのに対して，卸売業者が介在すると，３＋５＝８回の取引で足ります。これを「取引総数最小化の原理（マーガレットホールの法則）」といいます[2]。

　また，それぞれの小売業が独自に商品在庫をもつと，市場における在庫が非常に多くなります（図３）。そ

▷１　生産と消費をつなぐ
生産と消費の間にはギャップ（隔たり，分化）が生じる。
(1)　人的ギャップ：作る人と使用する人が異なる。
(2)　時間的ギャップ：生産時期と消費時期が違う。
(3)　場所的ギャップ：生産地と消費地が違う。
(4)　情報的ギャップ：生産者は消費者のことをよく知らない。消費者は製品のことをよく知らない。
(5)　数量的ギャップ：生産量（大量）と消費量（少量）が違う。
(6)　質的ギャップ：生産が望む製品の質と消費者が望む製品の質が違う。このギャップを埋めるのが卸業，小売業の役割である。

▷２　日本商工会議所（2012）『販売士ハンドブック（基礎編）』カリヤック。

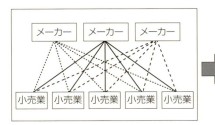

（図１　卸売業がない場合）

出所：販売士ハンドブック（日本商工会議所，2012）を基に筆者作成。

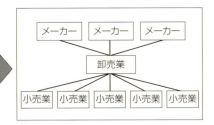

（図２　卸売業がある場合）

出所：図１と同様。

こで，卸売業者が介在し在庫をもつことで，小売業が余分な在庫をもつ必要がなくなり，市場における在庫総数が減少し流通費用も節約されます（図4）。例えば，卸売業者が介在しない場合，各

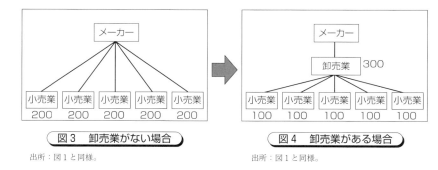

図3　卸売業がない場合
出所：図1と同様。

図4　卸売業がある場合
出所：図1と同様。

小売業が200個の在庫をもつと，合計は200個×5店舗＝1000個になります。一方，卸売業者が介在し，いつでも対応できるように例えば300個の在庫をもった場合，各小売業の適切な在庫が100個で足りるようになります。結果として，卸売業者300個と小売業500個（100個×5店舗）を合わせると，合計800個の在庫で足ります。これを「不確実性プールの原理（集中貯蔵の原理）」といいます。

3 仲介業（小売業）の役割

　小売業の役割は，消費者，商品の仕入先企業，地域社会の3つの視点から捉えることができます。まず消費者に対して，(1)消費者のその時々のニーズに合わせて取扱商品を適切に取り揃える役割（品揃えの提供機能），(2)消費者が必要なときにはいつでも購入でき，必要最小限の在庫で足りるように適切な在庫を維持する役割（在庫の調整機能），(3)地域の生活水準や競争状況を考慮して，適正な価格を設定する役割（価格の調整機能），(4)消費者に商品を販売するだけではなく，取扱商品に関連するさまざまな情報を提供する役割（情報の提供機能），(5)消費者に代わって安全・安心をチェックする役割（品質のチェック機能），(6)朝でも夜でも，都市でも地方でも，いつでもどこでも商品を購入できる便利さを提供する役割（便利性の提供機能），(7)クレジット機能など商品販売に付随する各種のサービスを提供する役割（顧客サービスの提供機能），(8)買い物の楽しさを提供する役割（快適性の提供機能）などがあります。

　次に仕入先の企業に対しては，(1)メーカーの代わり商品を消費者に販売する役割（販売代理機能），(2)消費者のニーズや動向に関する情報を提供する役割（消費者情報伝達機能）があります。最後に地域社会に対しては，(1)地域で暮らす消費者が，快適で健康的な生活が送れるようにする役割（暮らしの向上機能），(2)地域環境の整備改善活動に地元の一員として取り組む役割，(3)地域社会の雇用創出の場としての役割があります。

（植田真司）

おすすめ文献

†日本商工会議所（2012）『販売士ハンドブック（基礎編）』カリヤック。
†原田宗彦編著（2015）『スポーツ産業論（第5版）』杏林書院。

9　スポーツマーケティングにおける流通政策論

流通チャネルとしてのスタジアム

▷1　ホームタウンはスポーツチームが本拠地として設定する指定エリアであるが，それは単なる地理的な区分ではなく，チームとファンがともに生まれ育った町という意味をもつ。

▷2　ホームグラウンドとは，特定のスポーツチームのホームとして使用されるスタジアムのことである。

1　スタジアム観戦

　私たちはスポーツ小売店やフィットネスクラブなどを利用する際，最寄りの店舗に足を運びます。彼らは首都圏だけでなく地方都市にも出店し，全国規模でチェーンストアを展開しています。一方，プロ野球チームやＪリーグクラブのようなプロスポーツチームは，同じサービス業に分類されますが，特定地域をホームタウン[1]としています。このため，これらのチームのホームゲームを観戦するためには，ホームグラウンド[2]に指定されているスタジアムに行かなければなりません。遠隔地に暮らす人々はテレビで試合中継を視聴できますが，「ホームグラウンドでの直接的な試合観戦」はスタジアムに足を運ばない限り経験することはできません。

2　スタジアムで流通するプロダクト

　スタジアムで流通するプロダクトはイベントという経験です。スタジアムでの直接観戦はテレビによる間接観戦では味わえない経験を作り出し，大きくは，(1)試合前のイベント体験と，(2)試合中のゲーム観戦に分かれます。試合前は来場者の気分を高めるため，スポンサー企業によるアトラクション，地元の食材を生かした特産品フェア，マッチデープログラムの配布，マスコットとの交流，選手の練習見学，そして選手入場や始球式などのセレモニーが用意されています。試合が始まるとファンの大声援が会場中に響き渡り，チームカラー，応援歌，振り付け，グッズなどで工夫を凝らした応援が繰り広げられます。試合が平行線を辿り出すと，来場者を飽きさせないためにマスコットレース，チアリーダーによるダンス・パフォーマンス，景品が当たるクイズ，花火の打ち上げなどが試合の間に行われます。コンコースでは飲食サービスやグッズ販売に加え，子どもたちが遊べるキッズエリアや託児所も整備されており，家族連れが安心して過ごせるようになっています。さらに，最近のスタジアムにはテーブルやベンチ付きのテラス席をはじめ，砂かぶり席，ソファ席，ウッドデッキ席，スポーツバーなどの特別席が設置されています。ここで紹介する試合以外の要素はどれも会場に身を置かないと経験できない特別なプロダクトです。

3 ファンエクスペリエンス

　たとえ成績不振に悩むチームであっても，応援を継続するファンを獲得できれば安定した市場の形成につながります。これを可能にする一つの方法として，試合の勝敗に左右されないスタジアムの魅力を観戦者の脳裏に刻み込むという発想が生まれてきました。つまり，スタジアム環境を駆使して来場者の五感に働き掛けると，観戦経験が思い出として記憶に蓄積され，再来場が促進されるという考え方です。この手法は別名ファンエクスペリエンス（fan experience）のマネジメントと呼ばれ，その名のとおりファンの経験を作り出し，提供するということです。具体的には，訴えかけるようなデザインによって装飾されたスタジアムの外観と内観（視覚），スタンドから聞こえてくるファンの歓声や鳴り物による応援（聴覚），通路や座席などの施設を利用した時の居心地（触覚），スポーツ観戦ならではの食べ物，ドリンク，スイーツなどが混ざり合った独特の匂い（臭覚），地元の特産品や話題のスタジアムグルメを味わった時の美味しさ（味覚）などを十分に感じてもらうことで五感を刺激できます（表1）。このような五感に訴えるマーケティングは来場者を再観戦へと動機付けるだけでなく，応援グッズ，限定商品，記念品，飲食サービスなどの売上にもつながります。したがって，流通チャネルとしてのスタジアムはファンエクスペリエンスという経験的な製品の提供に適しているだけでなく，こうした経験は試合会場で販売されるグッズやサービスの売上と密接に関係しています。

表1　五感を通じて感じるスタジアム経験

五感	スタジアム経験を測定するための質問例
視覚	スタジアムのデザインは魅力的である
聴覚	スタジアムから聞こえてくる応援は気分を高めてくれる
触覚	スタジアムの通路や座席は心地良い作りになっている
臭覚	スタジアムから感じる匂いは楽しい記憶を思い出させてくれる
味覚	スタジアムの食事は，他の場所で食べる食事よりも美味しく感じる

出所：Lee, S., Lee, H. J., Seo, W. J. and Green, C. (2012) を基に筆者作成。

4 ホームの感覚

　テレビ観戦では味わえないスタジアム観戦特有の感覚はファンエクスペリエンスに限りません。五感を総動員してイベントを経験すると，スタジアムに対して愛着が湧いてきます。そして，この愛着はやがて「ホームの感覚（sense of home）」という形でファンの心に深く刻み込まれることとなります。ファンにとってこの感覚は，住み慣れた自宅と同じくらいスタジアムの居心地がよく，大切な思い出が詰まった特別な場所という意味になります。ホーム・アンド・アウェイ方式で試合が繰り広げられるプロスポーツでは，ホームの感覚はスタジアム観戦でしか感じることのできない醍醐味の一つといえるでしょう。

（吉田政幸）

▷ 3 Pine, B. J. and Gilmore, J. H. (1998), "Welcome to the experience economy," *Harvard Business Review*, 76, pp. 97-105.

▷ 4 ファンエクスペリエンスとは，スポーツイベントにおいてファンが来場してから退場するまでの間に経験する出来事をすべて包括的に捉えた概念である。

▷ 5 Lee, S., Lee, H. J., Seo, W. J. and Green, C. (2012), "A new approach to stadium experience : The dynamics of the sensoryscape, social interaction, and sense of home," *Journal of Sport Management*, 26, pp. 490-505.

▷ 6 Charleston, S. (2009), "The English football ground as a representation of home," *Journal of Environmental Psychology*, 29, pp. 144-150.

（おすすめ文献）

†原田宗彦（2008）「2章 スポーツプロダクトとは」原田宗彦編著『スポーツマーケティング』大修館書店，34-66頁。

†パイン，B. J.・ギルモア，J. H.／岡本慶一・小高尚子訳（2005）『（新訳）経験経済——脱コモディティ化のマーケティング戦略』ダイヤモンド社。

†吉田政幸（2015）「9章 スポーツサービスと消費行動」原田宗彦編著『スポーツ産業論（6版）』杏林書院，114-128頁。

9　スポーツマーケティングにおける流通政策論

流通チャネルとしてのメディア

① メディアスポーツ

　メディアスポーツとは，テレビを中心としたメディアによって仲介（mediated）されることで人々に伝達され，間接的な視聴をとおして楽しまれるスポーツのことです。試合を伝達するメディアにはテレビやラジオなどの放送局[1]だけでなく，新聞社や出版社などのプリントメディア，ウェブサイトやソーシャルメディアなどのインターネット事業者も含まれます。これらのメディアをとおしてスポーツをみる，読む，聴くために，私たちはプラットフォームと呼ばれるハードウエア（テレビ，パソコン，携帯端末など）やソフトウエア（アプリケーション，ソーシャルメディアなど）を使用しています（図1）。結果のわからない生中継の試合を観戦することがメディアスポーツの最大の魅力ですから，私たちにとって最も一般的なプラットフォームはテレビといえるでしょう。ところが，最近ではインターネットやソーシャルメディアの普及により，スポーツ関連の競技団体，チーム，大会主催者，選手個人がテレビなどの伝統的なメディアを介さず，インターネットを通じて試合の実況，結果速報，ハイライト動画，プロモーションムービー，そしてライブストリーミングによる動画の配信ができるようになっています。こうした変化は国民が注目するエリートスポーツ[2]の情報伝達の速度を飛躍的に高めています。

② メディアスポーツで流通するプロダクト

　メディアスポーツにおけるプロダクトは見る，読む，聴くという形態で消費されるスポーツ関連の映像，記事，音声，音楽，ゲームなどであり，これらはスポーツコンテンツ（sport contents）と呼ばれます[3]。スポーツ団体，イベント，チームなどが提供するスポーツコンテンツとしての試合はさまざまな仲介者や媒介物を経て，ようやく私たちのもとに届きます[4]。例えば，自社ブランドや製品を宣伝したいスポンサー企業は多くの人々が視聴する注目の試合に協賛します。試合を伝達するメディアはテレビやラジオなどの放送局に加え，新聞社や出版社などのプリントメディア，ウェブサイトやソーシャルメディアなどのインターネット事業者などがあり，これらはスタジアムで直接的に

▷1　早川武彦（2005）「"メディアスポーツ"その概念について——スポーツの本質にねざすメディアスポーツ論に向けて」『一橋大学スポーツ研究』24, 3-12頁。

▷2　エリートスポーツとは，五輪やプロスポーツなどのように競技的に高度化したスポーツのこと。

▷3　Nicholson, M. (2007), *Sport and the media : Managing the nexus*, Elsevier Butterworth-Heinemann : Oxford.

▷4　Lefever, K. (2012), "Chapter 2 : Sports/ Media Complex in the New Media Landscape," In K., Lefever (Ed.), *New Media and Sport : International Legal Aspects*, ASSER International Sports Law Series, pp. 7-30.

プロダクト		プラットフォーム		消費者	
映像	記事	テレビ	パソコン	視聴者	読者
音声	音楽	携帯電話	アプリ	ユーザー	

図1　プロダクト，プラットフォーム，消費者の関係

出所：筆者作成。

観戦できない人々にとって欠かすことのできない媒体となっています。さらに，メディアスポーツを消費するためのプラットフォームも多岐に渡り，テレビ，新聞，雑誌，ラジオなどの伝統的な媒体だけでなく，パソコン，タブレット端末，携帯電話なども利用できるようになっています。特にインターネットとそれを受信するデジタルデバイスの普及は，これまでメディアスポーツの中心であったテレビの存在感を弱める代わりに携帯端末の可能性を高め，メディアスポーツの流通形態に変化を生じさせています。

③ ニューメディアの登場

今日，私たちがニューメディアと呼んでいるものの多くはインターネットによる双方向のコミュニケーションを指します。具体的には，どこにいてもスポーツ関連の情報をリアルタイムもしくは各自の都合に合ったタイミングで作成，発信，受信，共有することのできる情報技術（ウェブサイト，デジタルコミュニケーション，チャネルなど）および情報サービス（カスタマーレビュー，消費者間取引，オンライン・カスタマイゼーションなど）の総称をニューメディアと呼んでいます。この場合のコミュニケーションは従来型のホームページのようにスポーツ組織とユーザーの縦のつながりだけでなく，フェイスブック，ツイッター，LINE などのソーシャルメディアを通じたユーザー同士の横のつながりも含みます。スポーツ組織はニューメディアがもつ情報技術や情報サービスを用いることで，マーケティング・ミックスの中の流通政策を補完することできます。オンラインのチケットやグッズの販売に加え，ソーシャルメディアを通じたコンテンツ（イベントや割引キャンペーンの情報）の拡散はニューメディアを活用した流通政策といえるでしょう。

④ ソーシャルメディアによる消費者生成コンテンツの流通

フェイスブック，ツイッター，LINE などに代表されるソーシャルメディアは，消費者間の社会的相互作用により情報が拡散するように設計されたインターネット関連のメディアです。ソーシャルメディアの最大の特徴は写真やスレッドなどの消費者生成コンテンツ（consumer-generated contents）を何百人，時には何千人もの人々と瞬時に共有できる点です。このソーシャルメディアの出現でスポーツにあまり興味のない人たちに対しても，スポーツに詳しいユーザーを介して，スポーツ関連の情報を伝達できるようになりました。こうした変化は，スポーツに興味のない無関心層に接触することがこれまで困難とされてきた伝統的なマスメディアの限界を超えるものです。したがって，スポーツ組織としては選手，試合，イベント情報などを個人のサイトでいかに取り上げてもらうかが重要であり，このような消費者生成コンテンツを流通させるチャネルとしてソーシャルメディアは最も適しています。 (吉田政幸)

▶5 Hennig-Thurau, T., Malthouse, E. C., Friege, C., Gensler, S., Lobschat, L., Rangaswamy, A. and Skiera, B. (2010), "The impact of new media on customer relationships," *Journal of Service Research*, 13(3), pp. 311-330.

▶6 Mangold, W. G. and Faulds, D. J. (2009), "Social media : The new hybrid element of the promotion mix," *Business Horizons*, 52, pp. 357-365.

おすすめ文献

†早川武彦 (2005)「"メディアスポーツ" その概念について——スポーツの本質にねざすメディアスポーツ論に向けて」『一橋大学スポーツ研究』24，3 -12頁。

†原田尚幸 (2015)「17章 スポーツとソーシャルメディア」原田宗彦編著『スポーツ産業論（6版）』杏林書院，223-232頁。

†笹川スポーツ財団 (2014)「8章スポーツとメディア」『スポーツ白書（4版）』笹川スポーツ財団，192-219頁。

第 **III** 部

スポーツ消費者の理解

10　スポーツ消費者行動モデル

スポーツ消費者の特性

▷1　松岡宏高（2010）
「スポーツマネジメントの
概念の再検討」『スポーツ
マネジメント研究』2(1),
33-45頁。

▷2　ここで述べるスポー
ツは，仕事としてのスポー
ツ（例えばプロスポーツ選
手やその運営・管理者）を
除いたものを想定している。

▷3　消費を通じて楽しみ
や幸福などを求める意識の
ことを指し，消費者行動研
究ではそれに伴う消費を快
楽消費（ヘドニック・コン
サンプション）という。

▷4　特定のチームに対す
る消費者の好意的な態度と
一貫した購買行動を指し，
態度的側面と行動的側面の
二側面がある。

▷5　スイッチングコスト
とは現在使用している商品
やブランドから他の商品や
ブランドに切り替えること
に伴う費用・労力を指し，
金銭的，心理的，機会的コ
ストなどがある。

① スポーツ消費の特徴

　スポーツ消費者とは，主にスポーツに参加したりスポーツを観戦したりする人々のことを指します。私たちがスポーツ消費者の特性を理解するには，まず基本的なモノの消費とスポーツ消費の違いを認識する必要があります。現代の生活において，私たちは衣食住の確保と充実を求めて日々の仕事や勉強に励んでいます。衣食住に伴って発生する消費は，生活するうえで必要な消費であり，私たちの基本的な欲求を充足するうえで不可欠です。一方で，スポーツは自由時間に行われるレジャー（余暇）活動であり，遊びです。極論するとスポーツがなくても私たちは生きていけるのかもしれません。

　しかしながら，それでもなおスポーツは私たちの日々の生活に深く浸透しています。365日スポーツに関する報道がなされ，オリンピック，サッカーやラグビーW杯では多くの国民が代表チームを応援します。衣食住にまつわる基本的な欲求が満たされた人々が次に向かうのは生活に彩りを加える余暇であり，その対象の1つがスポーツです。スポーツが余暇である以上，それは楽しみや幸福の対象でなければならず，人々はスポーツにそうした快感情を伴う経験を求めます。スポーツマーケティングの対象となるスポーツ消費者を理解するには，スポーツ消費者が快楽志向であることをまずは認識する必要があります。

② 個人としてのスポーツ消費者

　スポーツ消費者はスポーツ参加者とスポーツ観戦者に分かれます。まず観戦者の特徴として代表的なのは，応援するチームに対して強い心理的愛着を形成するということです。観戦者を対象としたスポーツ消費者行動研究では，観戦者の応援チームに対する心理的なつながりの程度を測定する概念として，チーム・ロイヤルティ（忠誠）などが用いられてきました。この概念の値が高い観戦者は所謂「コアファン」などと表現され，熱狂的なスポーツ消費者として認識されてきました。こうした消費者は，たとえ応援チームが試合に負けようとも，再びスタジアムに足を運ぶ人々です。一般的な消費活動において，仮に満足のいかない商品やサービスの提供を受けた場合，別の商品やサービスに乗り換えることは多々ありますが（スイッチング），スポーツファンにとって応援チームを変えるという心理的なコスト（スイッチングコスト）は高く，同じチー

ムを応援し続ける傾向がみられます。

　スポーツ参加者に関しては，近年，耐久性スポーツ（例えば，マラソン，トライアスロンなど）の大会が盛んに行われています。その背景にはスポーツ参加者数の増加があげられます[6]。さらに，最近ではスポーツ活動に彩りを加えるお洒落なウェアやシューズが開発され，単なる「体力・健康増進のためのスポーツ」から「楽しく・気軽なスポーツ」へとスポーツとの関わり方が変化してきています。また，今後わが国が迎える超高齢化社会において，シニア世代のアクティブスポーツ参加者は重要なスポーツマーケティングの対象となってくることも忘れてはなりません[7]。

3 社会集団としてのスポーツ消費者

　社会学者のカイヨワ（Caillois, R.）によると，遊びは単に個人的な娯楽ではなく，競争者や観客がいなければ人間は遊びにすぐ飽きてしまうとされています[8]。スポーツ消費も，単に個人の動機や嗜好のみで発生するのではなく，他者との関係性の中で生じるインタラクティブ（双方向）な活動であるといえます。例えば，Ｊリーグの観戦者は平均で2.8名の同伴者と共にスタジアムに観戦に訪れており（観戦者調査）[9]，スタジアム内では他のサポーターとスタジアムの雰囲気を共有しながら観戦します。近年では，ツイッターによるつぶやきをアリーナ内の大型ビジョンに反映させたり，GPSを利用して自らの走行距離やルートをSNS上に反映させたりするなど，新たなスポーツ消費のあり方も登場しています。その背後にあるのは他者の存在であり，スポーツ消費行動は複眼的な視野で捉えていくべき行動といえるでしょう。

4 スポーツ消費者のあり方

　2014年3月8日，「JAPANESE ONLY（日本人のみ入場可）」と書かれた横断幕があるＪリーグチームのゴール裏入場口に掲げられました。これは海外メディアも巻き込んだ社会問題に発展しました。この問題を差別（discrimination）の観点から捉えることもできますが，スポーツファンの中に潜む排他性（exclusiveness）の視点で考えることも可能です。今回の事例は，ゴール裏という熱狂的ファンが集う場所には「いちげんさん」の外国人に来てもらっては困る（統制を取りにくくなる・場が盛り下がる）といった意識のもとで起きたとされています。こうした姿勢はあまりに偏狭であり，スポーツ観戦を一部の熱狂的なファンの独占物としてしまう事態を引き起こします。家族と安心して観戦できる快適なスタジアム環境の提供がイベント主催者には求められますが，こうした行為はスポーツ観戦の価値の低下につながるでしょう。今スポーツ消費者に求められるのは，多様性（diversity）の容認であり，より多くの人々を受け入れる柔軟な姿勢ではないでしょうか。　　　　　　　　　　（押見大地）

▶6　笹川スポーツ財団が経年で実施している運動・スポーツ実施状況調査によれば（スポーツライフデータ2014），週2回以上の運動をする人口は1992年から2014年までの約20年間で16.1％から47.5％まで上昇した。

▶7　例えば，トライアスロン大会の一般参加者を対象とした調査結果によれば，回答者（平均42.7歳）の約95.6％が競技への継続意識をもっており，そのうち77.2％の人が60代から80代まで継続する意思がある（第6回トライアスロン参加者調査報告書，早稲田大学スポーツビジネス・マネジメント研究室）。

▶8　ロジェ・カイヨワ／多田道太郎・塚崎幹夫訳（1990）『遊びと人間』講談社学術文庫。

▶9　日本プロサッカーリーグ（2017）『Ｊリーグスタジアム観戦者調査2016サマリーレポート』。

（おすすめ文献）

†ヨハン・ホイジンガ／高橋英夫訳（1973）『ホモ・ルーデンス』中央公論新社。
†堀内圭子（2004）『〈快楽消費〉する社会』中公新書。
†ロジェ・カイヨワ／多田道太郎・塚崎幹夫訳（1990）『遊びと人間』講談社学術文庫。

10　スポーツ消費者行動モデル

スポーツ消費者の意思決定過程

 消費者の意思決定過程

　消費者がモノやサービスを消費する際，さまざまな要因の影響を受けながら意思決定過程が進んでいきます。図1は，6つのステージからなる消費者の意思決定過程を表しており，消費行動を知るうえで有効な手掛かりとなります。

　まず，私たちは①問題を認識することからスタートします。例えば，「スリムな体になりたい」というニーズが生じた場合，現在の自分と理想の自分との間に「ギャップ」があり，それを解消したいという動機が生じます。次に，消費者は問題の解決策を探すため，②情報探索を行います。これには内的探索と外的探索があり，内的探索は過去の自らの経験（記憶）を参照することである一方，外的探索は最寄りのフィットネスジムやヨガ教室の情報検索や，友人のクチコミなどの外部の情報源に頼った行動です。情報収集が済むと，消費者は商品やサービスを評価しつつ，代替案に対しても態度を形成し，購買意図の形成に向かっていきます。この段階を，③代替案の評価と呼びます。フィットネスクラブの場合，施設が充実したブランド力のあるジム，ブランド力はないが低価格が魅力のジム，女性専用のジムなどの代替案から一つを消費者は選択します。

　④購買行動のステージでは，代替案の評価に基づき，店舗やインターネット上で購買行動に至ります。購買終了後は，⑤購買に至った自らの意思決定に対する評価が始まります。つまり，実際にフィットネスジムやヨガ教室に行き，サービスの提供を受けたことによる満足・不満足の評価を行います。その際，消費者の事前の期待を満たすか，あるいは上回った際には満足の評価がなされ，下回った際は不満足の評価となります。こうした評価は

▶1　Kinnear, T. C. and Bernhard, K. L. (1986), *Principles of Marketing*, 2nd ed., Scott, Foresman and Company.

図1　スポーツ消費者の意思決定過程

出所：Kinnear and Bernhard（1986）を基に筆者作成。

次の段階である，⑥再購買行動に影響を与えることが知られています。つまり，消費者が満足感を感じると，彼らはサービスを提供した企業やブランドに対して好意的な態度を形成し，入会の継続やソーシャルメディアを通じたポジティブなクチコミの書き込みをするようになります。このように，購買後の実際の経験がその後の消費活動に強い影響力をもつことからも，購買後に生じる顧客満足度をいかに高めるかが，消費者を維持するためには重要です。

② 意思決定過程に影響を与えるさまざまな要因

　上述した意思決定過程は時系列に整理された消費行動を理解するうえで有効です。ところが，実際の消費場面ではさまざまな要因が意思決定過程に影響を与えるため，より複雑な（あるいは単純な）行程を経ることも事実です。図1では，消費者の意思決定過程に影響を与える要因として，マーケターの視点からみた下部の「観察可能な影響要因」と上部の「観察が難しい影響要因」に分けています。「観察可能な影響要因」は，人口統計的要因，マーケティング・ミックス，購買時の状況要因（例えば，商品を買わなければならない時間的緊急性など）などがあげられます。

　「観察が難しい影響要因」としては，心理的，社会的，文化的要因があげられ，それらを内的要因（主に心理的要因）と外的要因（主に社会的，文化的要因）に分けることができます。内的要因としては，知覚，価値，態度，感情といった消費者の心理的影響要因があげられ，外的要因としては準拠集団，文化，ライフスタイルといった外部から受ける影響要因があります。こうした諸要因が複合的に影響を与えながら消費者の意思決定過程が進んでおり，マーケターはこうした要因を考慮に入れながら消費者の理解を進めていく必要があります。

③ スポーツ消費者の意思決定に強い影響を与える要因

　意思決定過程に影響を与える要因のうち，スポーツ観戦者に強くみられる要因として例えば「準拠集団」と「感情」による影響があります。準拠集団とは，消費者の行動や価値観に影響を与える個人や集団のことを指しますが，お気に入りのスポーツチームのファンという準拠集団に対して強い帰属意識をもつ人は，チームとの長期的なつながりを示すことが知られています。また，スポーツ観戦で喚起される感動や興奮，満足といった感情的反応が顧客ロイヤルティを強めることも明らかにされています。ロイヤルティの高い観戦者は高頻度で観戦を継続することから，彼らの行動は習慣化されており，直感的かつ短時間（よりシンプル）で再購買を決断しています。一方，初めて観戦に訪れる人や代替案（例えば映画鑑賞）と迷っている人は，理性的かつ時間を伴った（より複雑な）意思決定過程を経ます。このように，消費者は状況によって異なった意思決定過程が使われることが近年の研究で指摘されています。　　　　　（押見大地）

▶2　吉田政幸（2011）「スポーツ消費者行動研究——先行研究の検討」『スポーツマネジメント研究』3(1)，5-21頁。

▶3　Funk, D. C. and James, J. D. (2001), "The Psychological Continuum Model : A Conceptual Framework for Understanding an Individual's Psychological Connection to Sport," *Sport Management Review*, 4, pp. 119-150.

▶4　押見大地・原田宗彦「スポーツ観戦における感動——顧客感動・満足モデルおよび調整変数の検討」『スポーツマネジメント研究』5(1)，19-40頁。

▶5　Stanovich（2011）（▶6）が提唱した二重課程理論によれば，私たちはシステム1（直観的かつ短時間に反応）と，システム2（理性的かつ時間を伴う反応）という2つの異なった脳活動を併用しながら意思決定を行っているとされている。

▶6　Stonovich, K. E. (2011), *Rationality and the Reflective Mind*, Oxford University Press.

おすすめ文献

†井上崇通（2012）『消費者行動論』同文舘出版。

†田中洋（2015）『消費者行動論【ベーシック＋】』中央経済社。

†松岡宏高（2008）「概念装置としてのスポーツ消費者」原田宗彦編著『スポーツマーケティング』大修館書店，67-89頁。

コラム 5

スポーツマーケティングと女性のスポーツ

1　人気が高まる女性のスポーツ

　女性のスポーツは世界的に年々より人気が高まっています。

　女性が初めて1900年の夏季オリンピックに参加したとき，彼女たちはたったの22人でした。それが2012年のオリンピック・ロンドン大会では，4676人の女性が各国の代表を務めるまでになりました（IOC, 2014）。

　全米女子バスケットボール協会（WNBA）は，1試合当たり平均7457人（2012シーズン）のファンをもつチームとともに，もうすぐ20周年を祝います（Evans, 2013）。

　2009年，全米女子プロゴルフ協会（LPGA）は，ゴルフチャンネルと長期契約を調印し，アメリカでの権利料契約をもつ初めての独立した女性スポーツ組織となりました（Women's Sports Foundation, 2009）。

　異なるスポーツ産業市場で，女性スポーツの人気の強さをみることができますが，一方で，女性スポーツを幅広い市場にマーケティングするうえでは，問題と課題はいまだ残されています。

2　女性スポーツマーケットの類型

　女性スポーツのマーケティング機会は，オリンピックとプロスポーツを含む多くの異なったスポーツ産業市場に分類されます。2年ごとに，オリンピック大会は開催されますが，この間に，特定の人気のある女性スポーツはマーケティング機会を提供します。夏季大会では，女性の体操競技が観戦者のお気に入りです。冬季大会の中では，人々は女性スポーツのフィギュアス

ケートを観ることが大好きです。韓国のキム・ヨナ，ロシアのアデリナ・ソトニコワ，イタリアのカロリーナ・コストナーは，2014年オリンピック・ソチ大会でメディアのお気に入りでした。キム・ヨナは，女性アスリートの最高年俸リストの6番目にランクされていました。

　プロスポーツに関しては，近年，女子テニス協会（WTA）は，女性スポーツ史上，最大のメディア権利契約の調印によって，歴史的な偉業を成し遂げました。

　Jessup（2014）によると，「女子テニス協会（WTA）とメディアパートナーによるパフォーム・グループ（Perform Group）は，5億2500万ドルで，現在のメディア権利契約の10年の延期を発表しました。その契約は，WTAの歴史上，最大のライブのメディア権利と制作への挑戦を記録しただけでなく，女性スポーツの歴史の中でも最大のメディア権利契約を記録した」とされています。

　WTAは，未来に向けて，そのマーケディングの到達度を広げようとしています。「あなたがテニスについて知っていることのすべてを破壊します。この変化は，ファンが（観客席に）飛んでいったテニスボールをもらえるという細かいことから，すべてのトーナメントのライブストリーミングとモバイルテクノロジーデータを取り入れた大きなこと（偉業）までを含みます。WTAが革新的（進歩的）に限界を押し広げることによって，よりいっそうファンフレンドリーになることに期待しながら」（Glass, 2014）。

3　女性スポーツマーケティングの課題

今日，多くの女性アスリートが注目を浴びています
が，女性スポーツの課題はまだ存在します。一つの注
目すべき課題は，アスレティシズムに対して（ではな
く），セクシーなイメージを売り込んでいることです。
女性アスリートは，男性アスリートと異なる点で，彼
女たち自身のマーケティングについて選択しなければ
なりません。「私は，二重基準があるということに疑
いの余地はないと考える」。シカゴに本拠地を置くス
ポーツマーケティング代理店のエンゲージ・マーケ
ティング社に勤務するチーフ・エンゲージメント・オ
フィサーのケビン・アドラーはこのように述べていま
す。男性アスリートにとっては，彼らのパフォーマン
スが最も重要ですが，女性アスリートにとっては，彼
女らのパフォーマンスと同じくらい，彼女たちの容姿
が当然，重要なのです。

　もう1つの多くの女性アスリートを妨げる障害は，
持続的な市場の欠如です。多くの女性アスリートは，
オリンピック大会の間だけ観客の目に留まります。そ
のため，彼女たちは4年に1度だけスポーツ消費者の
ために存在しています。

4　プロダクトエンドーサーとしての女性ア　スリート

　多くの企業は，プロダクトのマーケティングのため
に女性アスリートを用いています。中国のリー・ナは
ナイキ，メルセデス，サムスン，ロレックス，そして
多くの中国ブランドとエンドースメント契約を結んで
います。セリーナ・ウィリアムズは，ナイキ，ウィル
ソン，ゲータレード，OPIと契約しています。最後
に，マリア・シャラポワの名前はナイキ，ポーチ，サ
ムスンエレクトロニクス，タグホイヤー，エヴィアン，
ヘッドなどの多くのブランドに関連づけられて使用さ
れています。

5　まとめにかえて

女性スポーツのマーケティングの未来は明るいです。
より多くのファンが女性の競技する姿をテレビやイン
ターネット，スタジアムでみています。企業はエン
ドーサーとしての女性アスリートの影響を認識してい
ます。こうした変化が今後のより素晴らしいマーケ
ティング機会につながることを願っています。

（Mary Hums）

参考文献

　Badenhausen, K. (2014, August 12). The world's highest paid female athletes 2014. *Forbes*. Retrieved from http://www. forbes. com/sites/kurtbadenhausen/2014/08/12/the-worlds-highest-paid-female-athletes-2014/2/

　Doktorman, E. (2014, February 10). Medals aren't enough：Female Olympians stil have to sell sexiness, *Time*. Retrieved from http://time.com/6092/medals-arent-enough-female-olympians-still-have-to-sell-sexiness/

　Evans, J. (2013, September 19). A look at WNBA 2013 attendance and what's tweetable for the #WNBA Playoff. Retrieved from http:// blogs.seattletimes.com/womenshoops/2013/09/19/a-look-at-2013-wnba-attendance-and-whats-tweetable-for-the-wnbaplayoffs/

　Glass, A. (2014, October 20). Untapped resource：The power of women on the sport marketplace. *Forbes*. Retrieved from http://www. forbes. com/sites/alanaglass/2014/10/20/untapped-resource-the-power-of-the-women-in-sports-marketplace/

　Gray, E. (2014, August 1). Female athletes endorsement opportunities hindered by sexualization and lack of visibility, say researchers. *Huffington Post*. Retrieved from http://www. huffingtonpost.com/2012/07/31/female-athletes-endorsements-sexualization-lack-of-visibility-research_n_1725786.html

　IOC. (2014). Women in the Olympic Movement. Retrieved from http://www.olympic.org/Documents/Reference_documents_Factsheets/Women_in_Olympic_Movement.pdf

　Jessup, A. (2014). The WTA signs the largest media rights deal in women' sports history. *Forbes*. Retrieved from http://www.forbes.com/sites/aliciajessop/2014/12/09/the-wta-signs-the-largest-media-rights-contract-in-the-history-of-womens-sports/

　Women's Sports Foundation (2009), *Women's sports and fitness facts and statistics*. New York：Author.

11　参加型スポーツの消費者

 参加型スポーツの分類

1　わが国のスポーツ参加者の概要

　スポーツへの参加が私たちの健康の維持・増進に効果があることはよく知られています。スポーツを通じてより幸福で豊かな社会を創出するべく、文部科学省が2012年に策定したスポーツ基本計画は「できるかぎり早期に、成人の週1回以上のスポーツ実施率が3人に2人（65％程度）、週3回以上のスポーツ実施率が3人に1人（30％程度）となること」を目標に掲げています。最近の調査によれば、過去1年間の日本における成人の運動・スポーツ実施率は、57.2％が週1回以上、47.5％が週2回以上となっています。この数字は、20年前に比べるとそれぞれ20％以上の伸びを示しています。スポーツ用品国内市場に目を向ければ、2014年は市場規模で1兆3557億5000万円となり、3年連続で3％台の成長率を維持する見込みです。全国的に少子化と人口減少が進む中、日本のスポーツ参加者は増加傾向にあるといえるでしょう。

2　スポーツ参加者の種目別人口

　笹川スポーツ財団の調査によると、20歳以上の成人が過去1年間に行った運動・スポーツの種目別実施率は、散歩（ぶらぶら歩き）が1位（31.7％）、次いでウォーキング（23.5％）、体操（軽い体操、ラジオ体操など：17.0％）、筋力トレーニング（13.7％）、ボウリング（9.5％）となっています（表1）。また週1回以上の定期的運動・スポーツ実施者の割合でみても、散歩、ウォーキング、体操、筋力トレーニング、ジョギング・ランニングが上位を占めています。上位にランクされている運動・スポーツの多くが、一人でできる種目なのが特徴です。

　参加型スポーツの中で、近年特に高い伸びをみせているのがジョ

▷1　文部科学省（2012）『スポーツ基本計画』。http://www.mext.go.jp/a_menu/sports/plan（2015年10月30日最終アクセス）

▷2　笹川スポーツ財団（2014）『スポーツライフ・データ2014』。

▷3　矢野経済研究所（2015）『スポーツ用品市場に関する調査結果2015』。http://www.yano.co.jp/press/pdf/1384.pdf（2015年10月30日最終アクセス）

▷4　前掲▷2。

▷5　前掲▷2。

表1　運動・スポーツの種目別実施率

	1年間に行われた運動・スポーツ				週1回以上行われた運動・スポーツ		
順位	実施種目	実施率（％）	推計人口（万人）	順位	実施種目	実施率（％）	推計人口（万人）
1	散歩（ぶらぶら歩き）	31.7	3,370	1	散歩（ぶらぶら歩き）	20.9	2,222
2	ウォーキング	23.5	2,498	2	ウォーキング	16.5	1,754
3	体操（軽い体操・ラジオ体操など）	17.0	1,807	3	体操（軽い体操・ラジオ体操など）	11.7	1,244
4	筋力トレーニング	13.7	1,456	4	筋力トレーニング	9.5	1,010
5	ボウリング	9.5	1,010	5	ジョギング・ランニング	4.7	500
6	ジョギング・ランニング	8.9	946	6	サイクリング	2.5	266
7	水泳	7.4	787	6	ヨーガ	2.5	266
7	釣り	7.4	787	8	水泳	2.0	213
9	ゴルフ（コース）	7.0	744	9	ゴルフ（練習場）	1.9	202
10	サイクリング	6.8	723	10	バドミントン	1.5	159

出所：笹川スポーツ財団（2016）。

ギング・ランニングです。
2002 年 度 211 万 人 (2.1%)
だった週1回以上ジョギン
グ・ランニングを行う成人は，
2016 年 度 に は 500 万 人
(4.7%) と 約 2 倍 に 増 え ま
した。この10年間でランニン

図1 真剣な余暇理論におけるスポーツ参加者の変遷

出所：The Serious Leisure Perspective Website（www.seriousleisure.net）を基に筆者作成。

グ人口が増加した背景の1つには，2007年に始まった東京マラソンをはじめ，大阪マラソン，神戸マラソン，京都マラソン，名古屋ウィメンズマラソンといった都市型マラソンの創設が寄与しているものと考えられます。

3 参加型スポーツの分類

　参加型スポーツの消費者はいくつかのタイプに分類できます。一つ目は，スポーツ参加への関与レベルによる分類です。ステビンス（Stebbins, R.）が提唱する真剣な余暇理論（Serious Leisure Perspective）によれば，余暇活動の一部としてスポーツに参加する消費者は，個人的報酬（達成感，自己実現など）および社会的報酬（他者とのつながり，グループ全体の目標達成など）に対する動機づけの強さによって，初心者（Neophyte）から熱心な愛好者（Core Devotee）に至るまで連続的に変化すると考えられています。熱心な愛好者より関与レベルがさらに高いグループとして，仕事としてスポーツに参加する愛好的な労働者（Devotee Worker）が存在し，プロスポーツ選手やフィットネスコーチがこれに該当します（図1）。熱心な愛好者は，初心者や一般の参加者に比べて，そのスポーツにより多くの時間・労力を費やし，スポーツ商品を頻繁に購入するのが特徴です。

　二つ目の分類例としては，スポーツ参加者が「組織的スポーツ」と「非組織的スポーツ」のどちらに参加しているかによる方法があります。組織的スポーツの例としては，リーグ，競技団体，行政，企業によって運営されているスポーツイベント・プログラムなどがあげられます。組織的スポーツの参加者の中には，スイミングスクールに通う小中学生，地域で主催されている草野球やフットサルの大会に参加する成人，スポーツを仕事としているプロスポーツ選手などが含まれます。一方非組織的スポーツは，文字通り組織によって運営されていないスポーツを意味します。放課後校庭でドッジボールをする小学生，近所の公園でスケートボードをする中高生，家の近所を散歩やウォーキングする人などが非組織的スポーツ参加者の例としてあげられるでしょう。表1で上位を占める散歩，ウォーキング，軽い体操などは代表的な非組織スポーツです。このことからも，スポーツマーケターにとって，非組織的スポーツの参加者が重要な市場であるかがわかります。　　　　　　　　　（佐藤幹寛）

▷ 6　Stebbins, R. A. (2015), "The Serious Leisure Perspective (SLP)". www.seriousleisure.net

▷ 7　Stebbins, R. A. (2007), "Serious leisure : A perspective for our time," Transaction.

▷ 8　Shank, M. T. and Lyberger, M. R. (2015), "Sports Marketing : A Strategic Perspective," 5th Edition, Routledge.

おすすめ文献

†文部科学省 (2012)『スポーツ基本計画』。http://www.mext.go.jp/a_menu/sports/plan/（2015 年 10月30日最終アクセス）

†笹川スポーツ財団 (2016)『スポーツライフ・データ2016』。

†Stebbins, R. A. (2015), "The Serious Leisure Perspective (SLP)". www.seriousleisure.net

11　参加型スポーツの消費者

2 エスカレーターモデル

▷1　Mullin, B. J., Hardy, A. and Sutton, W. A. (2007), *Sports Marketing* 3rd Edition, Human Kinetics.
▷2　Mullin, Hardy and Sutton (2007).
▷3　パレートの法則とは，イタリアの経済学者ヴィルフレド・パレートが発見した所得分布の経験則で，社会全体の所得の8割は上位2割の富裕層が有していると提唱した。パレートの法則は，今日さまざまな経済，社会現象に当てはめて考えられている。マーケティングの世界では，「売上の80％は全顧客の20％で構成される」や「売上の80％は商品全銘柄の20％で占められる」といった例がパレートの法則に基づいた経験則として語られている。

① エスカレーターモデルとは

　参加型スポーツの消費者行動を理解するうえで有効な理論の一つに，エスカレーターモデルがあります[1]。エスカレーターモデルは，消費者とスポーツとの関わりあいをエスカレーターのように表したものです（図1）。同モデルを参加型スポーツに当てはめて考えてみると，消費者はその参加頻度によって，非消費者（Nonconsumers），低頻度消費者（Light Users），中頻度消費者（Medium Users），高頻度消費者（Heavy Users）の4つのグループに分類することができます。図1では，参加頻度が1-4回を低頻度消費者，5-8回を中頻度消費者，9回以上を高頻度消費者と分類しました。ただし，どのような基準で消費者を低頻度，中頻度，高頻度に振り分けるかは，サービスの種類，形態によって変わってくるでしょう。例えば，健康維持のために消費者がフィットネスクラブに月5-8回（週平均で1-2回）行くことは珍しいことではないかもしれません（つまり，フィットネスクラブ利用における中頻度消費者）。一方，各地で開かれるマラソンイベントに月平均1回登録・参加している消費者は，マラソンイベントにおける高頻度消費者に分類できます。スポーツ組織のマーケティング担当者は，各業種・分野に応じて分類された4グループの消費者特性に基づいて，異なるマーケティング戦略を展開することが求められます。

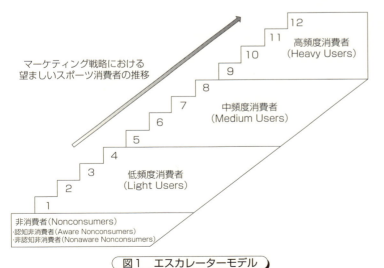

図1　エスカレーターモデル

出所：Mullin, Hardy and Sutton（2007）を基に筆者作成。

② エスカレーターモデルが提唱するもの

　エスカレーターモデルが提唱するマーケティング戦略の一つに次のようなものがあります。それは，非消費者を低頻度消費者にするようなマーケティングを行うよりも，低頻度消費者を中頻度消費者へ，あるいは中頻度消費者を高頻度消費者へと階段を少しずつ登らせていくようなマーケティングが有効であるという考え方です。実際アメリカで行われたスポーツ関連製

品の購入者を対象にした調査によると，全体の売上に占める新規顧客の割合は，購入金額で 5 -12%，購入数で10-20%でした。[2]「売上の 8 割は 2 割の顧客から得られる」というマーケティングにおけるパレートの法則と同様に，[3]参加型スポーツの消費者を対象としたマーケティング戦略においても，既存顧客を維持することは新たな顧客を開拓するより有用といえるかもしれません。

③ エスカレーターモデルの参加型スポーツへの適用例

　エスカレーターモデルの参加型スポーツへの適用を，近年成長著しい[4]フィットネスクラブ産業を例に考えてみましょう。あるフィットネスクラブが，表 1 のような 4 つの月会費プランを提供しているとします。もしこのフィットネスクラブのオーナーがクラブの売上を伸ばしたいと考えたら，どのようなマーケティング戦略をとるべきでしょうか。エスカレーターモデルを援用すれば，第一に取り組むべきことは，各プランにおける消費者の特性（年齢，性別，家族構成，居住地，使用頻度・使用日など）を把握したのち，隔週プランを購入している顧客を週 1 プランへ，週 1 プランを購入している顧客を週 2 プランへ，さらには週 2 プランを購入している顧客を無制限プランへと導くようなサービスの提供，マーケティング戦略が鍵となることがわかります。

　もちろん，フィットネスクラブを維持・成長させていくために新規顧客を開拓することも重要です。図 1 のエスカレーターモデルにも記されているように，非消費者には，フィットネスクラブの存在を知らない層（非認知非消費者：Non-aware Nonconsumers）と存在は知っているものの消費に至っていない層（認知非消費者：Aware Nonconsumers）の 2 つのグループがあります。潜在顧客である非認知非消費者に対しては，クラブのサービスや月会費プランを知ってもらうようなマーケティングを行うことが大切でしょう。また，これら両グループは，スポーツやフィットネスクラブ加入への関心に応じて，さらにいくつか[5]の層に分けることができます。2014年の調査によれば，現在行っているスポーツを含めて，今後行いたいスポーツ・運動があると答えた人は82.6%にのぼり[6]ます。参加型スポーツにおけるマーケティング戦略では，非消費者のスポーツ・運動への関心度に応じて，自分たちの商品やサービスの購入を消費者に促すことも重要です。

（佐藤幹寛）

表1　フィットネスクラブの月会費例

プラン	月会費
隔週プラン（月 2 回まで）	2,500円
週 1 プラン（月 4 回まで）	4,000円
週 2 プラン（月 8 回まで）	5,000円
無制限プラン（回数制限無し）	7,000円

出所：筆者作成。

▷4　Fitness Business. http://www.fitnessclub.jp/business/date/prediction.html（2015年10月30日最終アクセス）によれば，2014年のフィットネスクラブの市場規模は売上高で4316億円（前年比1.8%増），施設数4375軒（同5.1%増），会員数419万3706人（同0.9%増）となり，史上最高の規模を記録した。近年の日本人のスポーツ参加の増加と呼応するように，フィットネスクラブは成長産業の一つといえる。

▷5　例：とても関心がある層，少し関心がある層，まったく関心がない層。

▷6　笹川スポーツ財団（2014）『スポーツライフ・データ2014』。

（おすすめ文献）

†Mullin, B. J., Hardy, A. and Sutton, W. A. (2007), *Sports Marketing*, 3rd Edition, Human Kinetics.

†笹川スポーツ財団（2014）『スポーツライフ・データ2014』。

†Marshall, P. (2013), *80/20 Sales and Marketing : The Definitive Guide to Working Less and Making More*, Entrepreneur Press.

11　参加型スポーツの消費者

スポーツ参加における心理的要因

▷1　年齢や性別，年収や学歴などの個人属性に加えて，Activity（行動），Interest（興味・関心），Opinion（意見）の3つの側面からなる消費者のライフスタイルに注目して，消費行動の差異を説明しようとするアプローチ手法である。

▷2　社会的判断理論（social judgment theory）において導入された概念。特定の問題や対象を自分にとって重要なこと，関係のあることとしてみなす態度。同化効果，対比効果，ブーメラン効果など，判断の歪みを生じさせる媒介要因として考えられている。

▷3　日本国内でスポーツ・レジャーの関与に焦点を当てた研究としては，坂口俊哉・菊池秀夫（2004）「日本語版 IP（Involvement Profile）の実用化に関する検討——ゴルフ練習場利用者の細分化への適用」『スポーツ産業学研究』14(1)，23-35頁などがある。

① 消費行動を決定する心理的要因とは

　同じスポーツ種目に参加する消費者であっても，その消費行動にはさまざまなスタイルがあります。そうした消費行動の多様性をより深く理解しようと，これまでにさまざまな試みがなされてきました。参加頻度などの行動特性に着目した研究（例えば，ライト・ユーザーとヘビー・ユーザーの比較研究）や，AIOアプローチに代表されるライフスタイル研究などもその一つといえるでしょう。

　そもそも，活動頻度などの差を生み出す要因は何でしょうか。その要因の一つとして，消費者それぞれの心理的な特性の違いに注目する考え方があります。本項では，そうした消費者の心理的側面の一つとして，近年多くの研究者の注目を集めている，「関与（Involvement）」という概念について考えます。

② 消費者関与とスポーツ消費行動

　スポーツ場面における関与とは，スポーツ（活動，製品，サービス）に対する「こだわり」や「興味・関心」「動機付け」の強さを表す概念です。消費者個人の価値観の中で，対象となるスポーツや関連する製品，サービスがどの程度重要であるのかを表す，目にみえない心理的な状態ともいえるでしょう。

　社会心理学の分野で提案された自我関与（ego involvement）[2]の概念は，広告のコミュニケーション効果を明らかにする研究に応用され，その後，製品の選択や購買意思決定に関わる研究などに幅広く適用されてきました。この過程で，関与の定義についてはさまざまな提案がされてきましたし，同時に関与の状態を測るさまざまな心理尺度も開発されてきました。また，この流れを受けてスポーツマーケティングの領域では，スポーツ参加活動そのものを関与の対象に位置付けた研究が発展し，近年では，観戦者行動の研究にも応用されています。

　スポーツを関与対象とした先行研究では，関与がさまざまなスポーツ消費行動と関連していることが明らかにされてきました。特に，活動の頻度や支出額，活動に関連する情報の収集（雑誌の購読など），活動の継続などが関与と関連していることが確かめられています。[3]

③ 消費者関与の多次元性

　近年，関与はいくつかの要素からなる多次元的な概念であるとする考え方が

広く受け入れられています。つまり，関与の水準（高いあるいは低い）だけでなく，関与の特性（プロフィール）に着目することが重要といえます。以下では，関与研究で広く使用されてきた関与測定尺度である IP（Involvement Profile）を例として，関与を構成するいくつかの要素について紹介しましょう。

（1）重要性（Importance）：スポーツ消費行動（スポーツの実践や関連製品の購入・使用を含めて）が，どの程度重要であるのかを表します。言い換えれば，対象となるスポーツ活動（あるいは関連用品）が，自分自身の価値観の中でどのような位置を占めるのかを表します。この次元が関与概念の中核的な要素であるとする研究者もいます。

（2）楽しみ（Pleasure）：スポーツ消費行動がどの程度「楽しい」ものであるのかを表します。消費によって得られる快楽的な価値（hedonic value）を感じている度合いが強いほど，関与もまた強くなると考えられます。

（3）記号性（Sign）：スポーツ消費によってもたらされる効用は，楽しさや爽快感，健康といったものだけではありません。消費することが間接的に，自分自身の価値観や社会的地位を周囲にアピールすることにもつながります。例えば，フィットネスクラブの会員であることは，その人が健康に対する関心が高い活動的な人であるという隠れたサインを発しているかもしれません。また，開発途上の国では，フィットネスクラブの会員であることが，暗に経済的に裕福であることを示すかもしれません。こうした記号的な価値に対する意識が，関与を構成する「記号性」の意味です。

この他にも，IP では，スポーツ消費行動に伴う，何らかの損失を意味するリスク（Risk）[5]を設定しています。

④ 関与プロフィールと消費行動

同じようなレベルで「重要性」や「楽しみ」の次元を重視する消費者であっても，「記号性」を重視する人とそうでない人では，購買行動に差がみられるかもしれません。例えば，「記号性」を重視する場合，初心者でも上級者用のオーバースペックな用品を購入したり，最新のスポーツウェアを購入したりしようとするかもしれません。一方，「記号性」を重視しない人は，その分の支出を参加経費にあてるかもしれません。もちろん，「重要性」も「楽しさ」も感じていない消費者では，参加行動も関連製品の購買も活発ではないことが予想されます。

このような考え方をもとに，近年では，関与プロフィールの差異を市場細分化の基準として利用するための研究も行われています。 （坂口俊哉）

▶4 Laurent, G. and Kapferer, J. (1985), "Measuring consumer involvement profiles", *Journal of Marketing Research*, 22 (1), pp. 41-53. で発表された関与測定尺度。スポーツ・レジャーの分野では広く適用されてきた。

▶5 リスクは，損失を受ける可能性（Risk Probability）とその重要性（Risk Consequence）に分けられている。

（おすすめ文献）
†青木幸弘（2012）『消費者行動の知識』日本経済新聞出版社。
†杉本哲雄編著（2015）『新・消費者理解のための心理学』福村出版。
†平久保仲人（2015）『消費者行動論』ダイヤモンド社。

11　参加型スポーツの消費者

 スポーツ参加における社会的・環境的要因

 マクロ環境要因

　スポーツ組織の業績はマクロ環境要因と呼ばれる社会・環境的要因の影響に左右されます。とりわけ，機会（Opportunity）を形成したり脅威（Threat）を生み出したりするマクロ環境要因のトレンドは，スポーツ組織にとって「コントロールできない，統制不能なもの」であり，組織の活動に直接的に影響を及ぼすだけでなく，スポーツ消費者への刺激を通じて間接的にも影響します。また，何らかのマクロ環境要因のトレンド，メガトレンド[1]も相まって，スポーツのブーム（流行）がひとたび起これば，一定期間その影響が社会に残るので，マーケターはこれらのトレンドの変化に敏感でなければなりません。柔軟にトレンドに対応できれば新製品やマーケティングプログラムが成功する可能性が高まります。これらのマクロ環境を効率よく網羅的に分析するために使用するフレームワークを，頭文字をとってPEST分析[2]といいます。

2　政治・法律的環境要因（P：Politics）

　スポーツ組織のマーケティング活動は，規制緩和や市場のルールに影響を与える政治・法律的環境要因の変化に対応しなければなりません。それらは法律・法改正（規制緩和），税制改革，政治・政権交代，政治団体，デモなどです。例えば，2011年には50年ぶりにスポーツ振興法が全面改正され，5章35条からなるスポーツ基本法が成立して，国民の「スポーツ権」が明確に認められました。同年に国土交通省観光庁は「スポーツツーリズム推進基本方針」を示しました。2015年にはスポーツ行政を所管する「スポーツ庁設置法」が成立し，スポーツ庁が設置されました。

3　経済的環境要因（E：Economy）

　スポーツ組織は，市場経済における経済的環境の変化にも対応しなければなりません。主な要因は，GDP，経済成長率，景気動向，物価，消費動向，為替・株価・金利，可処分所得，所得格差，年金受給額などです。さらに，マーケターは，消費者の購買力に影響を及ぼすスポーツ種目ごとの財支出やサービス支出などの派生需要の状況変化にも注意を払う必要があります。スポーツ参加と一人当たり国民所得（per-capita income），景気循環（Economic Cycle），世

▷1　トレンド，メガトレンドとは，時勢が一定方向へ移行していく趨勢を示すものであり，継続調査データを縦断的に観察することで分析可能である。

▷2　これは，P ＝ Politics（政治・法律的環境要因），E ＝ Economy（経済的環境要因），S ＝ Society（社会文化的環境要因），T ＝ Technology（技術的環境要因）から構成される。

帯収入などとの間には正の相関や有意な差があります。[3]

④　社会文化的環境要因 (S：Society)

　スポーツ組織のマーケティング活動は，社会文化的環境要因変化にも対応しなければなりません。人口の年齢階級構成・動態・密度，少子高齢化，流行，世論，家族形態，信念・価値観・規範・ライフスタイル，教育などです。さらに，スポーツの場合はこれらにスポーツ参加とスポーツ参加頻度が加わります。これらの要因は，時代の経過とともにゆっくりと変化していくことが知られています。特に世代固有の特徴（世代間格差，ジェネレーションギャップ）なども存在しますので注意が必要です。また，社会全体の人々が，年齢や世代を問わず，同じ方向に変わっていく流行現象では，プロリーグの創設，オリンピックやW杯の開催，海外プロリーグでの日本人アスリートの活躍，人気アニメの連載や放送などがきっかけになることがあります。

⑤　技術的環境要因 (T：Technology)

　スポーツ組織は，技術的環境要因の変化にも目を向ける必要があります。新技術や新素材の開発，インフラ整備，イノベーションなどです。新素材による新製品の開発がスポーツの特性を変化させ，参加者の価値観を変容させることなどが考えられます。具体的には，技術革新，加速度センサー内蔵に伴うスポーツ用品用具の進化，GPS内蔵機器の普及によるトレーニングログのデジタル化，インフラ整備による海外スポーツ番組の衛星放送，インターネット回線の高速大容量化によるスポーツ中継のオンデマンド放送などです。

⑥　マクロ環境要因の変動

　PEST分析における経済的・社会文化的環境要因のトレンド解釈には注意が必要です。なぜなら，時系列データには加齢・時代・世代の要因が混在しているからです。すなわち，(1)人の生理的な側面やライフステージと関連して変化する「加齢要因」，(2)特定の世代や年齢にかかわらず社会全体の変化がある同じ方向に変化する「時勢要因」，(3)同じ時期に生まれ共通の社会環境で育ってきた人間集団が固有の特徴をもつために生じる「世代による違い」の3要因です。例えば，変動が主に加齢要因（年齢効果）によると，個人の数量特性は加齢に伴って変化しますが，社会全体としての変化は長期間にわたって安定します。変動が主に時勢要因（時代効果）による場合は，年齢や世代を問わず社会全体の変動が流動的なものであるといえます。変動が主に世代の違い（世代効果）による時は，世代交代によって社会全体が緩やかに変化していくと予想できます。[4]

（山本達三）

▶3　スポーツ参加と国民所得，景気循環，世帯年収には相関や関連があることを海老原修（2012）「世帯年収と運動・スポーツの関係」『スポーツライフ・データ2012』60-66頁を参照が指摘している。

▶4　詳しくは，山本達三・菊池秀夫・中村隆（2006）「加齢・時勢・世代の要因からみたスポーツ参加の変動パターン」『スポーツ産業学研究』16(1)，25-42頁を参照。

　おすすめ文献　

†冨山浩三（2008）「市場分析とPEST分析」原田宗彦・小笠原悦子編著『スポーツマネジメント』大修館書店，83-85頁。
†コトラー・フィリップ，ケラー，ケビン・レーン／恩藏直人監修／月谷真紀訳（2008）『コトラー＆ケラーのマーケティング・マネジメント（第12版）』ピアソン・エデュケーション，95-117頁。

12 観戦型スポーツの消費者

観戦型スポーツの分類

▷ 1 原田宗彦編（2008）『スポーツ産業論　第4版』杏林書院。

▷ 2 株式会社ビデオリサーチ「年間高世帯視聴率番組30」。http://www.videor.co.jp/data/ratedata/b_index.htm（2016年2月3日最終アクセス）

▷ 3 笹川スポーツ財団（2013）「4～9歳のスポーツライフに関する調査」。

▷ 4 笹川スポーツ財団（2014）「スポーツライフに関する調査」。

▷ 5 相撲について，開催地は決まっているが，地域を象徴するホームという概念はないため，本拠地は無しとしている。テニス，ゴルフは，選手がエントリーする大会をある程度決定するため，期間は無しとしている。

1 わが国における観戦型スポーツ

スポーツとの関わりとして，「する」「みる」「ささえる」というキーワードをよく耳にします。これらの中でも，「みる」スポーツに焦点をあてた場合，どのように分類できるでしょうか。プロスポーツに代表される観戦型のスポーツはスポーツエンターテイメント産業として位置づけることができます。わが国のプロスポーツ団体によって組織されている公益財団法人日本プロスポーツ協会は，野球，サッカー，ゴルフ，相撲，など15の団体が名を連ねています。また，サッカーのワールドカップやオリンピックなど，国際的に注目されるスポーツイベントも観戦型のスポーツといえるでしょう。2010年から5年間の最高視聴率番組の上位30によると，その中でスポーツイベントとしては，サッカーワールドカップ，オリンピック，フィギュアスケート，箱根駅伝，ワールドカップバレー，ワールドベースボールクラシックなどがあがっています。スタジアムでの直接観戦については，1年間に一度でも観戦したという人が，プロ野球では3.5%，Jリーグは7.8%，マラソン・駅伝は4.5%という結果になっています。また，1年間テレビで観戦したスポーツは，プロ野球が59.4%，フィギュアスケートが57.4%，サッカー日本代表が51.5%であることが報告されています。これらの特徴から，観戦型のスポーツは3つの基準によって区分することができます。すなわち，(1)特定エリアを本拠地として指定しているか否か，(2)団体競技か個人競技か，(3)試合開催が定期的か一時的かなどの基準です。これらの基準によって浮き彫りとなるスポーツの特性は，マーケティングを行ううえでとても重要な情報といえるでしょう（表1）。

2 北米の観戦型スポーツ

北米型のスポーツ観戦と欧州型のスポーツ観戦も大きく違います。北米では，NFL（アメリカンフットボール），MLB（野球），NBA（バスケットボール），NHL（アイスホッケー）などの4大スポーツと呼ばれるリーグの人気がとても高く，次いでMLS（サッカー）もその人気に迫りつつあるといわれています。大学スポーツも人気があり，多くの観衆を集めるイ

表1　観戦型スポーツの区分

	競技名／イベント名	期間	競技特性
本拠地あり	野球	シーズン制	チーム
	サッカー	シーズン制	チーム
	バスケットボール	シーズン制	チーム
	バレーボール	シーズン制	チーム
	ラグビー	シーズン制	チーム
本拠地無し	テニス	－	個人
	相撲	年6場所	個人
	ゴルフ	－	個人
	フィギュアスケート	シーズン制	個人
	サッカーワールドカップ	4年毎	チーム
	オリンピック	4年毎	個人／チーム

出所：公開されている情報を基に筆者作成。

ベントの一つです。北米で人気の高い4つのリーグは，それ
ぞれのスケジュールの重複期間が最小限になるよう工夫され，
1年を通してプロスポーツを楽しむことができるようになっ
ています（表2）。特にNFLは誰にスタジアムで観てもらい
たいのかがはっきりしています。MLBやNBAは，外国籍
の選手も数多く在籍し，海外を視野に入れた活動を展開して
いますが，NFLは1700名の選手のうち外国籍の選手はわずか1%となって
おり，国内志向の強いリーグです。また，ブラックアウトというルールがあり，
チケットの売れ行きが悪いと，本拠地でのライブ放送を行わないように，「競
技はスタジアムで観戦するもの」という明確な意思をもって運営されています。

▶6 NFL 日本語公式サ
イト。http://www.nfljapan.
com/guide/about/calendar/
（2016年2月3日最終アク
セス）
▶7 期間は多少前後する
こともある。

表2　北米4大スポーツの試合数と期間

	試合数 （1チームあたり）	期間 （レギュラーシーズン）
NFL	16	9月〜1月
MLB	162	4月〜11月
NBA	80	10月〜4月
NHL	82	10月〜4月

出所：公開されている情報を基に筆者作成。

3 欧州の観戦型スポーツ

　欧州のスポーツではサッカー，テニス，ゴルフ，ラグビー，カーレースなど
多くの人気スポーツが存在します。中でも人気なのがサッカーです。欧州では
イングランド，スペイン，ドイツ，イタリア，フランスのリーグがビッグ5と
呼ばれ，世界中で人気を博しています。欧州最大のサッカーイベントである
UEFAチャンピオンズリーグは，各国リーグの上位クラブが国をまたいで
リーグ戦やトーナメントを行います。欧州ではこれらの国々のリーグ戦やカッ
プ戦など世界のトップレベルの試合をスタジアムまたはテレビで観戦すること
ができます。さらに，欧州は他国への移動が他の地域に比べ容易であり，通貨
もある程度統一されているため，外国での試合観戦に対して観戦者が費やす労
力が少ないことも特徴です。

　欧州のサッカークラブは，自国にとどまらない広いマーケットを形成してい
ることも忘れてはなりません。近年そのマーケットが世界中に広がっています。
衛星放送やインターネットを介して試合をライブで配信し，さらにSNSを利
用してチームの情報をタイムリーにアップロードしています。チームのホーム
ページは多言語によって紹介されることも普通になってきており，現地の言葉
がわからなくても試合のチケットをインターネットで簡単に購入することが可
能になっています。さらに，航空会社をメインスポンサーとするチームは多く，
チームの本拠地と主要国間の航空運賃を安く設定するなど，さまざまな施策を
講じています。これまで欧州のサッカーを観に行くためには，渡航費だけでな
く，多くの時間や労力を費やす必要がありましたが，このような阻害要因の影
響が小さくなってきています。今や国内のファンだけでなく，海外のファンや
スポンサーをも引き付けることで需要を伸ばし，チケット価格やスポンサー権
料を高めているのが，欧州サッカー流のビジネスといえるでしょう。

（井上尊寛）

おすすめ文献

†Mullin, B. J., Hardy, S.
and Sutton, W. A. (2007),
Sport Marketing (4th ed.),
Human Kinetics：Cham-
paign, IL, USA.
†青木幸弘・新倉貴士・
佐々木壮太郎・松下浩司
（2012）『消費者行動論──
マーケティングとブランド
構築への応用』有斐閣アル
マ。

12　観戦型スポーツの消費者

2　心理的連続モデル

① PCM とは

　スポーツは人気のレジャー活動です。人々はサッカー，野球，バスケットボール，相撲などを観戦し，一方でウォーキング，ジョギング，ゴルフなども楽しんでいます。人々の中にはレジャーにより多くの時間，お金，労力を費やす人がいます。このような違いは，レジャーのもつ意味に個人差があることと関係しています。本節ではこうした違いの理解に有効な枠組みを紹介します。

　心理的連続モデル（Psychological Continuum Model：PCM）▷1▷2は，人々の間でスポーツチームやレクリエーション活動に対する心理的な結びつきがどのように生じ，その後，時を重ねてどのように変化するかを理論的に説明するものです。ここでいう心理的結びつきとは，知覚，感情，好みが混ざり合って構成されています。PCM を使えば，この結びつきが生まれ，変化する過程を理解できます。例えば，スポーツを観たことのない人が，ある朝起きたら急に生粋のサポーターになることはありません。PCM は認知，魅力，愛着，忠誠という4段階によって消費者の成長を捉えます（図1）。PCM は4階建ビルにあるエレベーターと似ていますが，PCM が普通のエレベーターと違うのは，多くの人がそれぞれの段階でしばらく立ち止まり，中には特定の段階からそれ以上進まない人たちが現れる点です。

② PCM の4つの段階

　PCM の最初の段階は「認知」です。例えばガンバ大阪を例にすると，「私はガンバ大阪というサッカークラブのことを知っている」という状態がこの「認知」の段階です。私たちは家族，友人，テレビ番組，ニュース，ソーシャルメディアなどを通じてガンバ大阪を認識します。この「認知」の段階で，人はガンバ大阪についての知覚（Jリーグに属し，市立吹田サッカースタジアムを本拠地とするなど）を形成しますが，その評価はポジティブでもネガティブでもなく中立的で，クラブと心理的に強く結びつくこともありません。繰り返しガンバ大阪の情報に触れることで，私たちはやがて観戦の魅力について考えはじめます。

　PCM の次の段階は「魅力」です。試合観戦において湧き起こる心理的，身体的反応が正の反応の時，人はこの段階に達します。心理的反応は知覚，感情，

▷1　Funk, D. C. and James, J. (2001), "The psychological continuum model : A conceptual framework for understanding an individual's psychological connection to sport," *Sport Management Review*, 2, pp. 119–150.

▷2　Funk, D. C. and James, J. (2006), "Consumer Loyalty : The Meaning of Attachment in the Development of Sport Team Allegiance," *Journal of Sport Management*, 20, pp. 189–217.

図1　PCM

出所：Funk, D. C. and James, J. (2001).

評価などの精神的なものですが，一方で身体的反応はスポーツ観戦における興奮や喜びなどの感情に伴って生じる生理的反応です。観戦の最中やその準備段階において快楽的かつ実利的な欲求が理想的な形で充足されると，人はその経験に対して「魅力」を感じます。例えば，ガンバ大阪の試合観戦は楽しくてエキサイティングであり，勉強や仕事から解放してくれ，息抜きになります。余暇活動としては比較的安価であり，会場までのアクセスが良く，スタジアムグルメも充実しています。人々にとって観戦経験が有益であればあるほど，彼らのチームに対する心理的つながりはより一層強くなります。観戦者が「認知」の段階から「魅力」の段階へと進むと，「私はガンバ大阪が好き」という心理状態になります。

　PCM の第三段階は「愛着」です。観戦者がクラブとの心理的結びつきの中に，より多くの情緒的，象徴的，実利的な「意味」を見出す時，この段階に達します。情緒的な意味は喜びや楽しみなどの感情と関係しており，これは実際の観戦経験だけでなく，試合を楽しみに待つ事前期待や試合後の結果評価などをとおしても生成されます。象徴的な意味はファンクラブ会員がそうであるように，チームとの関係性やチームに対するアイデンティティを他者に表現する行動と関係しています。実利的な意味は何か他の目的のためにスポーツ観戦を手段的に使うことと関係しており，例えば友人や家族の絆を強めるために観戦に踏み切ることなどが例として考えられます。スポーツチームが観戦者の自己概念の中に取り入れられ，その人の重要な価値観と結びついて特別な「意味」が生まれた時，人は「魅力」の段階から「愛着」の段階へと進みます。心理的には「私はガンバ大阪ファンである」という状態になります。「愛着」の段階ではチームとの関係性により個人的な意味や重要性が加えられ，心理的に安定します。

　PCM の最後の段階は「忠誠」であり，心理的に最も強い反応が生じます。ガンバ大阪で説明すると，ある人が「愛着」の段階から「忠誠」の段階へと移動すると，「私はガンバ大阪のために生きる」といった心理状態になります。この段階になると，人は信念をもって献身的にチームと関わります。チームに対する個人的な意味や重要性は，状況の変化や時間の経過によって変化することはなく，逆にこれらの意味や重要性が変更されそうになると，激しく抵抗します。さらに，これらの個人的な意味や重要性はこうした人々の情報処理に影響を及ぼし，自分の信念や過去の経験に基づき一貫性のある行動をとるようになります。スポーツ消費者の実際の行動や将来の行動を最も正確に予測するのは，この「忠誠」の段階の心理状態といわれています。PCM による市場細分化は 3 つの手順を踏む必要があり，Funk（2008, 2016）の教科書の中で紹介されています。

（Daniel Funk）

▶3　Funk, D. C. (2008), *Consumer Behaviour for Sport & Events : Marketing Action*, Elsevier : Jordon Hill, Oxford, UK.
▶4　Funk, D. C., Alexandris, K. and McDonald, H. (2016), *Sport Consumer Behaviour : Marketing Strategies*, Routledge, New York, USA.

おすすめ文献

†Funk, D. C. (2008), *Consumer Behaviour for Sport & Events : Marketing Action*, Elsevier : Jordon Hill, Oxford, UK.
†ファンク, D. C. (2012)「Sport involvement : The social function of sport on individual and community」『スポーツマネジメント研究』4(1), 55-62頁。
†Funk, D. C., Alexandris, K. and McDonald, H. (2016), *Sport Consumer Behaviour : Marketing Strategies*, Routledge, New York, USA.

12　観戦型スポーツの消費者

スポーツ観戦動機

1　観戦動機とは

　スポーツマーケティング研究において，観戦者の動機は「消費者の望むもの」として，数多くの研究が報告されてきました。観戦者やファンの望むものを明らかにすることは，マーケターや研究者にとって，マーケティングを行ううえでの前提となる情報であり，最も基本的な情報であるといえます。スポーツ観戦は主に余暇時間を活用し，チケット代やグッズの購入代金などを費やすだけでなく，スタジアムに行くまでの移動時間など，金銭的・非金銭的なコストを費やして「試合」という製品を消費するといえます。しかも，消費する「試合」は予測不可能であり，コントロールすることができません。そのため，通常の消費財や，一定程度のクオリティが担保されたサービスなどを消費することを前提とした消費者行動の枠組みでは，スポーツ観戦者の独特の行動や欲求を把握することは難しいといわれています。

　消費者行動研究において，「動機」は，行動の原動力となる内的な状態を動機と理解することができます[2]。例えば，サッカーの観戦者は，サッカーを観たいという欲求によって生じた緊張状態を観戦という行動によって充足させます。その行動を起こす駆動力が動機（動因）であり，リーグやクラブの存在が目標（誘因）であると捉えることができます。ここで重要なことは，観戦という行動が起こるためには，サッカーが観たいという欲求のみでは行動は生起しないという点です。すなわち，リーグやクラブという消費の対象と，サッカーが観たいというニーズを結びつける動機の存在が重要であるということになります。さらに，その動機は，過去の観戦経験や他人から得た情報やネット上で得た知識，応援する選手やチームなどの存在も影響を与えています。

2　SPEED 尺度

　これまで多くの研究者が複雑な構造の尺度を用いて観戦者の動機を解明しようと試みてきましたが，その複雑さゆえにかえって観戦者の動機が不明瞭になっていることも指摘されています[3]。このような問題点を受け，ファンク（Funk, D. C.）は，シンプルかつ本質的な動機を捉えた尺度として5つの要因から構成されるSPEED尺度を開発しています（表1）。この尺度はこれまでに数多く発表されてきたスポーツ観戦動機の研究から，類似した因子をまとめると

▶1　吉田政幸（2010）「スポーツ消費者行動──先行研究の検討」『スポーツマネジメント研究』3(1)，5-21頁。

▶2　青木幸弘・新倉貴士・佐々木壽太郎・松下浩司（2012）『消費者行動論──マーケティングとブランド構築への応用』有斐閣アルマ。

▶3　Funk, D. C., Filo, K., Beaton, A. A. and Pritchard, M. (2009), "Measuring the motives of sport event attendance : Bridging the academic-practitioner divide to understanding behavior," *Sport Marketing Quarterly*, 18, pp. 126-138.

ともに，汎用性が高くかつ簡易に測定できる尺度として検討され開発されました。この尺度は，スポーツ観戦者の動機を，外発的動機づけの「統制的志向性（control orientated）」と内発的動機づけの「自律的志向性（autonomy orientated）」の2因子に分け，さらに下位に5つの因子を設定しています[14]。統制的志向性としては社交（socialization）と気晴らし（diversion）を，自律的志向性としては尊厳（esteem），興奮（excitement），パフォーマンス（performance）の3つを設定しています。

SPEED尺度はまず一次的動機と二次的動機に分類することができます。一次的（生理的）な動機は生命の維持活動に必要な欲求です。一方，スポーツ観戦は生命維持活動のために必ずしも必要ありませんから，二次的な動機として捉えられます。マズローの「欲求階層論」によると，一次的動機の(1)生理的欲求に加え，二次的動機として(2)安全の欲求，(3)社会と愛情の欲求，(4)承認（尊厳）の欲求，(5)自己実現の欲求があり，これらは生理的欲求を第1階層としてピラミッドを構成する階層構造になっています[15]。特に(4)承認（尊厳）欲求以上の欲求は高次の欲求として内発的動機づけを必要とする欲求です。ファンクは尊厳（esteem）以外の因子はすべて低次（(1)～(3)）の欲求であり，尊厳だけ高次の欲求であることを明らかにしています。このように，スポーツ観戦者の動機の理解では，結果がわからない「試合」を消費するために時間や労力を費やす消費者の複雑な心理を把握する必要があります。

SPEED尺度は多様なスポーツ種目においても有用性が確認されています。この尺度を用い，フィギュアスケート観戦者の動機を測定した研究によると[16]，彼らは社交のスコアが低く，一方でパフォーマンスと興奮のスコアが高いことが明らかになっています。これまでのチームスポーツを対象とした研究では，観戦者の興奮や社交のスコアが高いことが示されていることから，競技によって特有の欲求が存在しているものと考えられます。チームスポーツにおける社交とは，応援仲間との交流や，他のサポーターとともに同じチームに声援を送る応援などが該当し，これらはチームスポーツ特有の行動であるといえます。一方で，フィギュアスケートの観戦者は競技会の会場で他者とコミュニケーションを図る欲求が低く，純粋に競技そのものから得られる興奮を味わうとともに，美しさを堪能したいという欲求が顕著のようです。 （井上尊寛）

▶4 Funk, D. C., Beaton, A. A. and Alexandris, K. (2012), "Sport consumer motivation : Autonomy and control orientations that regulate fan behaviours," *Sport Management Review*, 15, pp. 355-367.

▶5 Maslow, A. H. (1943), "A theory of human motivation," *Psychological Review*, 50, pp. 370-396.

▶6 井上尊寛・竹内洋輔 (2013)「フィギュアスケート観戦者における観戦動機に関する研究」『法政大学スポーツ健康学紀要』4，11-17頁。

(おすすめ文献)

†Funk, D. C. (2008), "Consumer behavior in sport and events-Marketing action," Butterworth-Heineman : Jordan Hill.
†Mahony, D. F., Nakazawa, M., Funk, D. C., James J. D. and Gladden, J. M. (2002) "Motivational Factors Influencing the Behaviour of J. League Spectators," *Sport Management Review*, 5, pp. 1-24.

(表1　SPEED尺度，因子および定義)

因子名	定義
社交	人間関係をより良くするための機会として，他の観戦者やイベント参加者との交流をもとうとする欲求
パフォーマンス	選手のパフォーマンスの美しさや身体的な技術を楽しみたいという欲求
興奮	試合が生み出すスペクタクルな展開や会場の雰囲気などによって刺激される知的触発への欲求
尊厳	個人の自尊感情を高め，スポーツに精通しているという感覚を得るための欲求
気晴らし	仕事や生活で生じたストレスから逃避したいという欲求

出所：Funk et al.（2009）を基に筆者作成。

12　観戦型スポーツの消費者

 スポーツ観戦者と社会的アイデンティティ

1　社会的アイデンティティ理論

　応援しているチームが負け続けても熱心にそのチームを応援し続けるファンがいます。また，観戦した試合が面白くなくても，再びスタジアムに足を運ぶファンがいます。このように応援し続けたり，観戦し続けたりするのはなぜでしょうか。それはスポーツファンがチームに対して愛着をもっているからです。では，このような愛着はどのようにして形成されるのでしょうか。その1つの手がかりが，社会的アイデンティティです。私たちは国，県，大学といったようにさまざまな社会的カテゴリーに所属しています。そしてそこから例えば日本人といった自己概念を引き出しています。この自己概念に，誇りや愛着などの感情的意味合いが加わったものが社会的アイデンティティです。[1] つまり社会的アイデンティティとは，社会的カテゴリーに基づいて自分自身を分類した際に感じる集団成員性（group membership）の感覚を含んだ自分自身の特徴だといえます。スポーツチームのような集団も社会的カテゴリーの一つです。[2]

2　自己カテゴリー化理論

　社会的アイデンティティに基づいて自己概念を得る際に重要なのが，自己カテゴリー化（self-categorization）です。自己カテゴリー化とは，自己と他者との類似性および異質性に基づいて社会的グループを認知し，自己と類似した集団を内集団と捉えて，自分自身をその集団の一員とみなすことをいいます。例えば大阪在住の人が自分を関西人として自覚することなどがこれに該当します。スポーツ観戦において，自分自身をあるチームのファンの一員と感じる際には，そのチームに対して自己カテゴリー化が行われています。

　自己カテゴリー化した人は，その集団内の規範に同調し，ステレオタイプ的[3]行動や集合的行動をとるようになります。スポーツ観戦でいうと，特定の色の服やタオルを身に付け，共に応援歌を歌って応援するといった行動です。[4] また，いったん外集団と内集団が認識されると，自分の属する内集団の評価を高め，ひいきすることも知られています。これを内集団びいきといいます。スポーツは対戦相手が存在するため，内集団と外集団を感じやすい状況を生み出します。内集団びいきが行き過ぎると，暴徒化したファンが暴力行為に走り，内集団を守るための抑制が効かない群集行動につながります。このような事態を防ぐた

▷1　池田謙一・唐沢穣・工藤恵理子・村本由紀子(2010)『社会心理学』有斐閣。

▷2　ホッグ，M. A.・アブラムス，D.／吉森護・野村泰代訳(1995)『社会的アイデンティティ理論』北大路書房。

▷3　ある社会的集団に関する固定的で画一的なイメージ。A型の人は几帳面といったようなもの。

▷4　前掲▷2。

▷5　前掲▷1。

▷6　Snyder, C. R., Lassegard, M. and Ford, C. E. (1986), "Distancing after Group Success and Failure : Basking in Reflected Glory and Cutting off reflected failure," *Journal of Personality and*

めには，選手だけでなく，試合を観戦するファンの側にも，相手チームに敬意を表するスポーツマンとしての姿勢が求められます。

3 BIRGing と CORFing

人は内集団に誇りや愛着などを感じることで，よりポジティブな社会的アイデンティティを獲得するように動機づけられます。一方，所属していることに恥ずかしさを感じるような集団はネガティブなアイデンティティを与え，その結果集団から離れようとする人も現れます[5]。このような現象をスポーツ観戦では，BIRGing と CORFing という言葉で説明しています。BIRGing（Basking In Reflected Glory）とは成功している他者と関係を強めることであり，応援するチームが試合に勝利すると，自分がそのチームのファンであることを他者にわかる形で表現する現象のことです。例えば，サッカー日本代表が W 杯出場を決めると渋谷のスクランブル交差点にファンが集まって歓声を上げることは BIRGing に該当します。一方，CORFing（Cutting Off Reflected Failure）とは失敗している他者から離れようとすることで，応援するチームや選手が惨敗すると自分がファンであることに言及しなくなる現象をいいます[6]。CORFing はチームへの愛着が弱い観戦者の間で顕著に発生し，逆にチームへの愛着が強いファンは CORFing しなくなります。チームが優勝するとファンが一時的に増える現象は，BIRGing で説明することができます。

4 チーム・アイデンティフィケーション

自己を応援するチームの一員とみなす自己カテゴリー化のことをチーム・アイデンティフィケーション（team identification）と呼びます。チーム・アイデンティフィケーションは，スポーツ消費者が観戦者からファンに成長する際に形成する心理的特徴で，ファンは，応援しているチームへの愛着，帰属意識，連帯感の表れとして自己とチームを同一視するようになるのです。チーム・アイデンティフィケーションは試合観戦やグッズ購入などのスポーツ消費に，大きな影響を及ぼします[8]。一般的に，何かプロダクトを消費した後，不満足を感じた場合には次の消費を行いません。しかし，スポーツ観戦の場合は，観戦後にファンが試合結果に対して不満足に陥っても，強いチーム・アイデンティフィケーションを形成した人は再び観戦する可能性が高いことがわかっています[9]。

さらに，これまでの研究によってチーム・アイデンティフィケーションの規定要因も明らかにされています。地域への愛着はその一つです[10]。J リーグのクラブが本拠地をホームタウンと呼び，地域密着型のクラブを目指していることは，チーム・アイデンティフィケーションの形成につながることから，マーケティングの視点からも有用だと考えられます。　　　　　　　　　　（出口順子）

Social Psychology, 51 (2), pp. 382–388.

▶7 吉田政幸（2011）「スポーツ消費者行動——先行研究の検討」『スポーツマネジメント研究』3(1)，5-21頁。

▶8 Yoshida, M., Heere, B. and Gordon, B. (2015), "Predicting behavioral loyalty through community: Why other fans are more important than our own intentions, our satisfaction, and the team itself," *Journal of Sport Management*, 29, pp. 318-333.

▶9 Matsuoka, H., Chelladurai, P. and Harada, M. (2003), "Direct and Interaction Effects of Team Identification and Satisfaction on Intention to Attend Games," *Sport Marketing Quarterly*, 12, pp. 244-253.

▶10 Heere, B. and James, J. D. (2007), "Sports teams and their communities : Examining the influence of external group identities on team identity," *Journal of Sport Management*, 21, pp. 319-337.

おすすめ文献

†武田正樹・藤田依久子（2011）『個と集団のアンソロジー——生活の中が捉える社会心理学』ナカニシヤ出版。

†杉本厚夫編（1997）『スポーツファンの社会学』世界思想社。

†橋本純一編（2010）『スポーツ観戦学——熱狂のステージの構造と意味』世界思想社。

第 **IV** 部

マーケットリサーチの視座

13　スポーツマーケティングにおけるSTP

セグメンテーションの基礎

1　マーケットセグメンテーションとは

　昨今の健康ブームの中，全国各地でフルマラソンを含め多岐にわたるランニングイベントが実施され盛況な様相を見せています。名古屋ウィメンズマラソン[1]は女性限定のマラソンイベントとしては世界最大です。毎年3月，カラフルでおしゃれなウェアやシューズを着用した約1万5000人の女性ランナーが名古屋の街を華やかに彩ります。完走者にはスポンサーの日本メナード化粧品やナイキから化粧品やスタイリッシュなTシャツが贈呈されます。さらに，タキシード姿の男性がフィニッシュ地点で個別に完走者を出迎え，完走賞である「ティファニー」のペンダントをプレゼントします。参加料は決して安価ではないですが，地元や全国各地，また海外から多くの女性ランナーが集っています。

　ランニング愛好家市場に目を向けてみましょう。イベントの主催者にとって地元地域のランナーと他地域のランナーの両方が潜在顧客です。イベントの成功のためには，こうした顧客のニーズとイベント内容の合致がなければいけません。ところが，ランナーのニーズは多岐にわたるため，マーケティングでは潜在顧客群の中から特定の顧客グループを選択しなければなりません。すなわち，特定の顧客グループのニーズを理解し，それを充足させるための戦略を考える必要があります。この時，より効果的かつ効率的な戦略を考案するためにはターゲットとなる顧客グループが明確に設定されなければならず，そのターゲット顧客は潜在顧客群をある基準変数によって細分化することで特定できます。ある基準によって潜在顧客を細分化することをマーケットセグメンテーション[2]といい，細分化された顧客グループをセグメントと呼びます。名古屋ウィメンズマラソンはすべてのランナーをターゲット顧客として捉えるのではなく，マーケットセグメンテーションを通じて，女性ランナーの中でも，とりわけ健康意識が高く，おしゃれに敏感な中流階級層の女性をターゲット顧客としているといえるでしょう。

2　マーケットセグメンテーションの概念

　マーケットセグメンテーションの概念は，経済学者のスミス（Smith, W.）によって初めて導入されました。彼は1956年の論文の中で，市場の同一性が基と

▷1　世界最大の女性限定マラソンイベントとしてギネスに認定され，第1回の2012年大会では1万3114名，2015年大会では1万7854名の女性ランナーが参加した。参加料は一般参加で1万800円（2015年大会）。

▷2　Shank, M. D. and Lyberger, M. R. (2015), *Sports Marketing* (5th ed.), Routledge.

▷3　Smith, W. (1956), "Product differentiation and market segmentation as alternative marketing strategies," *Journal of Marketing*, 21(1), pp. 3-8.

なっていた市場の完全競争理論は時代遅れであるとし，消費者の需要に異質性が存在するという不完全競争理論を提起しました。つまり，顧客の消費に対するニーズは同一でなく多様であり，それらに応えるために製品開発やマーケティング戦略を調整していかなければならないと述べています。同時にスミスは，多様な価値観やニーズをもつ顧客がすべて異なった存在ではなく，製品の消費に対して同様の選好をもつ顧客グループ（セグメント）に分類することができると指摘しました。「異質的なマーケットは製品選好に違いがあるいくつかの小さな同質的なセグメントにより構成されている」。これがスミスのマーケットセグメンテーションの中心的な考えです。顧客ニーズの多様化が進む中，マーケットセグメンテーションの重要性は一層高まっています。

③ セグメンテーションの重要性とマーケティングにおける位置づけ

マーケットセグメンテーションを実践する場合，やみくもに潜在顧客群を細分化すればよいということではありません。分類されたそれぞれのセグメントはマーケティング戦略に対し異なった反応を示すことが分類の前提となります。言い換えると，同質の特徴を基に細分化された顧客グループの成員はマーケティング戦略に対し同じように反応することになります。多くのビジネスは広く一般といった「マス」ではなく特定のマーケットの顧客グループを対象としてマーケティング戦略を展開しています。これはスポーツ産業も例外でなく，スポーツ消費者がスポーツだけを純粋に消費していた時代は終わり，今日のスポーツ消費者は競技的な経験に加えて多様なサービス，催し物，演出，グッズ，特典などとの関わりを通じて個性的な消費を行っています。スポーツ消費者のニーズとスポーツプロダクトの両方が多様化する現代社会において，的確な顧客グループの選択はビジネスの成功と強く関係しています。

また，マーケットセグメンテーションがマーケティングプロセスの中で最初の段階であることも忘れてはなりません。スポーツ消費者のマーケットは非常に多様です。年齢をはじめとする個人属性，価値観，ニーズ，ライフスタイルなど，さまざまな特徴をもった個人の集まりでセグメントが構成されています。健康を目的にランニングイベントに参加している人もいるでしょうし，他方では自己実現に向けた記録への挑戦が目的の人もいます。さらに，仲間との社交の場としてランニングに取り組んでいる人もいれば，おしゃれにスポーツができることを重要な要素と考える人もいます。スポーツ組織やイベントのマーケティング担当者は，この多様性に富んだマーケットから特定の顧客グループを選ばなければならず，その最初のステップがマーケットセグメンテーションです。的確なマーケットセグメンテーションの実践は，その後のマーケティング戦略をより成功へと導きます。

(徳山　友)

おすすめ文献

†Yankelovich, D. (1964), "New criteria for market segmentation," *Harvard Business Review*, 42 (2), pp. 83-90.

†Casper, J. (2007), "Sport commitment, participation frequency and purchase intention segmentation based on age, gender, income, and skill level with US tennis participants," *European Sport Management Quarterly*, 7 (3), pp. 269-282.

†藤本淳也・原田宗彦 (2001)「潜在的観戦者のマーケット・セグメンテーションに関する研究――特に観戦意図に注目して」『大阪体育大学紀要』31, 51-62頁。

13　スポーツマーケティングにおけるSTP

セグメンテーションの種類

▷1　中西純司（2005）「スポーツマーケティング・プロセス」山下秋二・原田宗彦編『図解 スポーツマネジメント』大修館書店，118-121頁。

▷2　Tokuyama, S. and Greenhalgh, G. (2014), "Recreational soccer participants as potential consumers of professional soccer games：Segmenting based on general characteristics," *Journal of Contemporary Athletics*, 8(1), pp. 53-64.

▷3　心理的コミットメントとは，特定プロダクトの継続消費をどの程度望んでいるかを示す心理的変数である。心理的コミットメントレベルが高ければ実際にそのプロダクトを消費する可能性が高くなると多くの研究で報告されている。本文の例で用いられている研究では，プロサッカーの観戦がプロダクトにあたり，サッカー観戦へのコミットメントレベルにおいてセグメント間の相違を検証している。

▷4　Mullin, B. J., Hardy, S. and Sutton, W. A. (2007), *Sport Marketing* (3rd ed.), Human Kinetics.

▷5　Mullin, B. J., Hardy, S. and Sutton, W. A. (2007).

▷6　80-20の法則（'80-20のルール'や'80-20理論'

1　セグメンテーションの実施手順

セグメンテーションは次の3つのステップにより実施されます[1]。第一に，事業の対象となる可能性のある潜在市場を明らかにします。その市場は同一の性質ではなく，異質な消費者が集まり構成されています。第二に，潜在市場内の個々の消費者のプロフィールを明らかにします。このステップを通じて市場には多様な特徴やニーズをもった消費者が存在していることに気づきます。同時に，完全ではないものの，同様の特徴やニーズをもつグループに分類できる可能性がみえてきます。そして第三に，潜在市場内の成員のプロフィールをもとに同質的で意味があり，グループ間の特徴に違いがある市場セグメントを特定します。

例えば，プロサッカーリーグにおいてファン拡大を模索しているとします[2]。そこで既存のサッカー観戦市場ではなく，サッカー競技を楽しむ成人のレクリエーションサッカー市場を潜在市場と位置づけました（ステップ1）。サッカー競技者市場は多様なプロフィールの個人が集まり構成されています。個人属性を基に顧客を分類し，どのセグメントがより観戦への心理的コミットメント[3]のレベルが高いかを調査しました（ステップ2）。その結果，性別では男性の心理的コミットメントの方が高く，さらに過去のサッカー経験については高い競技レベルの経験をもつグループの方が他のグループよりもプロサッカーの試合観戦に対する心理的コミットメントのレベルが高いことがわかりました。つまり，男性の中でも競技レベルの高いサッカー経験をもつ競技者が重要なセグメントとして分類できたことになります（ステップ3）。

2　セグメンテーションの変数

スポーツマーケティングの実践や研究において頻繁に用いられるセグメンテーションの変数は，4つのカテゴリーに分類されます（表1）[4]。第一カテゴリーは人口統計的変数であり，最も基本的で測定しやすい変数である特徴があります。前述のサッカーリーグのファン拡大の例においても性別およびスポーツ経験がセグメントの基準変数でした。また，ファンの居住地から試合会場までの所要時間などの地理的要素もスポーツ組織にとっては重要なセグメント変数となります。第二カテゴリーは社会心理学的変数です。このカテゴリーの変

数は測定が困難という性質がありますが，一方でライフスタイルや消費者動機などの消費者心理の理解を基にしたセグメント変数であることから，より説得力のある特徴を示してくれます。人口統計的変数から得られる情報を「誰が消費する」とたとえるなら，社会心理学的変数から得られる情報は「なぜ消費する」という表現でたとえることができます。第三カテゴリーは行動的変数です。購入頻度や購入時期など，実際の消費行動が指標となります。とりわけ，購入頻度は多くのビジネスにおいて重要な変数です。「市場における80％の消費量は購入頻度の高い20％の消費者による消費である[15]」という80-20の法則は，セグメンテーションにおける頻度変数の有効性を示しています。第四カテゴリーはベネフィット変数で，消費者が製品購入に対しどのようなベネフィットを求めているかによってグループ化するために用います。消費者がスポーツプロダクトに見出すベネフィットは多様であり，例えばフィットネスクラブの利用によるベネフィットは肉体改造，健康の維持増進，社交の機会などさまざまです。求めるベネフィットにより顧客を分類することで，どのようなサービスの内容を提供すべきかが明らかになります。

表1 セグメンテーションのカテゴリーと変数

人口統計的変数 (demographics)	社会心理学的変数 (psychographics)	行動的変数 (product usage)	ベネフィット変数 (product benefit)
年齢 性別 職業 家族構成 収入 スポーツ歴 地理的要素など	ライフスタイル パーソナリティー チームID[17] 消費動機など	購入状況 購入頻度 購入時期 購入量など	優越性 自己実現 健康維持増進 社交の機会など

出所：Mullin, Hardy and Sutton（2007）を基に筆者作成。

3 セグメンテーション・ミックス

表1に示すように，セグメンテーションの変数は数多く存在します。セグメンテーションを実施する目的は標的市場の選択であり，標的とするセグメントの特徴を理解することで効果的かつ効率的なマーケティングプランの立案が容易になります。セグメントの特徴をより明確に理解するために，一つではなく複数の変数を組み合わせ，顧客を分類する手法が有効です。例えば，性別で分類すると，女性セグメントと男性セグメントに分けることができます。性別はセグメントとして重要な分類ですが，各セグメントの特徴はそれほど明確とはいえません。例えば，男女のグループに社交性が高いグループと低いグループの2つのグループを加えると合計で4つのセグメントとなり，各セグメントの特徴はより明確になります。マーケットセグメンテーションではどのような変数の組み合わせがより効果的かを考慮する必要があります。　　　（徳山 友）

などと呼ばれることもある）は，19世紀末にイタリアの経済学者ヴィルフレド・パレートにより提唱された。この法則が示していることは，ビジネスを含むあらゆる事象において比較的低い割合の要素が全体のかなりの割合を占めるということである。つまり，80-20の比率がすべてのケースに当てはまることを意味したものではなく，あくまでも一定程度の指針を示したものである。

▶7 チームID（チーム・アイデンティフィケーション）とは，ファンが応援するチームに対しどの程度の所属意識をもっているかを示す心理的変数である。観戦頻度やチームグッズの購入総額などにおいて，チームIDの高いファングループの優位性が報告されている。

おすすめ文献

†齋藤れい・原田宗彦・広瀬盛一（2011）「スポーツ観戦者における経験価値の比較に関する研究──個人属性の違いに着目して」『スポーツ科学研究』8，35-47頁。

†Howard, D. R. (1992), "Participation rates in selected sport and fitness activities," *Journal of Sport Management*, 6, pp. 191-205.

†Greenwell, T. C., Fink, J. S. and Pastore, D. L. (2002), "Perception of the service experience：Using demographic and psychographic variables to identify customer segments," *Sport Marketing Quarterly*, 11(4), pp. 233-241.

13　スポーツマーケティングにおける STP

標的市場の設定と評価

❶　セグメンテーションの評価

　標的市場は，潜在市場から細分化されたセグメントによって特定されますが，その前にセグメントの評価を行う必要があります。評価基準としては「測定可能性」「到達可能性」「維持可能性」などが用いられます。第一の測定可能性とは，セグメントの市場規模をどの程度的確に測定できるかということです。市場規模が不明瞭では，その市場からの売り上げ予測ができないだけでなく，その市場に参入する意味を見出すことができません。セグメントの購買力も市場規模の重要な指標にあたります。例えば，女子学生と30歳代の独身女性では，潜在顧客数が同数であっても購買力が違います。また，前節で説明したように社会心理学的変数やベネフィット変数は測定が困難であるため，これらの変数を用いた場合は，どのような方法でセグメントを評価したのかを明確に示す必要があります。不明瞭な測定によるセグメントの形成は，標的市場の規模の正しい理解につながりません。

　第二の到達可能性は，セグメントに対しどの程度アクセスできるか，あるいはコミュニケーションの方法をもっているかです。どんなに優良なセグメントを見出したとしても，そのセグメントへのアクセスやコミュニケーション手段がなければプロダクトは消費されません。近年，ソーシャルメディアはマーケティングにおいて顧客とのコミュニケーション手段として頻繁に活用されています。しかしながら，選択したセグメントが高齢者であれば，それは適切でないかもしれません。特徴に応じて選んだアクセスやコミュニケーション手段によって本当にセグメントに到達できるかどうかが評価の基準となります。

　第三の維持可能性は，あるセグメントの市場規模が十分な利益を見込めるもので，持続的な事業の展開および成長につながる可能性があるかということです。企業・組織はあらゆる経営資源を投入し，標的市場の攻略を試みる際，コストが発生します。したがって，セグメントが参入コストを差し引いたうえで利益を確保できる市場規模であるかどうかを評価しなければなりません。さらに，この時もう1つの重要なポイントは，現在の市場規模の大きさだけでなく市場の成長性も分析し検討するということです。組織全体としてのビジョン，ミッション，マーケティングプランの目的や目標によりますが，短期的に利益を生まなくてもマーケットの成長を期待できるのであれば，その市場へ参入す

▷1　Shank, M. D. and Lyberger, M. R. (2015), *Sports Marketing* (5th ed.), Routledge.

▷2　Mullin, B. J., Hardy, S. and Sutton, W. A. (2007), *Sport Marketing* (3rd ed.), Human Kinetics.

ることは妥当な判断となります。

2 標的市場の選択（ターゲティング）

前述の3つの基準をもとにそれぞれのセグメントを評価すると、次はようやくスポーツ組織がマーケティング活動によって攻略したい標的市場を実際に絞り込むプロセスに入ります（ターゲティング）。ここでは、潜在市場の中から1つか複数の標的市場を選択します。(1)どのセグメントを選択するか、(2)1つの標的市場とするか複数を標的市場とするかは、組織のマーケティングの目的や目標、さらに予算次第で決定されます。複数を標的市場とする場合、標的市場の優先順位を事前に明確にしておく必要があります。その際の優先順位も、マーケティングの目的や目標が基準となります。さらに、それぞれのセグメントの特徴は異なるため、各セグメントの特徴に応じたマーケティング戦略を立案しなければなりません。

次に、セグメンテーションとターゲティングの関係性について説明します。セグメンテーションとは潜在市場内の消費者を『分類』することであり、ターゲティングとは細分化されたセグメトから標的を『絞り込む』ことです。言い換えると、標的として選択しなかったセグメントを捨てることを意味します。取捨選択することでより効果的かつ効率的なマーケティングが可能になります。

3 マーケットニッチとは

隙間産業という言葉があります。この場合の「隙間」とはマーケットニッチを意味します。セグメンテーションは、潜在市場を細分化し顧客を絞り込む目的があります。絞りすぎると、市場規模の評価において標的市場としてふさわしくない結果になることもあります。大きな組織は収益性の観点から小さな市場に参入する可能性は低く、比較的小規模な顧客グループが市場の隙間であるニッチとなります。ニッチとはセグメントよりさらに狭く捉えた顧客グループであり、その特徴がより同質的なものになるという特性があります。ニッチ内の顧客は特定のニーズをもち、非常に具体的なベネフィットを求めてきます。ニーズや求めるベネフィットに的確に対応したプロダクトの提供ができれば、高い価格設定でもニッチの購買への反応は高まります。「理想の体型」というベネフィットを約束するトレーニングジムは良い例です。つまり、潜在顧客数が少なくても、独占的もしくは競合が少ない市場において一定のシェアを獲得できるのであれば大きな収益を上げるチャンスがあり、ニッチを標的市場として選択することは合理的な判断といえます。しかし、ニッチへの参入ではリスクもあります。市場規模が小さいため、潜在顧客のプロダクトへの反応が悪くなると一気に収益が悪化します。マーケットニッチはパワフルですが、同時に不安定な顧客グループでもあるという認識が必要でしょう。　（徳山　友）

▶3 Smith, A. C. T. (2013), *Introduction to Sport Marketing*, Routledge.

おすすめ文献

†Haley, R. I. (1968), "Benefit segmentation: A decision-oriented research tool," *Journal of Marketing*, 32(3), pp. 30-35.

†Greenhalgh, G. P., Simmons, J. M., Hambrick, M. E. and Greenwell, T. C. (2011), "Spectator support: Examining the attributes that differentiate niche from mainstream sport," *Sport Marketing Quarterly*, 20(1), pp. 41-52.

†安原智樹（2009）『マーケティングの基本』日本実業出版社。

13　スポーツマーケティングにおける STP

ポジショニング／リ・ポジショニング

① ポジショニングとは

　標的市場を選択したら，次は標的市場に対するポジショニング戦略を考え出さなければなりません。ポジショニングは具体的なマーケティング戦略の立案へ向けた重要な指標となります。ポジショニングとは，市場におけるプロダクトの位置（ポジション）づけを意味します。プロダクトに対する組織内評価ではなく，顧客がプロダクトをどのように認識しているかがポジショニングのポイントです。例えば，組織内において「高級であり，価格設定は妥当である」とプロダクトを評価しても，顧客がそのプロダクトを高級なものと認識しなければそのポジションは確立されていません。つまり，ポジショニング戦略の目的は標的市場において認識される立ち位置を確定させることです。さらに，ポジショニングのもう一つのポイントは，市場におけるプロダクトの位置づけが常に競合プロダクトとの関係において捉えられるということです。顧客は無意識のうちに同等プロダクトを比較し，それらを自身の中で位置づけていることを忘れてはなりません。

② ポジション分析とリ・ポジショニング

　マーケターはプロダクトのどの性質や属性が標的市場にとって重要であるかを検討するとともに，マーケットにおける代替品のポジションを理解するため，ポジション分析を行う必要があります。ポジション分析の手段として「ポジショニングマップ」が長年活用されています。ポジショニングマップとは，プロダクトの主な性質や属性を軸として定め，市場における自組織のプロダクトと競合プロダクトとの位置づけや違いを示す概念図を指します。軸に据える性質や属性はプロダクトの特性によって多数存在します。ここではランニングシューズのブランド・イメージについて，ファッション性と機能性を軸に考えてみましょう（図1）。顧客目線で競合となるブランドをマップの中に位置づけていきます。マップの中では自組織のブランドの周辺にある他ブランドが直接的な競合ブランドになります。これらの競合ブランドとどのように対峙していくか，また自組織のブランドの優位性は確立しているのか（できるのか）を検討し，マーケティング戦略の立案へと反映させていきます。さらに，マップの中で自組織のプロダクトの位置づけが自分たちの意図とする場所にあるのか

▷1　Shank, M. D. and Lyberger, M. R. (2015) *Sports Marketing* (5th ed.), Routledge.

▷2　ターゲットマーケット＝標的市場。

▷3　イベントの概要については Ⅳ - 13 - 1 を参照。

▷4　一般参加，宿泊を伴う参加，海外参加のカテゴリー枠を設けイベントエントリーを受付けている。

を確認することも重要です。もし，自分たちの意図とは異なる
ポジションとなっている場合，ポジションを変えるための戦略
を検討しなければなりません。このステップを「リ・ポジショ
ニング」と呼び，ポジショニングと同様にマーケティング戦略
の内容に反映させます。

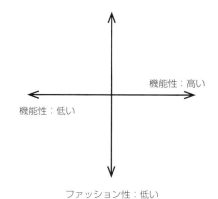

図1　ポジショニングマップの例

出所：筆者作成。

③ STP プロセスのまとめ

　本章は戦略的マーケティングプロセスのプランニングステー
ジにおいて標的市場の選択に関わる要素を説明してきました。
これらの要素の総称は STP として知られています。STP とは
セグメンテーション（Segmentation）の S，ターゲットマーケ
ット[2]の選択（Targeting）の T，ポジショニング（Positioning）の
P を合わせた略語です。すなわち，セグメンテーションを通じてマーケットを
いくつかの同質な顧客セグメントへと細分化し，その中からマーケティングの
対象となる標的市場を絞り込み，選択した標的市場におけるプロダクトのポジ
ションの定着を図る一連のプロセスが STP です。STP は戦略的マーケティン
グのプロセス全体において重要な機能とされていることから，各要素の内容や
その流れを明確に理解し，STP を実行する必要があります。

　最後に，名古屋ウィメンズマラソン[3]を例に STP を復習してみます。女性の
ランニング愛好家が同イベントの潜在市場となります。女性ランナーのニーズ
は多様なため潜在市場を細分化する必要があります。そこで，「健康意識の高
い中流階級層」で「おしゃれに敏感」という変数によって顧客を分類しました。
市場調査を通じてこのセグメントを評価したところ，地理的には国内市場だけ
でなく，海外市場も標的にできることから，市場規模が十分に大きいことが明[4]
らかとなりました。さらにインターネットなどを活用することでこのセグメン
トへのアクセスやコミュニケーション手段も確保できることから，標的市場と
して選択しました。ポジショニングの側面からは，女性限定としていること，
イベント規模がギネスに認定されていること，参加特典としてこの標的市場を
意識した化粧品（日本メナード化粧品社製）やおしゃれな記念 T シャツ（ナイキ
ジャパン社製）が贈られること，完走者にはペンダント（ティファニー＆カンパ
ニー社製）が贈呈されることなどの点で，他のマラソンイベントとはかなり異
なった特徴があり，「女性のためのクオリティの高いマラソンイベント」とい
うイメージが確立されます。STP を的確に実施することにより，後に続く
マーケティング戦略がより効果的かつ効率的なものとなり，他のマラソン大会
と比較しても参加料は決して安価ではないものの，標的市場内の多くのラン[5]
ナーが参加希望する大人気イベントに成長しています。

　　　　　　　　　　　　　　　　　　　　　　　　　　　　（徳山　友）

▶5　世界の6大マラソン
イベントとされる"ワール
ドマラソンメジャーズ"の
一つ，東京マラソンの一般
参加費が1万800円（2015
年大会）。名古屋ウィメン
ズマラソンへの一般参加料
も同額の1万800円（2015
年大会）と，東京マラソン
と並び日本で最も高い参加
費のマラソンイベントの一
つである。ワールドマラソ
ンメジャーズに含まれるマ
ラソンイベントは東京，ロ
ンドン，ボストン，ベルリ
ン，シカゴ，ニューヨーク
シティーの6都市で開催さ
れる。

おすすめ文献

†Wyner, G. A. (1995),
"Segmentation analysis,
now and then," *Marketing
Research*, 7(1), pp. 40-41.
†ライズ，A.・トラウト，
J. ／川上純子 訳（2008）
『ポジショニング戦略［新
版］』海と月社。
†鶴蒔靖夫（2009）『カー
ブスジャパンの挑戦―ス
マート消費時代の成長ビジ
ネス新機軸』IN 通信社。

14　スポーツマーケティングとマーケットリサーチ

マーケットリサーチの手順

▷1　顧客を何らかの基準を用いて異なる反応を示すグループ（セグメント）に分割する「Segmentation（細分化）」，細分化の結果から自組織が標的とすべき1つ，あるいは複数のグループ（セグメント）を選択する「Targeting（ターゲティング）」，そして選択したグループに競合組織と比べて自組織をどのように認知させるのかを決定する「Positioning（ポジショニング）」という一連のプロセスを示す英単語の頭文字をつなげてつくられた用語。
▷2　STPで決定された内容を具体的に実行するためのプログラムを検討するプロセス。

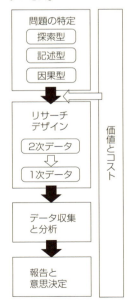

図1　マーケットリサーチの計画プロセス
出所：筆者作成。

1　意思決定のための情報

あなたのチームがある競技大会の決勝戦に臨む際，何をするでしょうか。試合に勝つというミッションを達成するために，トレーニングを行ったり，コンディションを整えたりするだけでなく，対戦相手を分析して戦略や戦術を考えると思います。そして対戦相手を分析するためには，対戦相手の情報が必要です。そのために対戦相手の過去の試合の映像や記録を参考にしたりするでしょう。それによって，チームがどのように戦うべきかの指針を得ることができます。

スポーツマーケティングにおいても同様です。ただし，少し複雑になります。マーケターが対峙するのは取引を行う実際の顧客や潜在的な顧客ですが，その取引に影響を与える要因（例えば，同じ顧客を獲得するために敵対する競合組織や社会的な要因など）を考慮する必要があります。これら多様な要因が複雑に関係する市場（マーケット）において，スポーツマーケターは，スポーツ組織全体のミッション，もしくは個々の事業のミッションを達成するために，(1)STP[1]（segmentation, targeting, positioning の略）という戦略と，(2)マーケティングミックス[2]という戦術をそれぞれ計画し，実行し，評価します。つまり，その一連の活動の意思決定を行うために必要なのが市場に関する情報です。

マーケティングとは意思決定の連続です。効率よく，効果のある意思決定を行うためにも情報が欠かせません。そこで必要なのがマーケットリサーチ[3]です。マーケットリサーチとはスポーツ組織が直面する特定のマーケティング状況に関するデータを，体系的に設計，収集，分析，報告すること[4]です。スポーツ組織が効率的かつ効果的に意思決定を行うために実施されるものであり，図1のようなプロセスで計画されます。本項では，2次データを用いたリサーチデザインまでを解説します。[5]

2　マーケットリサーチの計画プロセス

1番目のプロセスである「問題の特定」は，マーケットリサーチにおいて最も重要なプロセスです。どのような目的で，だれが，いつまでに，どのような情報を必要としているのかを特定します。マーケターは具体的に問題を特定できている程度に応じて，リサーチの目的を変化させます。リサーチの目的によ

り「探索型」「記述型（観察型）」「因果型」のリサーチに大別することができます。マーケターが戦略・戦術に見当がついていない場合には，まずスポーツ消費者やスポーツ組織のファンなどの組織を取り巻く環境を調べ（探索型），その中から注目すべき情報や指標を取り上げ（記述型），自分たちがとりうるべき戦略や戦術についての仮説を立て，それが効果的であるかどうかを確かめます（因果型）。このようにマーケターが置かれた状況によって，リサーチで明らかにすべき問題は異なります。

　この「問題の特定」のプロセスを考えながら，「価値とコスト」についても考えなければなりません。これからマーケットリサーチを通じて得ようとしている情報の価値が，リサーチに必要なコストに見合うかどうかを評価します。意思決定に役立てる完全な情報を入手しようとすればするほど時間と費用は高くなります。マーケターは，得られる情報にそれ相応の時間と費用をかける価値があるかどうかを見極めなければなりません。

　次の「リサーチデザイン」の検討段階では，まず2次データを用いるか，1次データを用いるかを決定します。組織の内外にある2次データは1次データを用いるリサーチよりも比較的安価かつ即座に用いることができますので，まずは有用な2次データを探すべきです。しかし，2次データは他の誰かが，異なる目的で，過去に行ったリサーチである可能性が高いので，マーケターが必要としている情報を欠いている場合があります。さらに，現在の意思決定に役立てられない古い情報になっている場合もあります。有用な2次データがない場合には，1次データの収集が必要となり，そのためのデザインを検討することになります。

3 手段としてのマーケットリサーチ

　市場を分析することで明らかとなる情報は，あくまでもマーケティングにおける意思決定を行うために用いるものです。つまり，マーケットリサーチは手段であり，真の目的は効率的で効果的な意思決定を行うことであることを忘れてはいけません。マーケットリサーチには多大な手間と労力が必要となるため，ともするとマーケットリサーチを行うことが目的にすりかわってしまいがちです。また，リサーチをすればマーケティングにおける答えがすぐに出てくるものではありません。マーケターには，リサーチにより得られた結果を深く洞察し，それをもとにマーケティングにおける戦略や戦術を考案していく柔軟で創造的な発想力が求められます。

（大西孝之）

▶3　「マーケティングリサーチ」「市場調査」などとも表現される。

▶4　コトラー，P.・アームストロング，G.・恩藏直人（2014）『コトラー，アームストロング，恩藏のマーケティング原理』丸善出版。

▶5　1次データを用いたリサーチデザイン，またそれ以降のプロセスである「データ収集と分析」「報告と意思決定」については2項以降を参照。

▶6　スポーツ組織の問題を明確にしたり，代替的行動を模索するための予備的な情報を集めたりする調査のこと。

▶7　スポーツ組織を取り巻く環境やスポーツ組織の現在のマーケティング活動の反応などを把握するための調査。

▶8　原因と結果についての仮説を検証する調査。

▶9　他の目的ですでに収集されたデータのことで，過去に組織が収集したデータである内部データと，専門家の書いた本や論文，大学や研究所の発表，官公庁の資料，信頼できる企業・法人の開示資料などの外部データがある。

▶10　特定の目的で新たに収集されるデータのこと。

おすすめ文献

†松岡宏高（2008）「スポーツマーケティング・リサーチ」原田宗彦編著『スポーツマーケティング』大修館書店，217-240頁。
†恩藏直人・冨田健司編著（2011）『1からのマーケティング分析』中央経済社。
†植田拓治（2010）『マーケティングリサーチの論理と技法（第4版）』日本評論社。

14　スポーツマーケティングとマーケットリサーチ

2 量的調査研究のデザイン

1 数値で市場を把握する

　2015年にイングランドで開催されたラグビーワールドカップで日本代表は世界に大きなインパクトを与えました。その活躍を語るうえで、エディー・ジョーンズ日本代表ヘッドコーチ（HC）の果たした役割は無視できません。ジョーンズ HC はコーチングにおいて数字を使いこなすことの重要性を述べています[1]。実際、ジョーンズ HC は試合内容を数字で分析した結果に基づきチームとしての戦略や戦術を考え、練習でも選手に GPS を取り付けたりして、練習中の選手の動きを把握し、データに基づき判断し、必要なトレーニングを組み立てました。

　マーケティングにおける戦略や戦術を考える際にも、市場を数字でよく分析します。ものごとを数字で表すことで、明快でわかりやすく、他の事柄と客観的に比較できるようになります。マーケティングにおける意思決定を円滑に行うためには、スポーツ組織自身に加え、スポーツ組織を取り巻く環境を量的に把握することが必要となります。このような目的で実施されるリサーチが量的調査であり、ものごとを比率や平均値などを統計的に表すリサーチのことを指します。量的調査の収集計画は図1の通りとなります。

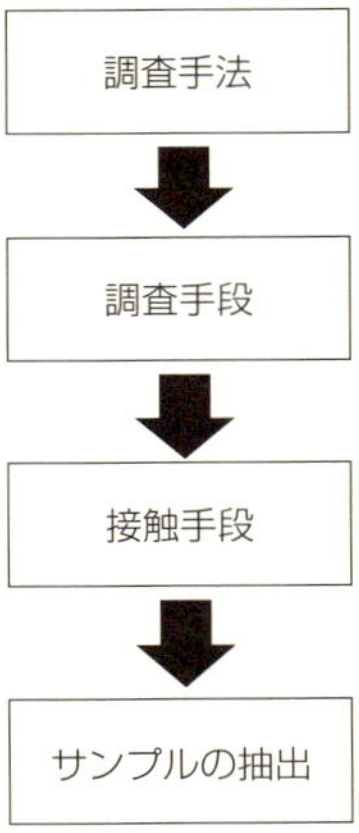

2 量的調査の収集計画

　量的調査の第一歩は、「調査手法」の検討からはじまります。量的調査における調査手法には、主に(1)観察調査、(2)アンケート調査、(3)行動データ調査、(4)実験調査があります。観察調査はスポーツ消費者やその行動、状況を観察して記録する手法です。次のアンケート調査は量的調査の中でも最も代表的な手法であり、調査票（アンケート）を用いて回答者に関する情報を得る手法です。行動データ調査は、IC カードを用いたスタジアムの来場者記録やオンライン上でのファンのグッズの購買記録など顧客が残すデータを収集するものです。そして、実験調査は、検証したい事柄についての仮説を検証するために、諸条件を統制したうえで1つもしくは複数の変数の影響を調べる手法です。

　調査手法が決定したら、次は「調査手段」と「接触手段」を選択することになります。量的調査における調査手段では、主に調査票や ICT 技術を用いた機械装置を用いることができます。また、調査協力者との代表的な接触手段に

▷1　生島淳（2015）『ラグビー日本代表ヘッドコーチ　エディー・ジョーンズとの対話』文藝春秋。

調査手法

↓

調査手段

↓

接触手段

↓

サンプルの抽出

図1　量的調査の収集計画のプロセス

出所：筆者作成。

▷2　本文中の例では、スポーツ組織のすべてのファンが母集団であり、実際の調査で対象となったファンがサンプル（標本）である。
▷3　対象を分けることを目的とした尺度のこと。数

は，郵送，電話，面接，オンラインがあります。

最後に「サンプルの抽出」について検討する必要があります。例えばスポーツ組織のファンを対象としたリサーチを行う場合，すべてのファンからの回答を得る全数調査（悉皆調査）によって得られたデータが真の情報ですが，時間やコストの制約から全数調査を行うことは不可能なことがほとんどです。そこで，すべてのファンを代表するような調査対象者から回答を得ることで，その結果をすべてのファンへ一般化させます。調べたい対象と考える集団全体を「母集団」，そこから抽出された実際の調査対象者を「サンプル（標本）」と言います。データ収集では，母集団を代表させるために誰を調査対象者とすべきか，何人の調査対象者に回答を得なければならないのか，どのように回答者を抽出するのかを検討しなければなりません。サンプルの抽出法には，大きく区分すると確率による抽出法と確率によらない抽出法があります。

③ 尺度の妥当性と信頼性

量的調査においては，消費者の心理や行動などを何らかの尺度を用いて数値で測定することになります。尺度には「名義尺度」「順序尺度」「間隔尺度」そして「比例尺度」の４つがありますが，いずれの尺度においても妥当性と信頼性が確保されていることが不可欠です。妥当性とは測定したいと考えている事柄について，その質問項目できちんと測定できているかどうかであり，信頼性とは測定された結果が安定しているかどうかということです。当然のことながら，妥当性と信頼性を欠いている尺度で測定されたデータは，マーケティングにおける意思決定の役には立ちませんので，質問項目を設定する際には十分な注意が必要です。

④ 量的調査のデータ分析

量的調査で得られた数値データはさまざまな統計学的な手法を用いて分析することになります。その手法には平均値や中央値，標準偏差といった記述統計を用いるシンプルな手法から，検定やモデリングを行う高度な手法まで千差万別です。マーケターには，自分が明らかにしたい情報を得るのに最適な手法がどういったものなのかを理解しておく必要があります。加えて，ジョーンズHCが「数学はサイエンスであり，あくまでもコーチングというアートをバックアップするものだということです。だから私は数字に支配されないように気をつけています」と語るように，マーケターには数字に振り回されることなく，深い洞察力をもって数字で得られた結果を解釈し，それをもとに問題に対応していく力が求められます。

（大西孝之）

値に意味はないので平均値は意味をもたず，度数や比率を用いて解釈する。例えばスポーツ組織のファンクラブ会員を「1」とし，非会員を「2」とするような場合である。

▷4　名義尺度に順序の情報を付加した尺度のこと。数値間の差の大きさを問題としていないために名義尺度と同じく度数や比率を用いて解釈する。例えばファンのスタジアムへの来場頻度について「1」を高頻度，「2」を中頻度，「3」を低頻度とすることなどが該当する。

▷5　順序尺度に数値間の隔間の意味が等しいという仮定が加わった尺度のこと。数値の差に意味は存在するが，原点が存在しないため数値間の比に意味はない。例えばスポーツサービスの満足度を5段階で尋ねるような場合である。

▷6　間隔尺度に原点が加わった尺度のこと。例えばスポーツ組織のファンの年齢やスタジアムにおける観戦回数などが該当する。

▷7　前掲▷1。

（おすすめ文献）

✝ダブニー，A.・クライン，G.／山形浩生訳（2014）『この世で一番おもしろい統計学——誰も「データ」でダマされなくなるかもしれない16講＋α』ダイヤモンド社。

✝グロービス・マネジメント・インスティテュート／嶋田毅監修（2003）『MBA定量分析と意思決定』ダイヤモンド社。

✝谷岡一郎『「社会調査」のウソ——リサーチ・リテラシーのすすめ』文春新書。

14　スポーツマーケティングとマーケットリサーチ

 質的調査研究のデザイン

1 質的調査研究の目的と特徴

　質的調査研究は，既存理論から導いた仮説を限定的に検証するよりも現象の存在や対象，過程など，物事がどのように生じたのかを探究することに焦点が当てられます。質的調査の目的は，人々がいかに自分の生活を意味づけているのかを理解し，結果よりも意味づけの過程を描き，人々が自分の経験をいかに解釈しているのかを記述することです。質的調査の特徴は，(1)人間がデータ収集と分析の主たる道具となり，現象の特定部分よりも全体的な文脈を考慮し，状況に適した技法を用いることができる，(2)現場に出向き，人々の自然な状態を観察する，(3)問題への知識がない領域に適した方策であり，類型，概念，作業仮説，理論を創り上げる帰納的な方策といえます。[1]

2 多様なデータ収集と分析の手法

　質的調査研究で用いる資料は多種多様ですが，[2]数値で表現されないため，質的データまたは定性データと呼ばれます。表 1 は，質的調査研究を対象者個人の主観的見方で捉えようとするミクロ的アプローチと，日常的，制度的，社会的環境を描写するマクロ的アプローチの 2 つに分け，主なデータ収集の方法と解釈や分析手法を示したものです。[3]中でも「半構造化インタビュー」は，最も広く用いられます。面接法には，事前に設定した質問項目の順番と内容に沿って進める構造化面接法と，質問項目を事前に決めずに被面接者の反応や会話の内容に応じて多面的にデータを得る非構造化面接法があります。半構造化面接

表 1　質的調査研究における主なデータ収集・データ分析の手法

	ミクロ的アプローチ	マクロ的アプローチ
データ収集の方法	□半構造化インタビュー □ライフヒストリー（ナラティブ・インタビュー） □エピソード記述	□エスノグラフィー □参与観察 □フォーカス・グループ・インタビュー □相互行為の記録 □ドキュメントの収集
解釈や分析手法	□KJ 法 □グラウンテッド・セオリー・アプローチ □内容分析 □発話の切り取り □ナラティブ分析	□エスノメソドロジー □会話分析（言説分析） □ドキュメント分析 　（内容分析・コーホート分析）

出所：佐藤（2015）を基に筆者作成。

▷1　メリアム，S. B.・シンプソン，E. L.／堀薫夫監訳（2010）『調査研究法ガイドブック——教育における調査のデザインと実施・報告』ミネルヴァ書房，110-112頁。

▷2　佐藤郁哉（2008）『質的データ分析法——原理・方法・実践』新曜社，17-18頁。質的調査研究で用いる資料には，日記や日誌，当事者の語りの録音記録，録音記録を文字にした資料，新聞や雑誌の記事・伝記など，刊行済みの二次的資料，調査者が現場に身を置いて見聞きや肌で感じた体験に基づく記録（フィールドノーツ）や観察記録，ビデオ映像や楽曲など，多種多様なものが含まれる。

▷3　佐藤善信監修／高橋広行・徳山美津恵・吉田満梨著（2015）『ケースで学ぶケーススタディ』同文舘出版，50-69頁。

▷4　フリック，U.／小田博志監訳／山本則子・春日常・宮地尚子訳（2011）『新版質的研究入門——〈人間の科学〉のための方法論』春秋社，176-184頁。

▷5　佐藤郁哉（2002）『組織と経営について知るための実践フィールドワーク入門』有斐閣，132-140

法は両者の特徴を活かし，被面接者の自由な語りに沿って調査を進めることができます。

調査対象となるフィールドでの生活や活動に関わりながら，観察や相互行為を通じて，そこで共有されている視点や意味の構造を内在的に捉えようとするのが，「参与観察法」です。この方法は，人類学者が構築した「エスノグラフィー」でもよく用いられます。両者は厳密には区別されますが，フィールドに一定期間入り込み，調査対象となる個人やグループとラポール（相互の信頼関係）を形成・構築し，生活そのものや現場で生じる行為や言動の意味を洞察しながら，対象者を熟知することが共通点です。大切なのは，生活や活動の場に入り込む参与者である一方で，データ収集の際には，客観的に現象や事実を捉える観察者であることを認識することです。

集団による相互作用を利用し，1対1よりも多くの情報を対象者から引き出そうとするのが集団面接法です。製品やサービスのコンセプトや内容，広告やパッケージなどの特定のテーマに焦点を当て，集団に実施するインタビューを，「フォーカス・グループ・インタビュー」と呼びます。調査対象者の発言機会が得られやすく，かつ発言が絶えず迫られるような負担感がない6-8名程度の集団で，調査者が司会を務め，インタビューを進めます。司会者は，特定の個人に発言が偏らないように，また控えめなメンバーが自分の見解を述べられるように発言を促しながら，場の舵取りをしなければなりません。

質的調査研究では，会話や語りを逐語的に書き起こしたり，現場で生じる現象を観察記録や日記などに書き記したりし，文字化したものを分析します。データを収集する際には，音声や映像などに記録しますが，記録する場合，調査対象者の同意が必要となります。またレコーダーやビデオカメラの設置が対象者に影響を与えることを理解し，記録の利用や結果の開示手続きを含めて，記録が何のために必要であるのか，主旨を十分に理解してもらう必要があります。

③　質の高い研究成果を上げるために

質的調査研究には，誤解や問題点も指摘されています。そのうえで，質の高い研究を進めるには，「トライアンギュレーション」が重要です。これは，対象となる現象を複数の研究技法，理論的立場，情報源，研究者などを組み合わせて捉えることによって，多面的かつ妥当性の高い知見を得ようとする考え方です。現在では，質的・量的なアプローチをつなぐ相補的な研究デザインとして，「混合研究法（ミックス法）」が用いられるようになり，人間の行動やそれに関わる現象をより精緻に捉える工夫が進んでいます。　　　　　（長積　仁）

頁。しばしば論争として取り上げられてきた「定性的調査（質的調査）対定量的調査（量的調査）」に対する記述や両アプローチの共通点，またその併用などについて論じられている。
▶6　佐藤郁哉（2008）『質的データ分析法──原理・方法・実践』新曜社，5-11頁。収集したデータの量や質それ自体に問題があるものとして，「読書感想文型」「ご都合主義的引用型」「キーワード偏重型」「要因関連図型」があり，まとめ方やデータの提示の仕方，あるいは文体に問題があるものとして，「ディテール偏重型」「引用過多型」「自己主張型」がある。
▶7　フリック，U.／小田博志監訳／山本則子・春日常・宮地尚子訳（2011）『新版 質的研究入門──〈人間の科学〉のための方法論』春秋社，271-294頁。
▶8　クレスウェル，J. W.・プラノクラーク，V. L.／大谷順子訳（2010）『人間科学のための混合研究法──質的・量的アプローチをつなぐ研究デザイン』北大路書房。

┌─────────┐
│ おすすめ文献 │
└─────────┘
†佐藤郁哉（2002）『フィールドワークの技法──問いを育てる，仮説を鍛える』新曜社。
†ペイン，G.・ペイン，J.／訳者代表髙坂健次（2008）『キーコンセプト ソーシャルリサーチ』新曜社。
†リチャーズ，L.／大谷順子・大杉卓三訳（2009）『質的データの取り扱い』北大路書房。

14　スポーツマーケティングとマーケットリサーチ

④ 調査の実施，分析，報告

① マーケティング調査の種類

マーケティング調査とは，組織がマーケティングにおいて直面する諸問題に関する情報を収集，分析，報告することです[1]。この場合の情報には，(1)面接法[2]によって消費者の意見や感想を記述する質的データと，(2)調査票などで予め用意された質問に対して点数や数字をあてはめてもらうことで記録する量的データがあります。量的データは対象者の自己回答によるアンケート調査（郵送調査，訪問留置調査[3]，ウェブ調査，集合調査）と会員プログラムなどで管理された顧客の行動を一定期間追跡するパネル調査に分かれます。面接調査やアンケート調査はスポーツ組織が抱える課題に関して一次データを収集できますが，回答が対象者の主観に寄るため，購買頻度や購買額などの行動的ロイヤルティの測定結果が実際の行動と完全に一致しないという問題があります。一方，パネル調査は顧客の購買履歴を客観的に記録，追跡できますが，何故特定の製品を購入するのかという心理的側面を検証できません。さらにパネル調査の場合，対象者はデータベースに登録された既存顧客に限定されます。調査ではマーケティングに関する諸問題を解決するため，種類の異なる情報をつなぎ合わせて分析することが重要です。そのためには表1に示す調査方法を駆使し，多面的な視点から最適な解を導き出す必要があります。

▷1　Kotler, P. and Armstrong, G. (2001), *Principles of Marketing* (9th ed.), Prentice-Hall, Inc.: Upper Saddle River, NJ, USA.

▷2　調査員が対象者を直接訪問し，口頭でインタビューすることで意見，感想，考えなどの質的データを収集する方法のこと。

▷3　調査員が対象者を訪問して調査票への記入を依頼し，後日再び訪問して回答用紙を回収する調査方法のこと。

▷4　一定期間に渡って特定の人たちに継続調査を依頼する方法であり，マーケティング領域では特に購買履歴などの行動的変数を縦断的に記録・追跡することをいう。

▷5　コトラー，P.・ヘイズ，T.・ブルーム，P.／白井義男監修・平林祥訳 (2002)『コトラーのプロフェッショナル・サービス・マーケティング』ピアソン・エデュケーション。

▷6　調査員にとって標本抽出がしやすい対象者を選んで抽出すること。

表1　マーケティング調査の種類（白色の部分は方法上の長所を示している）

比較項目	面接調査	郵送調査	訪問留置調査	ウェブ調査	集合調査	パネル調査
主なデータの種類	質的	量的（一部質的）	量的（一部質的）	量的（一部質的）	量的（一部質的）	量的
直接的な質問	可能	可能	可能	可能	可能	不可能
調査時の追加の質問	可能	不可能	不可能	不可能	不可能	—
質問数（データ量）	多い	並	多い	並	多い	—
回答時間	長い	短い	短い	短い	短い	—
回答率	高い	低い	並	低い	高い	—
標本数	少ない	並	並	多い	多い	多い
回答時のバイアス	大きい	小さい	小さい	小さい	小さい	小さい
匿名性	低い	低い	低い	高い	高い	低い
金銭的コスト	高い	高い	高い	高い	低い	高い
入力・処理時間	長い	並	並	短い	並	短い
追跡調査	可能	可能	可能	可能	困難	可能
行動的変数の妥当性	中程度	中程度	中程度	中程度	中程度	高い

出所：筆者作成。

❷ データ分析と報告書の作成

スポーツ組織がマーケティング調査を調査会社や大学などに委託し，報告書を納品してもらったとしても，これは単に事実をまとめた作業に過ぎません。重要なのは，経営陣の意思決定に役立つ情報が選び出され，マーケティング戦略を適切な方向へと導く実践的提案にまで調査結果をつなげることです。そのためには，表2に示す手順を踏んで結論と実践的提案を導き出さなければなりません[5]。最初の段階は「1．調査の目的」です。何らかの特性や傾向を明らかにするだけでなく，「結果を基に何を決定するのか」「意思決定者は誰か」などの点に注意して目的を設定すると，報告書をまとめた時，データをより有益な情報へと変換することができます。「2．質問項目」は，目的を具体的な変数へと落とし込んだものです。経営の意思決定者は「質的な情報と量的な情報のどちらを求めているのか」「どの標的市場に興味があるのか」「人口動態的特性，心理的特性，行動的特性のうち，どの情報に関心を示しているのか」「心理的変数の中でもニーズ，期待，重要度，満足度のどれを知ろうとしているのか」などの点を考慮しながら，調査票を作成します。次に，「3．調査方法」では，目的達成に必要なデータの収集に最も適したマーケティング調査を選択し，実際に母集団から標本を抽出します。調査は表1に示す種類の中のどれか一つに限定されるわけではなく，目的によっては複数の調査を実施することになります。サンプリング方法にも便宜的抽出[6]，合目的抽出[7]，等間隔抽出[8]，層化抽出[9]，クラスタ抽出[10]などがあり，それぞれの調査（表1）に適した方法を選ばなければなりません。

データが揃ったら次は分析に移ります。まず「4．標本の特徴」については，「母集団は誰なのか」「回収率，有効回答率，標本数はいくつなのか」「性別，年齢，居住地などの基本属性はどうなっているのか」などの点に注意して集計します。この時，依頼者が興味を示している標的市場（例えば女性）とそれ以外のグループ（例えば男性）に分けると，分析の焦点がより定まります。続いて「5．調査結果」では，依頼者がどれくらい専門的な分析を求めているかを確認したうえで，平均値，度数分布，クロス集計などの記述統計を実施し，要望に応じて相関分析や重回帰分析の結果を加えます。毎年，同じ項目で測定する変数があるのであれば，経年的変化を示すことも重要です。質的データの場合は，インタビュー結果の要約に加え，記録内容の中から特定の意味をもつ単語を抽出し，類似したもの同士を類型化することでキーワードを整理します。これらの結果を基に，「6．結論」では調査結果が経営陣によって活用されるように，目的との対応の中で「何がどこまで明らかになったか」を，要点を絞って明確に述べます。最後の「7．実践的提案」では調査結果から推論を展開し，改善目標に向けた行動計画の基となる提言を行います。　　（吉田政幸）

表2　報告書の主な内容
項目
1．調査の目的
2．質問項目
3．調査方法
4．標本の特徴
5．調査結果
6．結論
7．実践的提案

出所：筆者作成。

▶7　調査目的にふさわしい対象者から回答を得るため，サンプリングの基準を設定し，それに基づいて標本を抽出すること。

▶8　母集団から等間隔で標本を抽出すること。間隔は母集団を標本数で除することで算出できる。

▶9　母集団を一定の基準（年齢や性別）に従って分類し，分けられた層ごとに標本となる対象者を無作為に抽出すること。この時，母集団と標本の間で基準となった特性の比率は等しくならなければならない。

▶10　母集団（例えばスタジアムの来場者）をクラスタと呼ばれるいくつかのグループ（例えば座席のカテゴリー）に分類し，クラスタを無作為に抽出すること。クラスタに所属する人は全員が選ばれなければならない。

おすすめ文献

† Johnson, B. and Christensen, L. (2013), *Educational Research : Quantitative, Qualitative, and Mixed Approaches* (5th ed.), Pearson Education Inc : Boston, MA, USA.
† 南風原朝和・市川伸一・下山晴彦編（2008）『心理学研究法入門——調査・実験から実践まで（11版）』東京大学出版会。

第 V 部　スポーツマーケティングの展開

15　スポーツ・スポンサーシップ

スポーツ・スポンサーシップの
これまで

① スポーツ・スポンサーシップとは

　プロスポーツチームの試合をスタジアムで観戦すると多く企業の広告看板を目にすると思います。これらの企業をスポンサーと呼び，多くのスポーツチームにとっては欠かすことのできない存在となっています。スポーツ・スポンサーシップとは，企業がスポーツに特定の見返りを期待して金銭・製品・サービスを提供することです。

　現在では多くの企業がお金を出し，見返りを期待しながらスポーツチームを支援しています。IEG社（2016）の調べによると，2015年の1年間で全世界の企業はおよそ575億米ドル（120円換算で約6.9兆円，以下同レートで換算）をもスポンサーシップに投資したといいます（スポーツ以外を含む）[1][2]。

　地域ごとにみると，北米のスポンサーシップ投資額は他に比べ突出しています（214億米ドル：約2.6兆円）。その中でもスポーツはその金額の約70％を占め，1年間に145億米ドル（約1.7兆円）にのぼります。米国で最もお金をスポンサーシップに費やしている企業はペプシコーラなどの商品を扱うペプシコ社です。その他多くの大企業がランキングの上位に名を連ねています。

② スポーツ・スポンサーシップの歴史

　スポーツ・スポンサーシップの歴史を紐解くと，古代ギリシャ・古代ローマまで遡ります[3]。古代ギリシャでは市民グループや地元企業が戦車競技の選手に社会的地位向上を目的として支援していました。古代ローマでも政治的な目的（人気や社会的地位向上）でグラディエーター（剣闘士）のサポートをしています。これ以降，中世でも名声，楽しみ，敬神といった理由で演劇，絵画や音楽などを支援するようになります。19世紀に入ると商業的な見返りのためにスポーツにスポンサーがつくようになりました。そして20世紀になるとテレビの登場でスポーツ選手を広告塔として使う企業が増え，また，スポーツイベントへのスポンサーシップが加速していきます。

③ スポーツ・スポンサーシップの変遷

　スポーツ・スポンサーシップが大きく成長した一因としてタバコ会社の存在があげられます。アメリカでは1971年にタバコのコマーシャルがテレビでの放

▷1　スポンサーシップの投資先は必ずしもスポーツだけではなく，企業は美術館，ミュージックフェスティバル，テーマパークなどにも投資することがあり，IEG社の発表はこれらを含んでいる。

▷2　IEG (2016), What sponsors want and where dollars will go in 2016. Retrieved from Sponsorship.com. http://www.sponsorship.com/IEG/files/71/711f2f01-b6fa-46d3-9692-0cc1d563d9b7.pdf

▷3　Masterman, G. (2007), *Sponsorship: For a return on investment*, Oxford, UK: Butterworth-Heinemann.

▷4　Crompton, J. L. (1995), "Factors that have stimulated the growth of sponsorship of major events," *Festival management & event tourism*, 3, pp. 97-101.

▷5　McKelvey, S. (2015),

送，紙面での宣伝ができなくなる法律が施行されました。したがって，多くのタバコ会社は他の宣伝方法を考えます。そこで注目したのがスポーツ・スポンサーシップです。タバコ会社にとってスポーツイベントは，多くの人が注目し，かつ，テレビで放送される魅力的なイベントで，消費者に効率的に宣伝することができるものでした。それらに加えスポーツイベントをスポンサーすることによりタバコ会社のイメージが向上する目的もありました[14]。1990年代初頭にはモータースポーツ業界だけでタバコ会社は３億米ドル（当時434億円）ものスポンサーシップ費を投入していました（タバコ会社の総スポンサーシップ費の90％）。タバコ会社は自動車会社，アルコール会社についで３番目に多くの金額をスポーツ・スポンサーシップに費やしていました。現在では世界中でタバコ広告やスポンサーシップの規制があり，みかけなくなりましたが，スポンサーシップが成長した一助となっていました。

　また，スポーツ・スポンサーシップの大きな転換期としていわれているのが1984年のオリンピック・ロサンゼルス大会です。大会組織委員長のピーター・ユベロスは今まで赤字続きの夏季オリンピックを，利益を生み出す魅力的なイベントに変えました。彼の戦略はスポンサーを一業種一社に絞り，一社あたり400万ドルから1500万ドルを徴収することでした[15]。この戦略でイベントの価値を飛躍的に高めることに成功し，それと同時にスポンサーに他のライバル企業にはない戦略的優位性を提供しました[16]。

❹　費用対効果 (Return on Investment)

　企業はさまざまな理由でスポーツに多額の投資をしてきました。以前は社長がスポーツチームのファンだからという理由でスポーツチームのスポンサーになってきた経緯がありましたが，最近ではスポンサーシップをビジネスツールとして捉え，費用に対する効果を考えて投資するようになってきました。昨今の企業がスポンサーシップ投資する理由として，ブランディング[17]，社会貢献[18]，ホスピタリティ機会の獲得[19]，売上増加[10]，従業員の啓発[11]という大きく分けると５つがあげられます。

　企業によってスポンサーシップ契約をする理由は異なりますが，重要なことはその費用対効果を求めることです。ブランド認知が目的であれば，広告看板がテレビ放送において露出された時間をテレビ広告費に換算することや視聴者の認知度を調査する必要があります。昨今ではソーシャルメディアの台頭もあり，スポンサーシップの形態も大きく変わってきています。今後もスポーツに対するファンの情熱が続く限り，スポーツ界にとってスポンサーシップは重要な役割を担い続けていくでしょう。

（辻　洋右）

V-15

Sport sponsorship. In L. P. Masteralexis, C. A. Barr and M. A. Hums (Eds.), *Principles and practice of sport management* (5th ed.), Burlington, MA: Jones and Bartlett Learning, pp. 381-408.

▷6　例えば，富士フィルム社は900万ドルを出してライバル企業であるコダック社に競り勝ち，アメリカでの製品販売拡大に成功した。

▷7　ブランディングとは，スポンサーがブランド認知度やイメージ向上の獲得を期待するもの。

▷8　社会貢献はスポンサーが社会の一員として社会にとって価値あるものへ貢献をする活動。

▷9　ホスピタリティ機会とは，スポンサーの顧客をスポーツイベントにおいて接待をする場を提供すること。

▷10　売上増加とはスポンサー製品の売上を期待すること。

▷11　従業員の啓発とは，従業員のやる気や会社への忠誠心向上をねらうもの。

おすすめ文献

†石井和裕（2015）「サポーター席からスポンサー席から──女子サッカー　僕の反省と情熱」+ KeL サポーター研究所。

†辻洋右（2011）「スポーツスポンサーシップ研究概説」『日本スポーツマネジメント研究』3(1)，23-34頁。

†曽根智史・藤崎清道（1998）「テレビのたばこ広告中止の予想される影響」『厚生の指標』45(4)，3-8頁。

15　スポーツ・スポンサーシップ

 ## スポンサー企業の視点

1　スポンサー企業とスポーツ組織の望ましい関係

　前節では，スポーツの支援意図はブランディング，社会貢献，ホスピタリティ機会の獲得，売上増加，従業員の啓発に大別されましたが，本項では，支援意図を「私益と公益」という視点から整理し，さらにスポンサー企業の視点から，支援対象の検討方法について考えてみます。

　スポンサー企業はどのような支援意図をもっているのでしょうか。スポーツ組織は，その意図に対して何を提供できるのでしょうか。双方の最適な関係化を図り，双方に満足な状態（ウィン・ウィン・リレーションシップ）を維持していくことがスポーツ・スポンサーシップには重要です（図1）。

2　スポンサー企業の視点

　ここでは，スポンサー企業の視点から，スポーツ支援の意思決定に関わる要因を説明します。支援の背景や支援の決定要因をスポーツ組織が十分に理解しておくことが，スポンサーとスポーツ組織の良好な関係づくりの基礎になります（図2）。

　(1)　支援の意図：スポーツ支援の意図は，販売促進（製品・サービスの告知，販売促進，企業名やブランド名の告知およびイメージ形成など），CI（コーポレート・アイデンティティ）形成などの企業文化の確立，企業市民としての文化支援や社会貢献など多数にわたっています。概して，単一ではなく多様な意図を背景に支援することが多くなります。その意図は，私益と公益の連続線上に位置します（図3）。短期的な見返りを求める企業にとっての「私益」から，中長期的には企業ブランディングや企業文化の形成に，そして文化支援や社会貢献といった「公益」的なものまで多様な意図があります。

　スポーツ組織としては，スポンサーの支援意図を理解し，組織や事業の目的との整合性の観点から，パートナーシップの対象となりうるかについて検討することが大切です。

　(2)　支援の内容・方法：支援の内容は，金銭的および物的資源（現物支給など），人的資源（スタッフ提供など），文化的資源（ノウハウや情報など）等に分類されます。金銭的支援が支援企業の業種を問うことがなく，もっとも一般的な支援の

企業の協賛	最適な関係化	スポーツ組織
企業の特性 支援の意図 支援の内容	◁ ▷	組織の特性 事業の目的 事業の特性

図1　スポンサー企業とスポーツ組織の望ましい関係（win-win relationship）

出所：仲澤（2002）。

形となっています。組織委員会などの主催者組織へ人材を提供し，運営へ直接参画する場合や，金銭や物財のみを提供し運営に直接に関わらない場合もあります。

（3）支援の対象：スポンサーにとって支援対象の選択は，支援意図の具体化に重要な検討課題になります。支援するイベントの特性を，それがスポーツ界や一般社

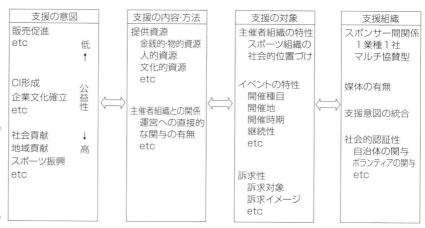

図2　スポンサー企業のスポーツ支援の意思決定に関わる要因

出所：仲澤（2002）。

会および地域社会に対してもつ意味，社会的な役割と期待，種目の特性，開催地，開催時期，開催の継続性などの視点から検討し，支援意図との最適な関係化を図ります。そのイベントで訴求できる対象はどのような特性をもち，どのくらいの規模をもつものなのか，また，訴求イメージは競技力，健康，郷土，友愛，福祉，環境保護，女性支援，その他どのようなものなのかといった点で，支援意図との整合性を最大限確保できるものを選定します。

（4）支援組織：どのような支援企業の組織で大会を支援するのかという点も，支援活動を特徴づけるものとなります。マーケティングを目的とした場合には，そのマーケティング機会を最大限確保し活用するために，他の支援企業との関係を考慮する必要があります。1業種1社の原則は，こうした背景から生まれたものですが，業種を異にした企業でも企業イメージや製品イメージの不整合を極力，避ける必要があります。一方，公益性や地域性の高いイベントでは（「1業種1社の原則」ではなく）競合企業とともに支援する形式の展開を視野に入れる必要があります。

媒体社による露出効果を期待している企業には，媒体社が支援組織に含まれていることが重要な要素となります。

複数の企業から支援を受ける場合には，支援意図の統合を図ることがそのイベントの価値をさらに高めることになります。一方，支援意図の違いがスポンサー企業の間でトラブルを生むこともあります。

自治体が関与し支援すること，あるいはボランティアが参加し支援することが多いイベントは，社会的な承認を得たイベントとしての性格を強くします。こうした支援組織は，短期的な利益を求める支援企業では不向きな場合もありますが，社会貢献を視野に入れた支援を意図する企業にとっては，適合度の高い支援組織となります。

（仲澤　眞）

図3　支援の意図（私益～公益）

出所：仲澤（2002）。

ントは商業的な色彩が濃くなってしまうために，社会貢献や文化支援の意図（A社の意図）が理解されにくくなる場合がある。

おすすめ文献

†企業メセナ協議会編『メセナマネジメント』ダイヤモンド社。
†（公財）大崎企業スポーツ事業研究助成財団（1997）『企業経営とスポーツイベントに関わる調査研究』。
†仲澤眞（2002）「もらうから集めるへ」『Change！みんなのスポーツ』不昧堂出版，62-66頁。

15　スポーツ・スポンサーシップ

スポンサーシップの効果

1　認知度の向上

　スポーツ組織に投資する企業は，スポンサーとなることによって多くの効果を期待しています。こうしたスポンサーを獲得しようとするスポーツ組織は企業が求める効果を理解することが重要です。企業が多額の資金を投資し，スポーツ組織のスポンサーとなる理由の一つに「認知度の向上」があげられます。IEGの調査によると，企業が協賛活動の効果を評価する際に最も重要視するポイントの第1位が「気づき・認知度の向上」です（図1）。これまであまりスポーツと接点のなかった企業やスポーツ消費者にあまり認知されてこなかった企業が，スポーツ組織とスポンサー契約を結ぶことによって，自社のブランドや製品の認知度を高めるねらいがあります。例えば，2015年7月から横浜ゴムはイングランドプレミアリーグのチェルシーFCと5年間のスポンサー契約を結びました。横浜ゴムは，国内有数のタイヤ・ゴムメーカーですが，国外ではまだまだ消費者に認知された企業ではありません。スポンサー投資を行い，メディア露出やプロモーション機会が増加すれば，気づき・認知度の向上につながる可能性があります。

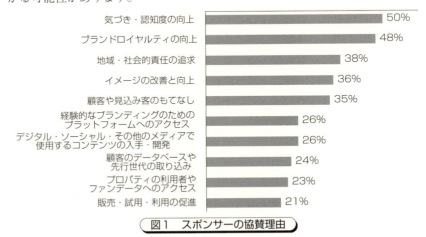

図1　スポンサーの協賛理由

出所：IEG「What Sponsors Want and Where Dollars will Go in 2017」（2017）より抜粋。

2　イメージアップ

　次に企業がスポーツ組織のスポンサーとなる理由の1つに，「イメージアップ」があげられます。イメージアップは，企業とスポーツ組織の双方にメリッ

▷1　藤本淳也（2015）「スポーツスポンサーシップ」原田宗彦編『スポーツ産業論（第6版）』杏林書院，195-209頁。
▷2　IEG（2015），What Sponsors Want and Where Dollars Will Goin 2017 IEG, Inc.

▷3　正式なスポンサー料は公表されていないが，イギリスメディア『BBC』によると，年間の契約額は4000万ポンド（約74億円）に上るといわれている。

▷4　Gwinner, K. P. (1997), "A Model of Image Creation and Image Transfer in Event Sponsorship," *International Marketing Review*, 14：pp. 145-158.
▷5　山口志郎（2015）「スポーツイベントにおけるスポンサーフィット——先行研究の検討」『スポーツマネジメント研究』7(1)，3-22頁。

トがあります。企業側の視点で考えると，スポーツのイメージが企業のイメージに転移される可能性があります。この現象は，「イメージ転移」と呼ばれています。例えば，企業が健全でさわやかなイメージがあるテニスという競技に協賛した場合，企業は自社ブランドに対しテニスの健全なイメージが転移される可能性を期待します。一方スポーツ組織の視点で考えると，あるスポーツ組織が多くの企業から協賛されている場合，スポーツ組織は地域社会から応援されている企業というイメージを消費者の中に形成することができます。こうした認識を消費者に抱いてもらう際，重要なのがスポーツ組織とスポンサー企業の間のスポンサーフィットです。スポンサーフィットとは，「記憶内の知識と予測に基づく，組織とスポンサーとの間の知覚された類似性」と定義されます。このフィットは消費者がスポーツ組織に対してもつイメージとスポンサー企業のイメージに整合性があるかどうかを示す指標で，それが高い場合，消費者はスポンサーに対して好意的なイメージを形成します。スポーツ組織はスポンサー企業との間でスポンサーフィットを生み出すことが大切です。

3 販売促進経路の拡大と直接販売

企業がスポーツ組織のスポンサーとなる理由の一つに，販売促進経路の拡大と直接販売があります。企業がスポンサーになることで，市場においてスポーツ組織関連の製品を販売することができます。また，イベントにおいて自社の製品やサンプルを展示，販売することも可能となります。例えば，2009年のワールドベースボールクラシックでは，日本が優勝を決めた週にマクドナルドが『世界をつかんだキャンペーン』を展開し，創業以来過去最高の売り上げがあったと報告されています。また，オリンピックのワールドワイドパートナーであるコカコーラは，オリンピックロゴを使用した限定パッケージ製品の販売やイベント会場内での直接販売を実施しています。こうした取り組みを通し，消費者はスポンサー企業に対して心理的には好意的なイメージや態度を形成し，さらに行動的にはスポンサー企業の製品を購入する可能性があります。

4 スポンサーシップの今後

これまでのスポンサーシップは，費用対効果といった観点が重視され，企業のマーケティング活動の一つのツールとして位置づけられてきました。しかしながら，近年は企業の社会的責任（corporate social responsibility：CSR）の重要性が指摘され，スポンサーシップを CSR 活動と位置づける動きも活発になっています。IEG の調査においても，企業が協賛活動を評価するポイントの1つに，「地域・社会的責任を示す」をあげています。企業はスポンサーシップに短期的な見返りを求めるだけでなく，CSR 活動を戦略的に展開していくようになるでしょう。

(山口志郎)

▶6 野地俊夫・齋藤れい・原田宗彦・吉倉秀和 (2014)「冠スポンサーとスポーツイベントのスポンサーフィットが及ぼす影響について──東レ・パン・パシフィック・テニスにおける事例」『スポーツ産業学研究』24(2)，155-168頁。
▶7 前掲▶2。

（おすすめ文献）
†原田宗彦編著／藤本淳也・松岡宏高 (2007)『スポーツマーケティング』大修館書店。
†辻洋右 (2011)「スポーツスポンサーシップ研究概説」『スポーツマネジメント研究』3(1)，23-34頁。
†山口志郎 (2015)「スポーツイベントにおけるスポンサーフィット──先行研究の検討」『スポーツマネジメント研究』7(1)，3-22頁。

JFA スポンサーシップの概要

1 なぜ企業は JFA スポンサーに？ JFA の協賛に求められること

　日本サッカー協会（JFA）は1921（大正10）年に創立された歴史ある競技団体です。サッカー日本代表"SAMURAI BLUE"は着実に人気を集め，国内で行われる試合のチケットの売れ行きは毎試合好調で，スタジアムは満員感の中熱気に溢れ，テレビでも安定的に高視聴率がとれる数少ないスポーツコンテンツとして注目を集めています。JFA は，日本サッカー成長の歴史とともに着実に収入を伸ばし，年間事業規模は200億円を超えました。JFA には明確な理念・ビジョン・バリューがあり，「JFA2005年宣言」で掲げた"夢"，すなわち2050年までに日本代表は FIFA ワールドカップで優勝する"夢"があります。

　JFA に協賛する企業は，JFA のもつ大義や理念，夢の大切さや，サッカーに対する価値観を共有し，文化性や公益性を企業価値の向上に活かすことが求められています。企業の利益を上げるためだけのマーケティングではなく，企業活動が社会のためにあると考えて行ういわゆる"社会志向のマーケティング"として，JFA のプロパティを活用します。無論，JFA として協賛企業に対して，露出認知度の向上や費用対効果を示さなければ，協賛企業内で筋が通らず，新規/契約継続は困難となります。

2 JFA のスポンサーシップ構造

　JFA マーケティング収入の３つの軸は，TV 放映権，ライセンシング，スポンサーシップです。2016年現在，JFA の総収入の内，約50％がマーケティング収入で，そのマーケティング収入の約70％と最も比率が大きいのがスポンサーシップ収入です。このマーケティング業務を担当している部署が JFA マーケティング部で，そのミッションは「日本サッカーの強化と普及に継続的に投資できる安定的な収益の確保を目指すこと」とされています。

　JFA スポンサーシップ構造は，日本代表チームスポンサーシップ（代表スポンサー）とそれ以外に大別されます。代表スポンサーは，オフィシャルパートナー１社・オフィシャルサプライヤー１社・サポーティングカンパニー最大10社で構成されています。現状，JFA マーケティングは，代表スポンサーからの収益が主なものですが，その未来構想においては，代表スポンサー以外をカバーする国内大会・事業関連スポンサーシップをパッケージ化し，新たに開発された「JFA Youth & Development Programme」が注目を集めています。

3 JFA Youth & Development Programme（JYD）とは

　JFA の理念・ビジョンの実現，そして，夢の達成に重要なのが，サッカーの「普及」と選手の「育成」で，その一層の強化のために，JFA の国内大会や事業の協賛の仕組みを，2016年１月から一新しました。協賛企業は，JFA の大部分の大会／事業において横断的に協働し，日本サッカー全体の「普及」と「育

成」を中長期的に支援する，いわば JFA と共に日本サッカーの基盤を創り上げていく，まったく新しいパートナーシッププログラムです。

　JYD のスポンサーシップは，JYD オフィシャルパートナー（Tier 1），JYD オフィシャルサポーター（Tier 2），オフィシャルプロバイダー（Tier 3）から構成され，対象とする大会は天皇杯・皇后杯から，男女を含む各年代のユース大会，シニア大会，そしてフットサルやビーチサッカーを含む20以上の JFA の全国大会などとなっています。また，対象事業には，すべての JFA トレセン関連事業と JFA 指導者養成事業，JFA アカデミーが含まれます。

　年間を通じ，全国各地で行われる全国大会，参加者・観戦者は老若男女問わず，幅広い人たちを網羅します。スポーツ団体を通じ，これだけの人たちへアプローチできるパートナーシッププログラムは非常に稀で，世界各国のサッカー協会でも前例がありません。協賛社として，すでに世界トップのスポーツアパレルメーカーとボールメーカー，日本を代表する飲料メーカーなど，数社が名を連ねています。JFA マーケティング部としては，近い将来，JYD が代表スポンサーと近づくほどのマーケティングプログラムに成長することに期待したい。

4　今後の JFA スポンサーシップへの期待

　2020年東京オリンピック・パラリンピック開催に向け，一般企業がスポーツ協賛に注目する中，JFA スポンサーシップについては以下のポイントへの対応が求められているものと考えられます。

　(1)　価値向上の協働——スポンサーアクティベーション：スポンサーシップに賛同し協賛金としてサポートするだけでなく，より一層協賛企業にスポンサー権利を活用できるよう，スポーツアクティベーションに着手。例えば JYD の場合，ロゴを使用した商品化や登録者60万人に直接アプローチできるダイレクト・マーケティング。協賛を決定する際，アクティベーション費用を予算化してもらい，年間を通じ，確実にお互いで価値を高めるような活動を行ってもらいます。

　(2)　支援意図の理解とその実現への協働：特に CSR 系（社会貢献型）スポンサーについては，社会的理解の促進のための協働が欠かせなくなります。例えば，CSR Perception や Sponsor Gratitude の測定などによって，CSR 系支援の効果測定など，協賛社に対しその効果を明確に示す必要があります。

　(3)　飽和状態の脱却——プロダクト・イノベーション：協賛社側から「スポーツ協賛であればどれでも一緒だろう」ではなく，差別化を図ることができるかどうか。JYD のように「日本サッカーの普及と育成を支える」等明確な目的と情緒的なストーリーをコミュニケーションし，実際に JFA 登録者60万人を超えるリアルタッチポイントを整備しそのメリットを最大化するなど，大きくパッケージ化することなど。

　(4)　グローバル市場での競争力の向上：日本の少子化と老朽化。日本経済が低迷する中，日本市場が将来有望なマーケットとして見られておらず，日本企業が，ヨーロッパのサッカークラブなどの多額のスポンサーシップを実施する中，日本スポーツがスポンサーシップ構想を再調整し，魅力的な投資先とならなければなりません。また海外企業から日本スポーツへの投資も増加させたい。　　　　　　　　　　（斎藤　聡）

▷1　「サッカーを通じて豊かなスポーツ文化を創造し，人々の心身の健全な発達と社会の発展に貢献する。」
　http://www.jfa.jp/about_jfa/ideal/（2016年 3 月21日最終アクセス）
▷2　男子 A 代表の目標。女子は2011年 FIFA 女子ワールドカップで初優勝。

16　スポーツ・ブランドのマーケティング

ブランドとブランディング

1　ブランドとは何か

　ブランドという言葉を聞くと多くの人が「ルイ・ヴィトン」や「ベンツ」などの高級品を連想するのではないでしょうか。実はこれは半分正解であり，半分間違いです。アメリカ・マーケティング協会によるとブランドとは，「自社商品を他社商品から区別するための名前，用語，デザイン，シンボル，マーク，ロゴなどの識別記号」です。これらに加え色彩（広島カープの赤ユニフォーム），短い音楽であるジングル（試合の選手入場曲），香り（スタジアムに敷き詰められている天然芝の香り）など五感に訴える要素も含まれます。すなわち，上記のブランド要素を使用し，自社製品を差別化する行為（ブランディング）で創出された製品をブランドと呼んでいます。よって，高級品以外のユニクロやマクドナルド，阪神タイガースなどもブランドであることがわかります。

2　ブランドのはじまり

　ブランドという名は牧場主が家畜の所有権を示すために「焼き印」を押す「burned」が語源とされています（所有権表示機能）。ブランドの起源としては，中世の頃に石工職人や画家などの作品にサインを入れる風習が深く関わっているとされています。18世紀頃になると，スコッチウィスキーの偽物が欧州で出回るようになります。本家製造元としては偽物と一緒にされては困りますので，ブランドマークをつけることにより消費者に出所を明示し品質を保証することができました（出所表示・品質保証機能）。さらに19世紀に入ると，欧州で商標や特許に関する法律が整備され，20世紀に突入すると，ブランドは消費者とのコミュニケーションにも使われるようになります（宣伝広告機能）。こうしてブランドは進化し続け現在の形になりました。

3　ブランド構築

　現代においてブランドは，ヒト，モノ，カネ，情報に続く経営資源として重要視されています。ブランドには，上述の宣伝広告機能の役割があり，意味ないし価値がマーケティング活動により加えられます。例えばナイキは，アディダス，アシックスなどの他社から差別化する目的で，ブランディングにより多くの意味をナイキに結びつけようとしています。それらは「勝利」や「かっこ

▷1　AMA (n. d.). Dictionary. Retrieved from https://www.ama.org/resources/Pages/Dictionary.aspx?dLetter=B

▷2　小川孔輔（2009）『マーケティング入門』日本経済新聞出版社。

▷3　片平秀貴（1999）『新版・パワー・ブランドの本質』ダイヤモンド社。

いい」などナイキを想像すると頭の中で連想されるものです。これらはナイキが有名アスリートを起用し，広告やプロモーションなどを駆使することで創りだしたイメージです。現代は多くの似たような製品で溢れ，コモディティ化[4]が進んでいるため，ブランドによる意味づけや付加価値の創造を通してブランドを構築し，ユニークかつ好意的なイメージ形成が重要です。

　ブランド構築を行ううえで池尾ほか(2010)[5]は，(1)価値構造のデザイン，(2)ブランド要素の選択と統合，(3)ブランド・コミュニケーションと接点管理が重要だとしています。価値構造に関しては，機能領域，ターゲットマーケット，ポジショニングの設定が重要であり，ここでブランドの基本的な意味づけや付加価値の方向性（ブランド・アイデンティティ）を決めます。次に，ブランド要素はブランド・アイデンティティに合致し，五感に訴え，ブランド認知やブランド・イメージ向上に役立つ要素を選択することが重要です。最後にブランド要素が創りだすイメージを広告などのコミュニケーション活動で消費者に伝えることと，ブランドと消費者間で形成された関係性を維持していく管理が重要となります。このようにしてブランドは構築されますが，その過程において，マーケターは強く，好意的でユニークなブランド・イメージを維持していく必要があります。

4 ブランド要素

　ケラー(2010)[6]はブランド要素を「識別と差別化に役立ち，商標登録が可能な手段」としています。具体的には，ブランド名，URL，ロゴ，シンボル，キャラクター，スローガン，ジングル，パッケージなどが含まれます。ケラーはブランド要素の重要な選択基準として記憶可能性，意味性，選好性，移転可能性，適合可能性，防御可能性をあげています（表1）。それぞれの選択基準に強みと弱みが存在し，強いブランドを作るためには，これらをブランド・アイデンティティに沿った内容でいかに上手く調整・統合するかが重要です。

（辻　洋右）

表1　ブランド要素の選択基準とその説明

選択基準	説　　明
1．記憶可能性	ブランド名，ロゴ，イメージなどが覚えられやすいか
2．意味性	属する製品カテゴリーの意味が伝わりやすいか ブランドの属性・便益の意味が伝わりやすいか
3．選好性	ブランド要素が美的で魅力的か 視覚・言語イメージが豊富か，楽しいか，面白いか
4．移転可能性	異なる製品カテゴリーでも使える名前，イメージか 異なる地域や文化でも受け入れられる名前，イメージか
5．適合可能性	社会の変化に応じてブランド要素を更新できるか 消費者の好みや価値観の変化に対応する柔軟性があるか
6．防御可能性	国際的にブランド要素の法的保護が受けられるか 法的機関にてブランド要素を登録できるか 競合他社の攻撃から守れるか

出所：ケラー（2010）に加筆。

▷4　コモディティ化とは，多企業の製品機能や品質において違いが不明瞭になり，消費者が違いを見出せなくなり「どれを買っても同じ」状態になることを指します。

▷5　池尾恭一・青木幸弘・南知恵子・井上哲浩(2010)『マーケティング(Marketing : Consumer Behavior and Strategy)』有斐閣。

▷6　ケラー, K. L.／恩藏直人監訳(2010)『戦略的ブランド・マネジメント』東急エージェンシー。

（おすすめ文献）

†片平秀貴(1999)『新版パワー・ブランドの本質』ダイヤモンド社。

†ケラー, K. L.／恩藏直人監訳(2015)『エッセンシャル戦略的ブランド・マネジメント第4版』東急エージェンシー。

†長崎秀俊(2015)『イラストで理解するブランド戦略入門』三弥井書店。

16　スポーツ・ブランドのマーケティング

ブランド価値の創出

▷1　Levy, S. J. (1959),
"Symbols for sale," *Har-
vard business review*, 37
(4), pp. 117-124.

▷2　Bouchet, P., Hill-
airet, D. and Bodet, G.
(2013), Sport brands.
Routledge.

▷3　Escalas, J. E. (2004),
"Narrative Processing :
Building Consumer Con-
nections to Brands," *Jour-
nal of Consumer Psychol-
ogy*, 14(1), pp. 168-179.

▷4　ヒロイズムとは英雄
的な行為そのもの, または
英雄を崇拝したり賛美した
りする人の心情や, 社会の
風潮のことを指す。

▷5　ブランド連想はブラ
ンド・イメージと同義とし
て使われることもあるが,
学術的には消費者がブラン
ドに対して抱く連想の集合
体を指す。

▷6　Aaker, D. A. (1991),
Managing Brand Equity,
New York : The Free
Press.

▷7　John, D. R., Loken,
B., Kim, K. and Basu
Monga, A. B. (2006), "Brand
concept maps : A methodol-
ogy for identifying brand
association networks," *Jour-
nal of Marketing Research*,
43(4), pp. 549-563.

▷8　阿久津聡・石田茂
(2002)『ブランド戦略シナ
リオ──コンテクスト・ブ
ランディング』ダイヤモン

1　スポーツ・ブランドの価値

　一般的な商品（日用品など）においてブランドとブランドロゴのない商品の違いは何でしょうか。ブランドには, トレードマークをその商品にプリントすることで他の商品との差別化を図ると同時に, 生産者の責任の所在を明らかにし, 商品の品質を保証するという本来の「印」としての一面があります。そのため, 消費者にとってブランド製品を買うということはリスクを回避できる, 安心できるという実利的な価値をもちます。しかしながら, ブランドが消費者にもたらす価値はそのような実利的な価値よりも, むしろ象徴的な価値の方が重要だといわれています[1]。

　「象徴的な価値」とは, そのブランドが象徴する主義・主張や, 文化的価値観から生まれます。例えば, 消費者は特定のスポーツ・ブランドの製品を身に着けることによって, 自分のプレイスタイルだけでなく, ライフスタイルや「自分はこういう人間である」という人生哲学を周囲に主張することができます[2]。このように, たとえ無意識であっても, 消費者はブランドが象徴する価値観やメッセージを理想の自己の解釈・実現のための道具として用いることがあります。さらにそのような自己のイメージを周囲に伝えるためのコミュニケーションツールとして利用することもあります[3]。これはスポーツファンが特定のチームや選手を応援することで周囲にファンであることを主張する場合にも当てはまります。

　マーケターは, このような商品やサービスの象徴的価値が消費者に認知されるように, ブランディング戦略を立てなければなりません。このような象徴的価値に焦点を当てたブランド戦略は, 特にスポーツイベント, チーム, アスリートのマーケティング担当者にとって重要です。なぜならこのようなスポーツプロダクトは, 「ゲームの勝敗がコントロールできない」「天候などの要因によりイベントの質を管理できない」という特徴があり, 消費者にとっての実利的な価値の保証が困難だからです。その一方で, スポーツプロダクトはヒロイズム（Heroism）[4]や, スポーツマンシップのような文化的に広く受け入れられやすい価値観を内包するといった点で「ブランドの象徴的な価値」というアイディアとの相性がよいのです。スポーツプロダクトにおけるブランドの価値は, 実利的な価値だけではなく, その文化・時代がよしとする価値観やイデオロ

ギーをどれだけ体現しているかによって決まるといえます。

❷　スポーツプロダクトのブランド価値創出

スポーツアパレルやグッズ製品のブランディングであれば，デザイン，素材，値段，販売スタッフのサービスなど，消費者が直接触れ，価値判断をすることのできる要素がたくさんあります。しかし，前述のようにイベント，チーム，アスリートのようなスポーツプロダクトでは消費者と直接する機会が限られています。このため，イベント，チーム，アスリートにとって，多様なメディアを通して消費者のブランド知識（またはイメージ）のマネジメントが非常に重要です。しかし，イメージをマネジメントすることは簡単ではなく，「ブランド連想」[5]と呼ばれる消費者のブランドに関する知識ネットワークの集合体を理解する必要があります。ブランド連想は，消費者があるブランドに関してもつ思いの集合であり，ブランドについて考えたときに思い起こす漠然とした形容詞から，記憶，感情，評価などの点で捉えることが可能です。これらの知識はそれぞれがリンクしたネットワーク[6]構造を形成していると考えられています[7]（図1）。

スポーツプロダクトのブランド・イメージをマネジメントするということは，ブランド連想ネットワークをマネジメント側の望ましい状態に管理するということです。[8]ブランド連想を効果的にマネジメントすることで[9]，ブランドの認知度を上げ，他のプロダクトとの差異化を図ることができます。さらに，ブランド連想の中に消費者のベネフィット（消費者が得られる価値）との強い結びつきを形成することで，最終的に消費者のブランドに対するロイヤルティを勝ち取ることができるものと考えられています[10]（図2）。　　　　　　（新井彬子）

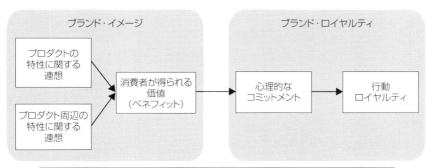

図1　レッドブル（エナジードリンク・ブランド）のブランド連想の例

出所：John et al.（2006）を基に筆者作成。

図2　ブランド・イメージからブランド・ロイヤルティ構築のメカニズム

出所：Bauer et al.（2005）を基に筆者作成。

ド社。

▷9　ブランド・マネジメント研究の第一人者であるケビン・ケラー博士は消費者の心の中に，強く，好ましく，ユニークなブランド連想を構築することが重要であると主張している。

▷10　Bauer, H. H., Sauer, N. E. and Exler, S.（2005），"The loyalty of German soccer fans : does a team's brand image matter?" *International Journal of Sports Marketing & Sponsorship*, 7(1), pp. 14-22.

（おすすめ文献）

†アーカー，デービッド・A ／阿久津聡訳（2014）『ブランド論──無形の差別化を作る20の基本原則』ダイヤモンド社。

†Bauer, H., Sauer, N. and Exler, S.（2005），"The loyalty of German soccer fans : does a team's brand image matter?", *International Journal of Sports Marketing & Sponsorship*, 7(1), pp. 14-22.

† Jahn, B. and Kunz, W.（2012），"How to transform consumers into fans of your brand", *Journal of Service Management*, 23(3), pp. 344-361.

16　スポーツ・ブランドのマーケティング

③　アスリート・ブランディング

▶1　アイコンとは人々の崇拝の対象となる偶像を語源としていて，ここでいうスポーツアイコンとはアイドルのように，スポーツ文化の中で人々の憧れの的になる存在という意味で使用している。

▶2　Arai, A., Ko, Y. J. and Ross, S. (2014), "Branding athletes : Exploration and conceptualization of athlete brand image," *Sport Management Review*, 17 (2), pp. 97-106.

▶3　ブランド価値とはファンや消費者があるブランド（ここではブランドとしてのアスリート）に対して，どう思い，感じ，どのような（消費）行動をとるかといった心理的価値と，そのような行動に反映される収益性といった財産的価値の双方を指す。

▶4　Arai, A., Ko, Y. J. and Kaplanidou, K. (2013), "Athlete brand image :

❶　アスリートはブランドか

　アスリートはブランドなのでしょうか。トップアスリートは一個人であると同時に，さまざまなメディアを通して消費者に認知される公の人格をもちます。その公の人格はスポーツアイコンとして個々の消費者のアイデンティティや欲望・欲求に語りかけてくるような要素を含んでおり，具体的にはアスリートの身体的特徴，パフォーマンス，さらにスポーツ場面以外のファッションやライフスタイルなども内包しています（理想の肉体の追求，日本人，挑戦など）。あるアスリートの名前や顔を思い浮かべた時に，多くの消費者が共通してこのような意味や価値を連想する時，そのアスリートの名前や顔はこれらの文化的な意味や価値を象徴するトレードマーク（シンボル）であるといえます。すなわち，文化的な意味や価値を表すアイコンという意味でアスリートはブランドであるといえるでしょう。さらに，彼らの象徴する文化的価値がスポーツという枠を越えて社会に受け入れられる普遍的な価値（公平，紳士的など）であるほど，ブランドとして幅広い消費者層に受け入れられる可能性は高くなります。

　では有名でないアスリートはブランドにはなり得ないのでしょうか。確かに上記の条件からは無名のアスリートはブランドではないかもしれません。しかし，現時点で無名のアスリートであったとしてもブランディングの対象にすることは可能です。アスリートをブランドとしてマネジメントすることのメリットとしては，(1)チームやスポンサー契約の契約金に付加価値がつく，(2)パフォーマンスの出来・不出来に左右されずブランドとしてファンのロイヤルティを獲得できる，(3)現役中に築き上げたブランド・イメージをセカンドキャリアの構築に活かすことができることなどがあげられます。これらの点で，アスリートのブランディングは，有効なマーケティングツールであり，さらにリスクマネジメントのガイドラインとしての役割や，キャリア構築の一環という見方もできます。

❷　アスリートのブランド価値

　次に，アスリートのブランド価値はどのようにして決まるのか考えてみたいと思います。スポーツにおける成功，つまり勝敗や華のあるプレイスタイルなどのパフォーマンスに関わる要素を土台として構築されますが，それだけでは

ありません。姿の美しさ，ファンとの効果的なコミュニケーション，アスリートとしての生き方など，スポーツパフォーマンスに直接的に関わらない要素によっても決定されます（図1）。アスリートのブランド価値は，アスリートがその時代・文化圏において多くの人が共感する文化的価値を，どれだけパフォーマンスやライフスタイルの中に体現しているか，またそのようなイメージが，効果的なコミュニケーション手法によって消費者に浸透しているかによって決まります。

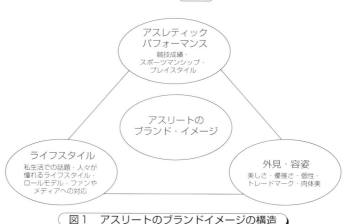

図1 アスリートのブランドイメージの構造

出所：Arai et al.（2013）を基に筆者作成。

3 アスリートのブランド構築

ブランドとしてのアスリートの特徴は，まずアスリートが人間として成長するということです。それに伴いアスリートのブランド価値の根幹を成すパフォーマンスにもピークがあり，徐々に衰退しいずれ引退を迎えます。多くの場合，会社や製品のブランドよりも変遷が早く短いブランド・ライフサイクルをもっているのです。「強い」アスリート・ブランドを構築するには，競技的なパフォーマン

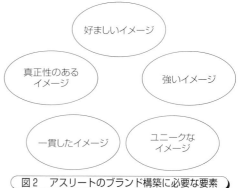

図2 アスリートのブランド構築に必要な要素

出所：新井（2015）を基に筆者作成。

ス，容姿，ライフスタイルなどの側面において，(1)人が好感をもつことができ，(2)強い印象を人の心の中に残すことができ，(3)ユニークで他のアスリートとの差異化ができるようなイメージを構築することです。それらに加えて，(4)人間として成長し，アスリートが消費者に提供できる価値が変化する中で，ブランドとしての一貫性をもつこと，(5)アスリートの「本当の」人物像と，消費者が憧れる「理想」のアスリート像を融合した「真正性」のあるイメージを構築する必要があります。言い換えれば，ブランドとしてマネジメントされているアスリートのイメージがまったくの嘘ではなく，そのアスリートの本当の人間性をきちんと反映し，さらにそれが消費者にみえることが，消費者に飽きられることなく支援されるためには重要です（図2）。特に「一貫性」や「真正性」には綿密なプランニングが必要になるため，アスリートはマーケットエントリー（つまり，デビュー）の際にセカンドキャリアまで見据えたライフロング・ブランディングという視点をもつことが大切だといえます。　　　　（新井彬子）

scale development and model test," *European Sport Management Quarterly*, 13(4), pp. 383‑403.

（おすすめ文献）

†ケラー，K.／恩藏直人・亀井明宏訳（2000=2010）『戦略的ブランド・マネジメント』東急エージェンシー。

†コトラー，P.・ヴァルデマール，P.／杉光一成訳（2014）『コトラーのイノベーション・ブランド戦略』白桃書房。

†ミリガン，A.／佐伯礼子訳（2004）『デビッド・ベッカム——こうして彼はスポーツの枠を超えた』ソフトバンククリエイティブ。

16　スポーツ・ブランドのマーケティング

ブランドとスポーツ組織の社会的責任

▶1　http://www.fifa.co
m/about-fifa/who-we-are
/explore-fifa.html? intcmp
=fifacom_hp_module_corpo
rate（2015年10月31日最終
アクセス）

▶2　組織の目的達成に影
響を与えたり，影響を受け
たりするグループまたは個
人のこと（Freeman, R. E.
(1984), *Strategic Manage-
ment : A Stakeholder
Approach*, Pitman）。

▶3　大西孝之（2015）
「スポーツと社会的責任
（CSR）」原田宗彦編著『ス
ポーツ産業論（第6版）』
杏林書院，330-343頁。

▶4　Dean, D. H. (2003/
2004), "Consumer percep-
tion of corporate dona-
tions : Effects of company
reputation for social re-
sponsibility and type of
donation," *Journal of Adver-
tising*, 32(4)：pp. 91-102.
Luo, X. and Bhattacharya,
C. B. (2006), "Corporate
social responsibility, cus-
tomer satisfaction, and
market value," *Journal of
Marketing*, 70(4), pp. 1-18.
社会的責任を果たすことに
よりブランド・イメージや
評判が高くなることを実証
的に明らかにした。

▶5　Klein, J. and Dawar,
N. (2004), "Corporate so-
cial responsibility and con-
sumers' attributions and
brand evaluations in a

1　スポーツ組織の社会的責任とは

　国際サッカー連盟（FIFA）は，組織として3つのミッションを有してい
ます。第一のミッションはあらゆる場所であらゆる人々のためにサッカーを普
及させることであり，第二のミッションは国際的なサッカー競技会を開催する
ことです。そして三番目のミッションとして，社会や環境を大切にすることを
掲げています。FIFA は組織としてサッカーの普及や大会運営のことだけでな
く，社会や環境への配慮についても組織の使命としており，実際に貧困や差別，
教育，環境などの現代社会の諸問題の解決に取り組んでいます。

　今日，スポーツ組織に限らず社会の中で活動するあらゆる企業や組織，個人
に社会的な責任が求められています。特に企業の経営においては「企業の社会
的責任（Corporate Social Responsibility：CSR）」といわれます。スポーツ組織の
社会的責任とはマネジメント全般においてステークホルダーから求められる期
待に対して応えるあらゆる活動です。

　社会から期待される社会的責任の内容を分類すると，「経済的責任」「法的責
任」「倫理的責任」「裁量的（社会貢献的）責任」の4つがあります。つまり，
FIFA は組織としてサッカーの普及や大会開催などのスポーツプロダクトの生
産と提供を，法律の範囲内で行うという基礎的な責任を果たしているだけでは
なく，社会や環境におけるさまざまな問題に対する取り組みを行うことで倫理
的責任や裁量的責任を果たしており，高いブランド・イメージや評判を得てい
るといえます。

2　社会的責任のブランドに対する影響

　2015年5月に FIFA の幹部や関係者ら14人がアメリカの司法省に組織的不
正の罪で起訴され，そのうち7人がスイスの司法当局に逮捕されるという汚職
事件がありました。まだ事件の全容が明らかになっていませんが，サッカー界
を大きく揺るがす事件となっています。社会的責任の観点からは，明らかに法
的責任と倫理的責任を逸脱した行為であり，FIFA がそれまでの活動により築
き上げたブランド・イメージや評判を大きく毀損する事件となりました。

　この事件を受けて，FIFA のスポンサー企業は FIFA に対して説明責任と組
織改革を求めましたが，仮に FIFA の対応が不十分であった場合には契約を

解除する可能性があります。FIFA のスポンサーとなっている企業は，自身の
ブランド・エクイティを高めるために FIFA のポジティブなブランド・イ
メージや評判とリンクさせ，間接的にブランド連想を強めています。しかしな
がら，汚職事件により FIFA にネガティブなブランド・イメージや評判が結
びついてしまった結果，その連想がスポンサー企業にリンクしないようにする
必要があります。

　一方で，このような事件があっても FIFA という組織が存続している理由
には，これまでに社会的責任を果たしてきたからとも考えられます。社会的責
任を果たし高いブランド力や評判を有することは，危機に際してブランドを保
護する効果があります。今後，FIFA は社会から求められる汚職問題に付随す
る要請に対して迅速かつ誠実に対応することで，さらに負の影響を抑えること
ができるかもしれません。

3 社会的責任とマーケティング

　マーケティング概念の大原則は顧客志向ですが，今日それだけでは不十分と
なっています。マーケティングの大家であるコトラーは，標的市場に対する
ニーズに対応するだけでなく，消費者や社会の幸福を維持・向上させなければ
ならないという社会的責任マーケティング概念の重要性を述べています。現在，
マーケティング活動を実施する際にも，社会的責任を果たそうとする組織の取
り組みが求められています。

　より社会的責任と結びつけたマーケティング手法としては，コーズ・リレー
テッド・マーケティングがあります。直訳すると，公益に関連づけたマーケ
ティング活動となります。より詳細には，顧客の特定の商品の購入と企業の社
会貢献を結びつけるプロモーション手法を指します。

　このコーズ・リレイテッド・マーケティングの枠組みは日本のスポーツ界に
とって決して新しいものではありません。例えば，競馬や競輪，ボートレース，
オートレースといった公営競技やスポーツ振興くじ（toto）は，その売り上げ
の一部が国や地方自治体の財政，関連産業やスポーツ振興といった公益のため
に用いられています。また，一般企業が売上の一部をプロスポーツチームなど
に強化費として寄付する事例があります。しかし，それらの多くが枠組みとし
て存在しているだけで，公益と結びつけられている点を強調したプロモーショ
ンにはなっていないように見受けられます。

　公益と売上を結びつける手法に対して違和感を覚える人もいるかもしれませ
ん。一方，消費者は企業が利益目的で社会的責任を果たそうとしていると感じ
ても，その行動を前向きに評価することが研究で明らかにされています。今後，
スポーツ組織は戦略的に社会的責任を果たしていく中で，ブランド・イメージ
や評判を高め，社会とともに持続的に発展する必要があります。（大西孝之）

product-harm crisis," *International Journal of Research in Marketing*, 21, pp. 203-217.

▶6 コトラー P.／アームストロング，G.／和田充夫 監 訳（2003）『マーケティング原理──基礎理論から実践戦略まで（第9版）』ダイヤモンド社。

▶7 Varadarajan, P. R. and Menon, A. (1988), "Cause-related marketing : A coalignment of marketing strategy and corporate philanthropy," *Journal of Marketing*, 52(3), pp. 58-74.

▶8 Meenaghan, T.(2001), "Sponsorship and advertising : A comparison of consumer perceptions," *Psychology & Marketing*, 18, pp. 191-215.

Webb, D. J. and Mohr, L. A. (1998), "A typology of consumer responses to cause-related marketing : From skeptics to socially concerned," *Journal of Public Policy & Marketing*, 17, pp. 226-238.

（おすすめ文献）

†コトラー，P.・ナンシー，L.／恩藏直人監訳（2007）『社会的責任のマーケティング──「事業の成功」と「CSR」を両立する』東洋経済新報社。

†世良耕一（2014）『コーズ・リレーテッド・マーケティング──社会貢献をマーケティングに活かす戦略』北樹出版。

†谷本寛治（2006）『CSR──企業と社会を考える』NTT 出版。

17　スポーツの権利ビジネス

スポーツビジネスにおける権利

1　スポーツの権利ビジネス

　スポーツビジネスには，多くの権利ビジネスが関連します。プロスポーツを例にすると，スポーツを観戦する権利（チケット）の販売が入場料収入に，スポーツ施設に広告を掲出する権利の販売が広告料収入に，放送する権利の販売が放映権収入に，ロゴやチーム名を使用する権利の販売が商品化権収入になります。他にも，スポーツ施設にテナントとして出店する権利，スポーツ施設に命名する権利など，スポーツビジネスの多くは権利の取引で成り立っています。

　取引される権利の多くは独占的なものです。その独占的権利は排他的権利と言い換えることもでき，その排他的な権利（exclusive rights）の取引は，しばしばスポーツの公共的な性格を脅かすこともあります。

　ここでは，スポーツの放映権を例に，権利ビジネスをめぐる問題を考えていきます。スポーツの放映権契約のはじまりは，ボクシングをラジオで中継した場合に生じる入場料収入と飲食売上の補塡を放送局（アメリカ NBC）に求めた[1]こととされていますが，その牧歌的な取引は，いまや跡形もなく，独占的な権利と引き替えにメディアからの巨額の投資がスポーツ界にとって重要な収益源になっています。

2　ユニバーサル・アクセス権と反サイフォン規制[2]

　誰もが自由に情報にアクセスできる権利をユニバーサル・アクセス権といいます。国や地域によっては，スポーツもこのユニバーサル・アクセス権の対象となる場合があります。購入者に独占的な放送を認めるスポーツ放映権の販売が，ユニバーサル・アクセス権の侵害として論議を巻き起こすことがあるのです。スポーツを私的な楽しみとしてだけではなく，公共的な関心事として捉えれば，その情報は市民一般に共有されなければならないと考えられるからです。

　スポーツにおけるユニバーサル・アクセス権が世界で初めて定められたのは英国の「1954年テレビジョン法」です。その第7条に「国民的関心事である競技やその他のイベントの放送を独占しないため放送事業者を規制できる」と明記されました。

　しかしながら，スポーツのビジネス化が進み，スポーツ界の資金調達上，放映権販売の重要性が高まるにつれ，スポーツの公共財としての性格と放送事業

▶1　1927年，アメリカ・シカゴにおけるヘビー級王者ジャック・デンプシーの引退試合（脇田 2012）。

▶2　放送におけるサイフォン（siphon）とは，元来，他局の人気番組を吸い上げることから命名されたが，ここでは有料テレビ局が人気スポーツの放映権を獲得して独占放送すると，それまで無料放送していたテレビ局から番組ソフトを「吸い上げた」ことになり，ファンにとっては有料視聴契約を結ばなければ観戦できなくなってしまうことを意味している。

▶3　例えば，オーストラリアは反サイフォン法に特別指定行事（listed events）として重要なスポーツイベ

者の独占的権利の両立が難しい場面が増えてきました。視聴者に支払いを求めない放送により，人々の人気を博してきたスポーツを，その放映権を買い取り，加入者に支払いを求める有料チャンネルの有力なコンテンツとすることを禁じた反サイフォン法（Anti Siphoning Law）[3]を制定する国もあります。

日本では，独占放送契約を排除する反サイフォン規制のようなものは存在しませんが，保健体育審議会（1996）が，一般の視聴者がみられないことはスポーツの普及に支障が生じる懸念があることから，放映権契約についてはマーケティングの観点からだけではなく普及の観点も考慮するよう求めています。

3 権利ビジネスとスポーツ

前述のとおり，スポーツビジネスの理念として，その公共性・公益性への配慮[4]，その文化性への配慮[5]が指摘されましたが，例とした放映権ビジネスを，経済の領域に属すことがらとして市場原理に委ねてしまうことは，スポーツの公共財として性格を毀損し，社会からの支持を失ってしまうかもしれません。購入した放映権をもとに利益を上げていく必要のある放映権ビジネスは，無料放送の場合[6]，放送へのスポンサー企業からの収入が重要になります。その際，多くのスポンサー企業は視聴率で費用対効果が検討されるため，競技編成やルール・レギュレーションへの要求を多く提示する可能性があります。その要求がスポーツ文化に大きな影響を及ぼす場合もあるのです。

一方で，放映権ビジネス上のメリットが大きなものでなければ，スポーツの価値に見合う放映権収入[7]を得ることができなくなります。こうした権利ビジネス上の価値とスポーツの公共性や文化性をめぐる調整は，スポーツビジネスの大きな課題となります。

近年の放映権取引では，スポーツ団体もその公共性が求められているために，購入した放映権をもとに，一定の無料放送することを担保する，などの条項[8]を入れるなどの工夫をしています。

（仲澤　眞）

ントを明記し，無料で視聴できることを保障している。EU 域内ではドイツ，イタリア，フランスなど主要な国々が主要行事（major events）を明示し，市民のアクセスを保障している（視聴覚メディアサービス指令，Audiovisual Media Service Directive）。

▶4　I-1-3 を参照。

▶5　I-1-1，2 を参照。

▶6　有料放送の場合は，契約者のみ視聴可能となることが一般的なため，スポーツの公共性をどのように維持していくか，という課題が残る。

▶7　購入する放映権が独占的な権利だからこそ，その放送番組の価値が高まり，放送局はより多くの番組スポンサー収入を得る。

▶8　国際オリンピック委員会（IOC）が欧州の民間放送局と締結したソチ大会（2014）とリオ大会（2016）の放映権契約には大会期間中，夏季オリンピック200時間，冬季オリンピック100時間の無料放送することが義務づけられている（脇田 2012）。

（おすすめ文献）

†脇田泰子（2012）「スポーツ放送の発展とユニバーサル・アクセス権」『メディアと社会』4，15-44頁。

†杉山茂（2011）『スポーツは誰のものか』慶應義塾大学出版会。

†中村美子（1996）「スポーツ放送支配を目指す英 BSkyB ユニバーサル・アクセス確保へ法改正」『放送研究と調査』46-8：42-49頁。

17　スポーツの権利ビジネス

放映権ビジネス

①　スポーツの放映権

　世界的に注目される試合であれば，ほとんどの場合，テレビで視ることができます。地上波の無料放送ではない場合でも，BS か CS の有料放送で放送されているでしょう。インターネット上でも，生放送があったり，リプレイがすぐに公開されたり，オンデマンドでディレイ放送が視られたりします。世界中のスポーツが，スタジアムやアリーナに行かずとも，テレビやスマートフォン，タブレット，ラジオなどで楽しむことができる時代になりました。地理的な条件でスタジアムやアリーナに行けない人々に，あるいはスタジアムやアリーナのチケットを入手できなかった人々に，スポーツイベントを届けるものがスポーツ放送です。スポーツ団体は，スポーツの大会，試合，イベントを放送する権利を放送局に与えます。それを放映権と呼びます。正式には公衆送信権といいます。ラジオとテレビといった地上放送に加え，現在では BS や CS などの衛星放送，ケーブル放送に加え，通信事業者や OTT 事業者によるインターネット放送も急速に普及しています。日本のスポーツリーグが海外でも放送される時代を迎えています。スポーツ団体は，多様化する媒体に対して，放送する権利を割りあてます。そこに対価が発生する場合には，その対価を放映権料と呼びます。現在，放映権料は，スポーツ団体の重要な収入源になっています。

(1)　放映権を購入する組織の収入源

　その放映権を購入する放送局の収入源は，広告もしくは有料加入者，またはサブライセンスによる権料などです。日本では，NHK を除く民放地上波放送局および無料 BS 放送局は，企業などの広告主にコマーシャルメッセージを放送する枠を販売することで，スポーツ団体に支払う放映権料と番組制作費を補います。CS 放送局やケーブルテレビ会社，インターネット放送会社は，番組およびチャンネルの視聴料もしくは加入料を徴収することで，放映権料と番組制作費を補うのが通常です。

(2)　スポーツ番組の制作費

　放映権の中に映像提供が含まれているかどうかで番組制作費は大きく変わります。例えばサッカーの中継映像には，実況アナウンサー，解説者，カメラが数台，映像・音声編集機材，伝送システムなどが必要になります。この制作費を放送局が負担する場合が一般的ですが，カメラを稼働する必要がなく，試合

▷1　リアルタイムではなく，実際よりも遅延している放送。

▷2　収容数を超える人気のあるスポーツイベント。

▷3　パソコンやスマートフォン向けに，メッセージや音声，動画コンテンツなどを提供する企業のうち，通信事業者（プロバイダー）以外の企業を OTT 事業者という。OTT とは Over The Top の略。例えば，YouTube や Skype，Twitter，Facebook，LINE などが OTT 事業者にあたる。

▷4　放映権料は，スポーツ団体によって，放送されるエリア，範囲，時間帯，期間，媒体に応じて設定され，放送局に販売される。

映像をスポーツ団体から提供してもらい，放送局は実況者と解説者を用意する
だけという場合もあります。その多くの場合は，放映権料が高くなります。

（3）　サブライセンス

サブライセンスとは，放映権を購入した放送局もしくは代理店がその権利を
第三者に販売（転売）することです。海外向けの放映権などは，放送局もしく
は代理店が一括で購入した権利を，国ごとに各放送局に販売することが一般的
です。その場合は，海外の放送局に試合映像が提供され，各々の放送局が実況
や解説を加えます。

2 メディアの多様化とスポーツの放映権

スポーツ団体は，競技会やリーグ戦，個々の試合に見合った放映権料を，放
送媒体ごとに定めて販売します。放映権料を高く設定する場合は，独占的契約
をする場合が多くなります。例えば，その試合を唯一みられる放送局を地上波
の 1 チャンネルのみとし，その他の局および衛星波，インターネット等への販
売をしない場合などです。

一方で，近年の情報通信技術（ICT）の発展に伴い，マルチ放送が増えてき
ました。テレビで生放送される一方で，スマートフォンやタブレット端末でそ
の放送局から提供された映像を視聴できるようになりました。さらには，試合
の各種データがリアルタイムに提供されることもあります。この場合，どの放
送局にどこまでの権利をいくらで譲渡するかという判断が重要になります。ス
ポーツ団体は日々，進化する ICT への理解を深める必要があります。ICT の
発達がさまざまな問題を引き起こすこともあるからです。試合映像には著作権
が存在し，使用にあたり二次利用規定が定められており，通常，無断で使用す
ることは禁じられています。

3 映像の二次利用

映像には，一次利用と二次利用があり，一次利用には，中継のほか，ニュー
ス，スポーツニュースなどでの報道利用があたります。二次利用は管理された
映像（プロパティ映像）を使用し，番組制作や DVD，映画などに使用する場合
を指し，中継で収録された映像を切り抜いて利用されることを指します。その
場合，番組制作局などの利用者はプロパティ映像管理者に映像使用料を支払う
のが通常です。プロパティ映像の管理者とは，スポーツイベントの主催者もし
くは中継の放映権を取得した放送局である場合が多く，使用に関する許諾と映
像提供を行います。用途や内容，エリア，放送波・媒体，秒数などにより制限
をかけて，権利を守って管理しています。近年の ICT の発展，それに付随す
るソフトウェアの発展により，気軽に映像権利が侵害されやすくなっており，
権利保護と対策が急務となっています。　　　　　　　　　　　　（岩貞和明）

▷5　例えば，大きな大会
の放映権を購入した放送局
または代理店がいくつかの
試合を別の放送局に権利を
売る場合など。

▷6　例えば，無断で試合
映像をネット上に違法に
アップロードできることや，
誰もがそれを閲覧すること
ができることなど。

（おすすめ文献）
†メディア総合研究所
（2006）『新スポーツ放送権
ビジネス最前線』花伝社。

17　スポーツの権利ビジネス

 # 商品化権ビジネス

❶ プロパティと商品化権，ライセンス商品

　スポーツチームやスポーツリーグが保有または管理するプロパティを使用して商品化する権利を商品化権と呼びます。プロパティには，選手やコーチ，監督の肖像や，ロゴやエンブレム，マスコットなどといった意匠／商標が含まれます。商品化には，プロパティの管理者にあたるチームやリーグが自ら商品化を行う場合と，その権利を販売し第三者がそれを使って商品化する場合があります。後者をライセンス商品と呼びます。

　チームやリーグが，自ら商品化するものの代表的なものとして，Ｔシャツや帽子，タオルなどの応援グッズがあります。それらは，チームやリーグが発売元となって商品を開発し販売することで，収益を上げています。商品化に使用するプロパティがチームに帰属する場合は，チーム以外で商品を販売する際に，商品化権料と呼ばれる販売価格の一定の割合（数％程度）をリーグが徴収し，販売額に応じてチームに傾斜配分するケースもあります。

　ライセンス商品は，チームやリーグのプロパティを使用して商品化したい企業を募り，募集に応じた企業が，そのチームやリーグの許諾・監修のもと商品化を行います。その企業をライセンシー（実施権者）と呼びます。ライセンシーは，製造量に応じて販売額の一定割合のライセンスフィー（ロイヤリティ・権利料）をチームやリーグに支払います。ライセンシーは，人気のあるチームのロゴを使って，自ら得意とする商品分野で商品化し，自らの流通を使って販売拡大とその企業のファンを拡大するメリット[1]があります。

　また，企業のブランドやキャラクターと並べて商品化するというコラボレーション商品もあります。例えば，人気アニメとコラボレーションし，そのキャラクターがスポーツチームのユニフォームを着たデザインを使用して商品化すると，人気の相乗効果で売上が向上することがあります。その場合，ダブルライセンス商品という扱いになり，通常ライセンスフィーは二重にかかり本体価格が上がります。ただし，上がりすぎると逆に売れなくなってしまうため，お互いの料率を下げてロイヤリティを設定することも少なくありません。

❷ ライセンシーの条件

　一方で，募集に応募すれば，どの企業でもライセンシーになれるかというと，

▶1　例えば，スナック菓子メーカーがライセンシーとなる場合，ロゴやマスコットあるいは選手の肖像を使用したパッケージを施した製品を製造，発売する。すると，そのチームのファンは，そのスナックを購入する。そして，そのスナック菓子が美味しいことを発見すれば，そのお菓子のファンにもなり，お菓子の売上げも拡大するという好循環が生まれる。

そうでない場合もあります。それは，商品カテゴリーによって独占契約をしているライセンシーがすでにある場合や，チームの公式スポンサーの商品と競合するため，契約で排除することが定められている場合などです。例えば，菓子メーカーA社と独占的に菓子のライセンス契約を結んだ場合は，A社はそのチームのロゴなどを使用してスナック菓子やチョコレートなどを商品化して発売できますが，他の菓子メーカーは商品化することはできません。ただし，菓子といっても幅広いため，スナック菓子とチョコレート，アイスクリーム，ガムなどカテゴリーを細分化してライセンシーを募ることもあります。いずれにしてもカテゴリーごとに独占ライセンシーがある場合は，他社は商品化することができません。

　その他に，公序良俗に反するものや身体に悪影響が及ぶ可能性のあるものは自粛もしくは禁止カテゴリーとして商品化できない場合があります。例えば，タバコや高濃度のアルコール飲料などは自粛する傾向にあります。また，チームのブランドやイメージにふさわしくないと判断したものなども商品化が実現しないことがあります。

　商品化には，販売を目的としないものもあります。チームの公式スポンサーがメーカーの場合は，同カテゴリーの他社を排除し独占的に商品化し発売できるだけでなく，販売促進のためのグッズを作って無償配付することができます。[12]

3　個人肖像権と包括肖像権

　プロパティの中には，選手やコーチの肖像も含まれていますが，肖像を使用して商品化する場合は，肖像権料（数％程度）が別途加わります。チームが作る商品は，チームから肖像被使用選手や監督に，ライセンス商品はライセンシーからロイヤリティと合わせてチームに支払われ，チームから肖像被使用選手らに支払われます。[13]

　商品化に際し複数の選手の肖像を使用する場合は，「包括肖像権」として扱い，個人単位に肖像権料を発生させないという考え方を採用しているケースがあります。その場合は，何人以上使用すれば包括肖像で，何人以下だと個人肖像と規定されるという契約条件が各チームにおいて定められていることが一般的です。

4　商品化権ビジネスの重要性

　商品化は，スポーツチームやリーグにとって，権利料や販売売上で収益として重要なだけでなく，ファンとチームや選手との関係を，あるいはライセンシーとファンとの関係を強めることにも役立っています。女性ファンを獲得するのに女性向けのグッズを開発することは重要な取り組みです。さらには，ロゴやカラーなど，ファン相互の一体感を創出するような商品化のあり方も重要な検討課題になると思われます。

（岩貞和明）

▷2　通常，チームのプロパティを使用して販売促進活動ができるのは公式スポンサーに限られている

▷3　個人肖像使用料は選手とチームとの契約によっては年棒に含まれていて支払われない場合もある。使用する肖像は，あくまでも"チームに所属する選手としての使用"が条件で，通常はユニフォームなどを着用した写真などが使われる。

（おすすめ文献）
†穂積保（2009）『コンテンツ商品化の法律と実務』学陽書房。

17　スポーツの権利ビジネス

 命名権ビジネス

 命名権ビジネスとは

　日産スタジアム，味の素スタジアム，フクダ電子アリーナ，これらは耳慣れたサッカースタジアムや陸上競技場の名称です。ただしそれぞれ，日産スタジアムは横浜国際総合競技場，味の素スタジアム（味スタ）は東京スタジアム，フクダ電子アリーナは千葉市蘇我球技場という自治体の条例に記載された名称をもっています。これらのスタジアムやアリーナは，命名権，あるいはネーミングライツ（Naming Rights）と呼ばれる権利ビジネスを導入している施設です。表1は日本国内の主な命名権ビジネスを導入しているスタジアムです。

　命名権とは，スポーツ施設や文化施設の名前に企業名やブランド名を付けることができる権利のことで，その権利を売買することを命名権ビジネスといいます。近年の日本では，バス停や駅，私道や公道，大阪府泉佐野市の事例のように自治体名までもが命名権ビジネスの対象となるケースもあるようです。スポーツの領域では，命名権を「固定的なスポーツ施設の媒体価値を利用した20年から30年にわたる長期的・恒久的な企業名表示のスポンサー」と定義しています。[2]

 命名権ビジネスの歴史

　現代になってからの最初の命名権契約は，1973年のアメリカニューヨーク州のNFLチームであるバッファロービルズ（Buffalo Bills）の新本拠地名に付けられた事例だといわれています。[3] 25年間で150万ドルを支払う契約だったようです。キリスト教文化で日本とは異なる税制度をもつアメリカでは，寄付を行うことが特別なことではなく，また，お世話になった組織や自分の信じる団体

▷1　2012年に大阪府泉佐野市が財政難のため，市自体の名前に命名権を導入しようとしたが，購入を希望する企業はなかった。
▷2　原田宗彦（2003）「スポーツ施設の固定的な媒体価値を利用した権利ビジネス」『月刊体育施設』32(3)，体育施設出版，70頁。
▷3　Gruen, D. Todd (2001), *Introduction : Naming Rights Deals*, NAMING RIGHTS DEALS, Team Marketing Report, Inc.

表1　命名権ビジネス導入施設

施設名	所在地	契約者	契約年	契約年数	金額	契約初年度
日本ガイシ　スポーツプラザ	愛知県	日本ガイシ（株）	2017年	5年間	1億2000万円/年	2007年
味の素ナショナルトレーニングセンター味の素フィールド西が丘	東京都	味の素（株）	2017年	5年間	7500万円/年	2009年2012年
味の素NTC・イースト	東京都	味の素（株）	2019年	5年間	1億3500万円/年	2019年
味の素スタジアム	東京都	味の素（株）	2019年	5年間	11億5000万円（総額）	2003年
IAIスタジアム日本平	静岡県	（株）IAI	2018年	5年間	約3000万円/年	2013年
MAZDA Zoom-Zoomスタジアム広島	広島県	マツダ（株）	2019年	5年間	2億2000万円/年	2009年
楽天生命パーク宮城	宮城県	楽天（株）	2020年	3年間	2億100万円/年	2014年1)
NACK 5スタジアム大宮	埼玉県	（株）エフエムナックファイブ	2021年	5年間	1000万円/年	2007年
ニッパツ三ツ沢球技場	神奈川県	日本発条（株）	2021年	5年間	4000万円/年	2008年
日産スタジアム（他2施設）	神奈川県	日産自動車（株）	2021年	5年間	1億万円/（～2023）1億5000万円/（～2026）	2005年

出所：各契約者のホームページ内のニュースリリースより筆者作成。　　　　　　　　　　1）楽天として契約後，複数回名称変更有。

に対して寄付を行い，寄贈者・寄付者名を刻みます。そのような文化的背景もあり，このバッファロービルズの事例以前にも寄贈者や寄付者の名前を刻むことがあったと考えられます。その後，1980年代後半から90年代のアメリカにおいて，MLB や NBA などのプロスポーツリーグの施設を中心に命名権ビジネスが急成長し，現在に至ります。[4]

　一方日本では，民間施設としては1997年に西武鉄道が保有していた東伏見アリーナの命名権をサントリー（現：サントリーホールディングス）が購入したのが最初とされ，公共施設においては2003年に東京スタジアムの命名権を味の素が購入したのが最初とされています。[5]日本ではスポーツ施設は公共施設の場合が多く，高額の建設費用や建設後の運営・維持費が負担となり，税金や施設使用料以外の収入源確保が問題となっていました。そのため，命名権ビジネスは新たな収入源としての期待が大きかったといえます。「味スタ」の事例以降，スポーツ施設のみならず，図書館や美術館などの文化施設にも広がり，日本における命名権ビジネス導入施設は増えてきています。[6]

3 命名権ビジネスのメリットとデメリット

　施設所有者，特に公共施設にとっては，住民の税金の投入を減らすことができるのは大きなメリットでしょう。また，命名権ビジネス導入以前であれば施設の収入は利用者数やイベントの開催数に左右されてしまうのに対して，導入後は毎年一定の安定した収入が得られることから，計画的にスポーツ施設の建設費，改修費，運営費などを使用することが可能になります。命名権を購入した協賛企業は，契約期間中，その施設が利用されるたびにさまざまなメディアを通して企業名やブランド名が露出するというベネフィットが得られます。そのスポーツ施設がプロスポーツチームの本拠地であればなおさらです。さらに，本拠地とするチームの人気や戦績，歴史や伝統も協賛企業のブランド・イメージ醸成に寄与すると考えられます。近年は表1にも示されているように地域を代表する企業が命名権を購入する傾向がみられます。命名権を購入することで，より地域社会やチームとのつながりを構築することができるでしょう。

　一方，日本の命名権契約期間はアメリカに比べて短い傾向にあるため，[7]日本社会の経済状態によっては協賛企業が入れ替わり，名称が数年で変わってしまうことが懸念されます。そのため名称が定着せず，企業名やブランド名を付けたメリットがなくなってしまったり，施設名に愛着がある地域住民から名称変更に対して反対運動が起こる場合も考えられます。[8]協賛企業が倒産したり，不祥事を起こした場合には，施設自体のイメージも悪くなることが予想されます。近年は協賛企業の権利を守ることが重要視されているため，施設の協賛企業とイベントの冠スポンサー[9]が同業種で競合関係にあり，どちらの企業名を優先するのかといった問題も現実に起こり始めています。　　　　　　　（工藤康宏）

▶4　前掲▶3。

▶5　原田宗彦（2007）「日本の公共スポーツ施設とネーミングライツ」『月刊体育施設』36(2)，体育施設出版，31-35頁。

▶6　畠山輝雄（2014）「公共施設へのネーミングライツの導入の実態と今後のあり方」『自治総研』423，50-91頁。

▶7　命名権ビジネスが発展したアメリカでは20-30年の契約期間であるが，日本では今のところ3-5年が多いようだ。

▶8　2010年に渋谷区立宮下公園の命名権を購入したナイキは，「宮下ナイキパーク」と名称変更しようとしたが，住民や市民団体の反対を受け名称変更を断念した。2017年3月31日に協定解約。

▶9　冠スポンサーとは，〇〇マラソン大会，のように大会名の先頭に冠のようにスポンサー企業名がつくことをいう。

【おすすめ文献】
†原田宗彦編著（2016）『スポーツ産業論（第6版）』杏林書院。
†笹川スポーツ財団（2014）『スポーツ白書2014〜スポーツの使命と可能性』。

アメリカ大学スポーツの取り組みから

1　March Madness（三月の狂気）

　アメリカでは，毎年春に NCAA（National Collegiate Athletic Association：全米大学競技スポーツ連盟）が主催する NCAA バスケットボール男子トーナメントが大いに盛り上がります。多くの試合が勤務時間中にあるために，テレビで視られない人に向けたオンライン中継サービスを会社のパソコンから視聴するファンも多くいます。この時期はバスケファンでなくても学校，職場などで優勝校を当てる賭けをする人もいることから全米中が盛り上がり，試合結果が気になって仕方ない時期になります。

　NCAA は現在所属大学が1200校以上で大学の財政規模，スポーツの種類，奨学金の数などで，「ディビジョン I」から「ディビジョン III」までの3つのレベルに分けられ，ディビジョン I，II および III で23競技，89の大会が実施され，毎年5万4000人の学生選手が参加します。バスケットボールとアメリカンフットボールの人気はプロスポーツに負けない人気があります。男子バスケットボールトーナメントはディビジョン I の351チームのうち68チームがトーナメントに，約680人以上の選手が参加します。この NCAA トーナメントは，メディアやファンから通称 March Madness「三月の狂気」と呼ばれ全米が熱中します。

　NCAA 男子バスケットボールトーナメント[1]に参加するチームは，自動的に出場権が与えられる各カンファレンス優勝チーム32チームと36の招待チームから構成され，招待チームはトーナメントの最初の4試合が開催される直前の日曜日に全国的にテレビ放送されるなか，NCAA 選出委員会によって選出されます。68チームは4つの地域に分けられ，各チームは，分けられた地域の中で1から16のランクがつけられます。下位ランク8チームが対戦する最初の4試合が終わった後，全米各地の会場でトーナメントが3週間にわたって開催されます。下位ランクのチームは上位ランクチームと対戦するように組み合わせが構成されています。トーナメント最終週にはファイナル4[2]が決まり，その対戦は毎年4月最初の週末に行われます。東部，南部，中西部，西部の最上位チームがファイナル4となり，一つの場所に集結し準決勝戦と決勝戦を戦います。

2　放映権料

　2013年に NCAA バスケットボール男子トーナメントは7億6940万ドル（約923億円：1ドル120円で計算）の収益を記録しました。これは NCAA の総収入の84％を占めており，NCAA は大会の収益の60％にあたる5億2730万ドル（633億円）を所属するカンファレンスやチームに分配しました。大会収益は大学の戦績に応じて所属カンファレンス・チームに分配されます。この莫大な収益の主なものがメディア放映権です。NCAA は2010年に，地上波 CBS とケーブル局のターナー[3]と NCAA バスケットボール男子トーナメントの2011年から2024年までの14年間毎年67試合すべて放送する放映権料として108億ドル（約1兆2960億円）を支払う契約を結びました。(Steinberg 2014)

契約料は30年前から比べると1.877%上昇しています。これは1年平均約7.7億ドル（924億円）となりますが，この契約はすべての試合中継を行う権利だけでなく，試合中のテレビ広告を販売する権利を含みます。CBSがこの大型の放映権契約を結んだ理由は，このテレビ広告を販売する権利があったからとされています。（Kanter Media 2015）

試合視聴のプラットフォームは年々多様化し，NCAAのアプリでは，コンピュータ，携帯電話，タブレット上でライブストリーミングを提供しています。試合中継はすべて，マーチマッドネスライブサービスを介してストリーミングが可能で，ファンは広告サポートされているビデオキャスト，リアルタイムのスコア，統計にパソコン，タブレット，スマートフォンからアクセスすることができます。ケーブル局のターナーは試合のストリーミング視聴をケーブルや衛星テレビの月額視聴者に制限しています。CBSは無料のオンデマンド配信「March Madness On Demand」（MMOD）を実施し，登録すれば制限なしでオンライン試合視聴ができます。管理するターナースポーツによると，2014年大会のオンライン消費は驚異的に伸び[4]たとのことです。

3　メディア露出の効果

試合のメディア露出から大学は認知度を高め，多様な利益を得ます。バトラー大学は2010年に決勝戦に進出すると，メディア露出による宣伝効果価値は6.39億ドル（767億円）と推定されました。その年の入学希望者は，最大41%増えました。2010年と2011年と2年連続で決勝へ進出した際には，バトラー大学は12億ドル（1440億円）の宣伝効果があったと発表しました。バージニアコモンウェルス大学は，2011年準決勝（ファイナル4）を戦ったときは，アスレチック部門への寄付金は376%増加し，大学全体の寄付金も46%増加しました。トーナメントの経済効果は試合会場の

都市にも多大な影響があります。2012年にハリケーンで被害をうけたニューオーリンズで開催された準決勝，決勝戦では，7万5000人以上のファンでスーパードームが満員になりました。ニューオーリンズでの試合は推定1.34億ドル（160億円）の経済効果をもたらしました。このようにアメリカの大学スポーツが作り出す市場はプロスポーツチームと互角の規模になっています。

（伊藤真紀）

▶1　現在，この男子バスケットボールトーナメントは，CBS，TBS，TNT，そしてtruTVによってNCAA March Madnessという名称で放送されている。

▶2　毎週末に4分の3のチームが脱落し，64チームから始まり，ベスト16は「スイート16」，ベスト8は「エリート8」，ベスト4は「ファイナル4」と呼ばれる。

▶3　2011年に地上波CBSとケーブル局のターナーがトーナメントから得た広告収入は7.38億ドル（886億円），決勝戦の広告費用は1.24億ドル（149億円）であった。自動車メーカーのGM（ゼネラルモーターズ）はこの広告に約5800万ドル（70億円）を費やし，最大の広告主になった。2014年には広告収入は合計11億ドル（1320億円）超を計上した。アメリカでは3月から4月のこの3週間のトーナメントとNFLのプレーオフ中継のみがテレビ中継のCM広告枠販売で利益を上げられる唯一のコンテンツである。（Kanter Media 2015）

▶4　990万ユニーク視聴者数（2013年比　＋9%）
7000万ライブビデオストリーム（2013年比　＋42%）
1510万時間ライブ放送視聴（2013年比　＋7%）（Kanter Media 2015）

参考文献

Steinberg, L. (2014, March 29). The Economic Bonanza-March Madness. Retrieved by http://www.forbes.com/sites/leighsteinberg/2014/03/29/the-economic-bonanza-march-madness/

Kanter Media (2015, March 9). March Madness Generates $7.5 Billion in TV Advertising Since 2005. Retrieved by http://kantarmedia.us/press/march-madness-generates-75-billion-tv-advertising-2005

18　顧客満足，顧客ロイヤルティ，顧客価値

試合の勝敗と顧客満足

1　顧客満足とは

　顧客満足とは，提供された製品やサービスに対する自分のニーズがどの程度満たされたかに関する感情的な反応です。[1] 顧客満足をマーケティング目標の中心とし，顧客志向の仕組みを構築していくことはあらゆる企業の「共通理解」として認識されています。顧客満足の獲得をとおして，製品・サービスの再購入，他者へのポジティブなクチコミの誘発，満足した顧客の囲い込みに伴うコストの低下，[2] そして企業利益の増加が期待できるのです。

　スポーツ消費における顧客満足に影響を与える要素として代表的なものに顧客の期待，サービス・クオリティ，知覚価値などがあります。顧客の期待とは，顧客がある製品やサービスに対して事前に期待していた水準と，実際に知覚した水準がどの程度一致しているか（あるいは一致していないか）を表す指標です。サービス・クオリティとは，サービスの質が良いか悪いかに関する消費者の評価を指し，知覚価値とは顧客が費やす金額や時間などのコストに対して，得られた便益に関する主観的な総合評価のことです。多様な価値観をもつ消費者に対し，企業はこうした複数の要素を組み合わせながら顧客を分析してマーケティングプランを実行し，顧客満足の向上に努めなければなりません。

2　顧客満足の測定

　顧客満足を測定する際にしばしば用いられるのが，製品やサービスに対して顧客が抱く期待の不一致に着目した測定方法です。これには2通りあり，1つ目は事前に抱いていた期待値と実際に知覚した値を単純に引き算する方法です（方法①）。そして，もう1つは事前の期待値を測定せずに，事後（実際）に知覚した値が事前に抱いた期待値と一致していたかどうかを事後評価のみで尋ねる方法（方法②）です（図1）。その他にも，顧客満足の感情的側面に着目し，製品やサービスを消費した際の「喜び」や「幸福感」といった感情的反応を測定する手法が存在します。さらに，近年では顧客満足を複数の次元で測定する手法も取られており，例えばスポーツ観戦を対象とした際のコアプロダクト（例：チーム・パフォー

▶1　Oliver, R. L. (1997), "Satisfaction: A behavioral perspective on the consumer (2nd ed.)," M. E. Sharpe.

▶2　一般的に，既存顧客に対するマーケティング費用の方が新規顧客にかける費用よりも安いことが知られている。

▶3　原田宗彦（2008）「スポーツプロダクトとは」原田宗彦編著『スポーツマーケティング』大修館書店，34-66頁。

図1　期待不一致の測定方法

出所：原田（2008）[3] を基に筆者作成。

マンス・相手チームのスター選手の数）に対するゲーム満足とカスタマーサービス（例：座席の質・従業員サービス）に対するサービス満足を分けた測定も行われています。[4]

3 試合の勝敗と顧客満足

　スポーツ消費の特性の一つに，試合の勝敗があります。例えば，お気に入りチームのパフォーマンスはスポーツ観戦のコアプロダクトに該当するため，顧客満足に大きな影響を与えます。実際に，スポーツ観戦者を対象とした研究では応援チームが勝利した場合の方が敗北した場合に比べて観戦者の満足度が高くなる傾向があります。[5] しかし，単純に試合の勝敗のみで顧客満足の程度を予測するのは早計です。例えば，応援しているチームが接戦の末に負けた場合と大差をつけられて負けた場合とでは，同じ負けでもその「意味合い」は変わってきます。この際に参考となるのが，前述した期待不一致の考え方です。期待不一致の理論に従えば，勝敗にかかわらず，事前の期待水準を上回ったのか下回ったのか，あるいは期待通りだったのかを明らかにすることで顧客満足の程度や消費者の反応を理解することが可能です。[6] このように，ある製品やサービスに対する事前期待は顧客満足の程度を規定するうえで重要な要素ですが，一方で，期待の高め方にも注意が必要です。例えば，ホテルに宿泊する際インターネット上に掲載された部屋の写真と実際の部屋のギャップが（マイナスに）大きく，不満を抱いた経験はないでしょうか。つまり，顧客の期待を高めれば高めるほど実際の成果としてその期待水準に到達することがより難しくなります。プロモーション活動では，顧客にどれほどの期待を抱かせるかを適切にコントロールする絶妙な「さじ加減」が求められます。

4 周辺的サービスと顧客満足

　スポーツ観戦において試合などのコアプロダクトは，スポーツマーケターのコントロールがおよびにくい要素です。これに対し，コアプロダクトをサポートする周辺的サービスは管理が可能な要素であり，マーケターの腕の見せ所となります。例えば，周辺的サービスの機能的側面には，施設へのアクセスのしやすさ，座席の快適さ，スタッフの対応があり，他にもエンターテイメント・プログラムや会場の雰囲気・賑わいづくりによって構成されている情緒的側面などもあります。[7] 近年，Ｊリーグにおいて罰則に伴う無観客試合が開催されましたが，応援フラッグやユニフォームを身にまとった観客の声援がないスタジアムには，プロスポーツとしての華やかさ・魅力が一切感じられず，改めてコアプロダクトをサポートする周辺的サービスの重要性が浮き彫りとなりました。周辺的サービスはチームのパフォーマンスに関係なく取り組むことができるため，総体的な顧客満足度を高めることができる極めて重要な要素です。　（押見大地）

▶4 Yoshida, M. and James, J. D. (2010), "Customer Satisfaction with Game and Service Experience : Antecedents and Consequences", *Journal of Sport Management*, 24, pp. 338-361.

▶5 押見大地・原田宗彦（2013）「スポーツ観戦における感動──顧客感動・満足モデルおよび調整変数の検討」『スポーツマネジメント研究』5(1), 19-40頁。

▶6 Oshimi, D., Harada, M. and Fukuhara, T, (2015), "Spectators' Emotions during Live Sporting Events : Analysis of Spectators after the Loss of the Supported Team at the 2013 FIFA Confederations Cup," *Football Science*, 11, pp. 48-58.

▶7 Yoshida, M. and James, J. D. (2011), "Service Quality at Sporting Events : Is Aesthetic Quality a Missing Dimention?," *Sport Management Review*, 14(1), pp. 13-24.

（おすすめ文献）

†小野譲司（2010）『顧客満足の基礎知識』日本経済新聞出版社。

†ジョン・スポールストラ／中道暁子訳（2000）『エスキモーに氷を売る』きこ書房。

†ヤン・カールソン／堤猶二訳（1990）『真実の瞬間』ダイヤモンド社。

18　顧客満足，顧客ロイヤルティ，顧客価値

② 見せかけのロイヤルティと真の ロイヤルティ

▶ 1　Oliver（1999）はロ
イヤルティ（Loyalty）を
「他の製品サービスへのス
イッチを引き起こす可能性
のある状況的影響やマーケ
ティング努力が存在するに
もかかわらず，将来もまた
当該製品サービスを再購入
や再利用しようとする強力
なコミットメント」と定義
した（コトラー・ケラー
（2008）より）。この参考資
料は以下の２点である。
Oliver, R. L. (1999),
Whence consumer loyal-
ty?. *Journal of Marketing,*
pp. 33-44.
コトラー，フィリップ・ケ
ラー，ケビン・レーン／恩
蔵直人監修／月谷真紀訳
（2008）『コトラー＆ケラー
のマーケティング・マネジ
メント（第12版）』ピアソ
ン・エデュケーション。
▶ 2　松岡宏高（2008）
「概念装置としてのスポー
ツ消費者」原田宗彦編『ス
ポーツマーケティング』大
修館書店，67-89頁。

① 顧客ロイヤルティとは

　顧客に繰り返し購買してもらうことは売上を上げる効果的な方法の一つです。
これは一般的なビジネスだけでなく，スポーツビジネスにおいても同じです。
この繰り返される購買に関連する要因として，顧客満足と同様に重要であるの
が顧客ロイヤルティです[1]。

　顧客ロイヤルティは，「特定のプロダクトやブランドに対する顧客の好意的
な態度とそれに伴う一貫した購買行動」と定義することができます[2]。人にはそ
れぞれお気に入りの洋服やバッグのブランド，好んでいつも買う日用品のメー
カーなどがあるでしょう。それは，そのブランドやメーカーに対するロイヤル
ティの表れです。プロスポーツでいえば，「特定のチームやクラブに対する
ファンの好意的な態度とそれに伴う一貫した観戦行動」ということになります。
このような定義からわかるように，顧客ロイヤルティには，態度と行動という
２つの側面があります。

② ロイヤルティの２つの側面

　態度という側面，つまり態度的ロイヤルティとは，製品やサービス，ブラン
ド，およびその提供者である企業，組織に対する忠誠心を指します。プロス
ポーツでいえば，何があっても（負けても）チームを応援し続けるという
「チームに対する忠誠心」です。このチームに対する好意的な態度を意味する
概念は，心理的ロイヤルティとも呼ばれ，チームに対する愛着心，チームとの
同一化意識，そしてチームへの心理的コミットメントなどとほぼ同義とも考え
られています。

　一方の行動という側面，つまり行動的ロイヤルティとは，特定の製品やサー
ビスを継続して繰り返し購買する行動を指します。これは，購買頻度，購買量，
購買期間，購買パターンなどを用いて測定することができます。プロスポーツ
では，観戦頻度，シーズンチケット購入歴，ファン歴などで確認することがで
きるでしょう。

③ 態度と行動からみたロイヤルティのタイプ

　このような２つの側面を組み合わせて顧客ロイヤルティを捉えると，表1に

あるように４つの象限が確認できます。まず，態度的ロイヤルティと行動的ロイヤルティの両方が低い右下のセル，すなわちロイヤルティがない状態を除くと，残りの３象限は少なくともどちらかのロイヤルティが高い状態にあります。これら３タイプのロイヤルティは，態度的ロイヤルティのみが高い「潜在的ロイヤルティ」，その反対に行動的ロイヤルティのみが高い「見せかけのロイヤルティ」，そして両方が高い「真のロイヤルティ」とそれぞれ呼ぶことができます。

表1　ロイヤルティの４象限

		行動的ロイヤルティ	
		高い	低い
態度的ロイヤルティ	高い	真のロイヤルティ	潜在的ロイヤルティ
	低い	見せかけのロイヤルティ	ロイヤルティがない状態

出所：Dick, A. S. and Basu, K. (1994). Customer loyalty：Toward an integrated conceptual framework, *Journal of the Academy of Marketing Science*, 22(2)：pp. 99-113.

4　ロイヤルティとマーケティング戦略

　プロスポーツクラブ・球団が獲得したいのは，態度と行動の両側面をもち合わせた「真のロイヤルティ」に位置づけられるファンです。クラブ・球団の収入に直結するチケット購買の頻度が高く，またその購買行動も仮にチームの成績が低迷しても揺らぐ可能性は低いと考えられています。その理由には，態度的ロイヤルティの存在があります。チームとの心理的なつながりが強ければ，成績不振やそれによるチームに対する不満が起こったとしても，「また試合を見に行こう」という意欲は低下しません。[3]

　これに対して，「見せかけのロイヤルティ」に属する顧客層は，表面上の行動は「真のロイヤルティ」タイプと違いはないようですが，そこに態度が伴っていません。したがって，チームが成績不振に陥ったり，他にお気に入りのチームができたり，あるいは他のレジャー活動に興味をもったりすると，行動的ロイヤルティも低下し，試合を見に来なくなり，チームから離れていきます。[4] クラブ・球団には，そうなる前にこのような顧客のチームに対する好意的な態度を醸成させるような取り組みが必要になります。例えば，選手やチームを身近に感じることができるイベントの実施，あるいはホームタウンでの社会活動を通して，チーム・地域・ファンの三者の関係を強化するなどの方法があります。

　また，「潜在的ロイヤルティ」に位置づけられる顧客とは，チームに対する好意があり，チームとの心理的な距離が近いファンです。しかし，時間的，金銭的などの制約があり，観戦行動から遠ざかっている状態です。球団やクラブがこのようなファン層に対してできることは，観戦行動を阻害する要因を解明して，それらを取り除く工夫をすることです。　　　　　（松岡宏高）

▶3　Matsuoka, H., Chelladurai, P. and Harada, M. (2003). Direct and interaction effects of team identification and satisfaction on intention to attend games, *Sport Marketing Quarterly*, 12(4), pp. 244-253.

▶4　Harada, H. and Matsuoka, H. (1999). The Influence of new team entry upon brand switching in the J-League, *Sport Marketing Quarterly*, 8(3), pp. 21-30.

おすすめ文献

†Dick, A. S. and Basu, K. (1994). Customer loyalty：Toward an integrated conceptual framework, *Journal of the Academy of Marketing Science*, 22(2), pp. 99-113.

†原田宗彦編著／藤本淳也・松岡宏高 (2008)『スポーツマーケティング』大修館書店。

†山下秋二・中西純司・松岡宏高編著 (2016)『図とイラストで学ぶ新しいスポーツマネジメント』大修館書店。

18　顧客満足，顧客ロイヤルティ，顧客価値

スポーツにおける顧客価値の創造

1　顧客価値とは

　顧客価値（customer equity）とは現在の顧客から将来的に期待できる利益を合計した総利益であり，別名，顧客の生涯価値（lifetime value）といいます。[1]この概念はスポーツ小売店の来店者，フィットネスクラブの会員，プロスポーツイベントの観戦者，マラソン大会の出場者などに対して広く応用でき，マーケティングの費用対効果を捉える指標として有効です。その測定では，スポーツ組織がプロダクトの販売促進や顧客の維持管理のために費やす費用の合計によって，将来的に期待できる収入の合計を除すことで計算できます。顧客価値はマーケティング対効果を顧客単位で説明するものであり，特に顧客との取引が一時的でなく長期に渡って行われるスポーツ組織に適しています。

　この顧客価値に関して，もう一つ重要な点は顧客を資産の一部として捉えることです。従来の製造業やブランドを中心とした論理では，価値は企業の中で創造され，顧客は企業の外部に存在しました。ところが，顧客価値は顧客中心の論理から生まれた概念であり，企業やブランド中心の論理とは大きく異なります。顧客中心の論理では，企業と顧客が共に価値を創造し，顧客自身が企業の重要な人的資源となります（表1）。例えば，多くのファンに支えられるプロスポーツチームはシーズンチケットやレプリカユニフォームなどの販売において安定した売上を期待することができます。この場合，一定期間の売上を約束してくれる献身的なファンは生涯価値を生み出す重要な資産となります。

▷1　Rust, R. T., Lemon, K. N. and Zeithaml, V. A. (2004), "Return on marketing : Using customer equity to focus marketing strategy," *Journal of Marketing*, 68(1), pp. 109-127.

表1　プロスポーツにおける企業・ブランド中心の論理と顧客中心の論理の比較

比較項目	企業やブランド中心の論理	顧客中心の論理
価値の創造	選手が試合の中で創造	選手とファンが共に創造
主な製品	試合	スタジアム経験
ファンの位置づけ	標的市場	価値創造のための人的資源
マーケティングの目的	チケットやグッズの販売	顧客満足の向上
売上目標	今シーズンの売上の増加	ファンの生涯価値の増加
市場目標	市場占拠率の増加	顧客シェアの増加[2]
競争優位の源泉	製品およびブランドの価値	ファンの生涯価値

出所：筆者作成。

2　製品価値，ブランド価値，顧客価値の関係

　企業やブランド中心の論理において，製品価値やブランド価値は競争優位性

▷2　顧客シェアとは顧客が購入した製品のうち，特定企業の製品やサービスが占める割合のこと。

の構築のために欠かせない価値ですが，顧客中心の論理ではこれらの価値が生涯価値を向上させる前提条件になります。[13] まず，製品価値については，スポーツ消費者が「みる」または「する」という形態でスポーツプロダクトを購入する際に獲得する便益が，そのために費やした金銭的コスト（価格）および非金銭的コスト（時間，労力）をどれくらい上回ったかによって決定します。[14] 一方，ブランド価値は特定のブランドネーム（例：阪神タイガース，浦和レッドダイヤモンズ）に関する消費者の知識，経験，イメージから派生する観念的な価値であり，社会的な評判や心理的な愛着の強さで捉えることができます。ブランド価値はユニークなイメージや消費経験を創造し他社からの差別化に成功した場合に構築されます。[15]

　この顧客価値について，スポーツ観戦を例に説明すると，次のようになります。すなわち，観戦者が支払ったチケット代や移動で費やした労力よりも獲得した心理的便益の方が大きく（つまり製品価値が創出され），さらにその心理的便益が消費者の自尊感情を高めるような個性的な性質を帯びている時（つまりブランド価値が備わっている時），観戦者の再来場が促進され，結果的に顧客生涯価値が高まるということです。この場合の便益には，エキサイティングな試合展開やエンターテインメント性のある試合演出に加え，食事サービスや座席の快適性などのカスタマーサービスも含まれます。

③ スタジアムの規模縮小と顧客価値の創造

　2000年以降に米国で建設されたスタジアムのほとんどが，建て替えられる前に使用されていたスタジアムよりも規模を縮小しています。例えば，2012年にニュージャージーからブルックリンに移転してきたネッツというNBAチームのホームアリーナのバークレイズセンターの収容人数は1万8000人に満たないですが，ニュージャージー時代のアリーナの収容人数が2万人以上だったことを考えると敢えて規模を縮小したことになります。アリーナを小さくし座席数を減らすと，入場者が減り売上が落ちると思う人がいるかもしれません。ところが，ネッツは逆に小さいアリーナの方がきめ細かい接客が可能になる点に目をつけ，来場者が感動するサービスの提供に成功しています。「クラブシート」[16] と呼ばれる会員制の座席では高級レストラン並みの食事サービスが提供されており，食事を楽しむ大人たちはジャージ姿ではなくドレスやスーツに身を包んでいます。

　アリーナの縮小に伴う顧客価値の向上は確実にチケット価格に表れています。ニュージャージー時代のチケットの平均価格が約40ドルだったのに対し，ブルックリンに移転してからは約60ドルへと上昇しています。[17] 小さなスタジアムは多くの感動を呼ぶサービスを生み出し，これらの洗練されたサービスによる上質なスタジアム経験のためなら，ファンは快く大金を払うことをバークレイズセンターは証明しています。

（吉田政幸）

▷3　Vogel, V., Evans-chitzky, H. and Ramaseshan, B. (2008), "Customer equity drivers and future sales," *Journal of Marketing*, 72 (6), pp. 98-108.

▷4　松岡宏高（2010）「スポーツマネジメントの概念の再検討」『スポーツマネジメント研究』2，33-45頁。

▷5　Ross, S. (2008), "A conceptual framework for understanding spectator-based brand equity," *Journal of Sport Management*, 20, pp. 22-38.

▷6　座席の座り心地や会場の眺めが良いだけでなく，質の高い飲食サービスやドリンクを楽しめるラウンジへのアクセスが認められている会員制のシートのこと。

▷7　Team Marketing Report (2012-2013), "Fan cost index," Available at. http://www.fancostexperience.com/（2015年10月12日最終アクセス）

（おすすめ文献）

†ラスト, R. T.・ザイタムル, V. A.・レモン, K. N.／近藤隆雄訳（2001）『カスタマー・エクイティ──ブランド，顧客価値，リテンションを統合する』ダイヤモンド社。

†松岡宏高（2008）「概念装置としてのスポーツ消費者」原田宗彦編著『スポーツマーケティング』大修館書店，67-89頁。

†吉田政幸（2015）「スポーツサービスと消費行動」原田宗彦編著『スポーツ産業論（第6版）』杏林書院，114-128頁。

18　顧客満足，顧客ロイヤルティ，顧客価値

 # スポーツマーケティングと経験価値

▶1　シュミット，B. H. ／嶋村和恵・広瀬盛一訳 (2000)『経験価値マーケ ティング——消費者が「何 か」を感じるプラス α の 魅力』ダイヤモンド社。

▶2　Brakus, J. J., Schmitt, B. H. and Zarantonello, L. (2009), "Brand Experi- ence: What is it? How is Measured? Does it Affect Loyalty?," *Journal of Marketing*, 73 (3), pp. 52- 68.

1　経験価値とは何か

　スポーツがもたらす価値の一つに「経験」があります。ここでいう経験とは，過去に起こった経験や体験のことを指すのではなく，スポーツ消費者が製品やサービスに接する際，実際に肌で何かを感じたり感動したりすることを指します。するスポーツも見るスポーツもサービス財としての特徴をもつため，経験との親和性は極めて高く，消費者の経験価値を高めることはスポーツマーケティングの重要課題です。経験価値をデザインするにあたり，シュミットは5つの価値から構成される戦略的経験価値モジュール（strategic experiential mod-ules：SEM）を提唱しています（表1）。伝統的なマーケティングでは顧客は理性的な判断をもって製品やサービスを購入し，機能的な側面を重視するという考え方が前提とされていたため，感情・経験的側面を重視する経験価値マーケティングは，その後のマーケティングのあり方に大きな影響を与えました。

表1　シュミットの戦略的経験価値モジュール（SEM）

種類	内　容
Sense	五感に訴えかける感覚的経験価値
Feel	感情や気分に働きかける情緒的経験価値
Think	創造性や認知に働きかける知的経験価値
Act	肉体的な経験価値とライフスタイル全般に働きかける行動的経験価値
Relate	準拠集団や文化との関連づけに働きかける関係的経験価値

2　ブランド・エクスペリエンス

　ブランドと経験の関係性を説明するものとして，ブランド・エクスペリエンスという概念があります。ブランド・エクスペリエンスとは，ブランドに関連する刺激に対する消費者の主観的な反応のことを指し，感覚的経験，情緒的経験，行動的経験，知的経験の4つで構成されています。感覚的経験とは，ブランドに関連する刺激が視覚や聴覚といった五感に訴える経験のことを指し，情緒的経験ではブランドが消費者の感情を喚起します。行動的経験は該当のブランドの使用体験を表し，知的経験はブランドによる好奇心の刺激のことです。

　例えば，スタジアムにおけるスポーツ観戦の場合，統一カラーのユニフォームをまとった観衆との観戦経験は，視覚や聴覚が刺激される感覚的経験として理解できます。また，卓越したパフォーマンスやお気に入りチームへの応援に

よって喚起される興奮や感動といった経験も情緒的経験に該当します。さらに，「伝統の一戦」や「ダービーマッチ」といったキャッチフレーズは消費者の認知機能が刺激される知的経験という形で消費されます。また，東京マラソンのようなブランド化した参加型スポーツイベントにおいても経験価値は提供されます。例えば，ランニングという行動的経験に加えて，多種多様なコスプレを身にまとった参加者とともに東京の中心街を一緒に走る時の非日常的な雰囲気は，参加者の感覚的・情緒的経験です。スポーツ消費では，こうしたさまざまな経験によって消費者のブランドへの態度が強化され，結果として顧客満足やロイヤルティの向上につながっていきます。

③ 経験価値のデザイン

　パインとギルモアは，著書『経験経済』[3]の中で製品およびサービスを個々の顧客に合わせてカスタマイズし，その経済的価値を向上させる必要性を説きました。重要なのは，製品やサービスをカスタマイズする「ステージング」によってコモディティ化[4]を防止することです。経済価値の最終形態は「変革」であり，「なりたい自分になる」ことを可能にするビジネスを指します。例えば，ダイエットや健康を目的とした市民ランナーに向けたさまざまなアプリケーションが開発されていますが，それはまさに「なりたい自分になる」という変革に向けた経験をサポートする製品・サービスといえます。一方で，注意すべきは慣れから生じる「経験のコモディティ化」です。マーケターには顧客を飽きさせない不断の努力が要求されるのです。

④ 顧客感動の創造

　卓越した経験価値の提供は顧客満足を超える顧客感動（customer delight）を生み出します。顧客の感動を創造するうえで重要な要素は，「驚き（サプライズ）」[5]の存在があげられます。嬉しい，楽しいなどの快感情に加えて驚きの感情が加わることで，顧客が事前に抱いていた期待値を大きく上回り感動に至ります。一方，驚きの感情を伴わない感動の存在も指摘されています。例えば，[6]最後まであきらめずにプレイする選手の姿をみた時や，選手の何らかのストーリーに共感することで得られる感動などです。驚きを創り出すのは時間や労力といったコストが必要とされることから，驚きを伴わない感動を特定し創造していくこともマーケターには求められます。ホテル業界やエンターテインメント業界などのホスピタリティ産業では，顧客満足を超える感動の提供が重要ですが，経験を伴うスポーツ消費と感動も極めて親和性の高い関係にあります。

（押見大地）

▷3　パイン，B. J.・ギルモア，J. H.／岡本慶一・小高尚子訳（2005）『［新訳］経験経済──脱コモディティ化のマーケティング戦略』ダイヤモンド社。

▷4　他の製品との差別化ができないため，市場に流通する商品に大きな差がない状態のことを指す。

▷5　Oliver, R. L., Rust, R. T. and Varki, S. (1997), "Customer Delight : Foundations, Findings, and Managerial Insight," *Journal of Retailing*, 73 (3), pp. 311-336.

▷6　Oshimi, D. (2015), *Emotions of sport spectators.* "Sports Management and Sports Humanities," Kanosue, K., Kogiso, K., Oshimi, D. and Harada, M. (Eds.). Springer.

（おすすめ文献）

†シュミット，B. H.／嶋村和恵・広瀬盛一訳（2000）『経験価値マーケティング──消費者が「何か」を感じるプラスαの魅力』ダイヤモンド社。

†パイン，B. J.・ギルモア，J. H.／岡本慶一・小高尚子訳（2005）『［新訳］経験経済──脱コモディティ化のマーケティング戦略』ダイヤモンド社。

†原田宗彦・押見大地・福原崇之（2013）『Jリーグマーケティングの基礎知識』創文企画。

19　関係性マーケティング

マーケティングの枠組みの変化と 関係性マーケティング

▷1　嶋口充輝（1994）
『顧客満足型マーケティングの構図——新しい企業成長の論理を求めて』有斐閣。
▷2　村松潤一（2004）
『戦略的マーケティングの新展開——経営戦略との関係』同文舘出版。

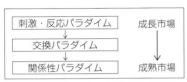

図1　マーケティングの枠組みの変化

出所：嶋口（1994）。

1　マーケティングの枠組みの変化

　嶋口（1994）は，マーケティングの枠組み（パラダイム）が時代とともに変遷していったことを指摘しています（図1）。以下の3つは現代マーケティングにおいていずれも重要なものですが，刺激・反応および交換のパラダイムが瞬間的あるいは短期的な性格をもつのに対し，関係性のパラダイムは，継続的あるいは長期的な性格をもっています。

　日本では1993年にプロサッカーリーグがスタートしましたが，発足に当たっては，未開拓な市場へ刺激（宣伝やプロモーションなど）を与え，スタジアムに観戦に来るという反応を，いかに効果的に呼び起こすかに注力されました（刺激・反応パラダイム）。そして，スタジアムに来場するようになると，観戦行動で得られる満足（顧客満足）と時間や費用といったコストとの関係が問題になります（交換パラダイム）。そして，ファンとしてプロサッカーのクラブとの関係が構築されると，多くの場合，両者にコミュニケーションが生まれ，ファンはクラブやリーグとの間に心理的な結びつきをもち，協働的な活動が生まれるかもしれません（関係性パラダイム）。

　スポーツ消費者を，新しいプロスポーツのために開拓が比較的，容易な新規顧客として捉える（刺激・反応パラダイム）見方から，観戦の経験を背景に，コスト（時間・費用）と満足の交換において顧客満足を大きくしたいとする顧客として捉える（交換パラダイム）見方へ，さらに，プロのクラブやリーグと関係をもち，心理的にも協働して応援したいというつながりをもった顧客として捉える（関係性パラダイム）見方に推移するという考え方です。

2　市場の成熟化と関係性マーケティング

　関係性マーケティングとは「顧客との良好な関係を長期的，継続的に維持し，深くしてゆくことで顧客との良好な関係を維持し，顧客の強いロイヤルティを創り出す」取り組みを意味していますが，それは市場の成熟化と関係があります。市場の成熟化は，需要の伸びが鈍化するという量的な変化だけでなく，需要の中心が新規市場ではなくリピーター市場にシフトし，質的な変化をもたらすといわれています。例としたプロサッカーが誕生して四半世紀が経過すれば，

▷3　池尾恭一（1999）
『日本型マーケティングの革新』有斐閣。

それは目新しいものではなく，観戦に訪れた人は多くの知識と経験をもつようになります。リピーターの割合が高まるにつれ，リピーターとの関係を維持・強化して，熱心なサポーターになってもらう，あるいは勧誘行動や口コミのメディアとして機能してもらう，といったリピーターの活用方策が重要になります。

3 関係性マーケティングがもたらす協力的行動

伝統的なマーケティングでは，顧客満足を重視するものでした。もちろん顧客満足は，いずれのマーケティングにとっても重要な要素ですが，関係性マーケティングにおいては，プロのクラブやリーグとファンとのコミュニケーションが伝統的なマーケティングにはない成果（例えば，長期志向や協力的行動）を生む場合があります（図2）。

例えば，プロサッカークラブの松本山雅は「うちの売り物は素晴らしいサポーターである」と表明しています。クラブは中核的なファン（ロイヤルティの高い顧客）に「ホームゲームではクラブのためにいいお客さんを演じて下さい」と伝え，新規の観戦者をもてなすよう（快適な思いをしてもらうよう）働きかけています。熱心なファンはファンのコミュニティの凝集性が高いため，ややもすれば排他的になりがちですが，松本山雅の熱心なファンは努めて新規の観戦者に配慮しています。スタジアムにおけるファンのコミュニティがおもてなしの気持ちをもった快適なものであれば，それはスタジアムの大きな魅力になります。クラブとファンの関係が強まり，クラブの活動理念が共有できれば，ファンの協力的行動が活性化していくことが期待できます。　　　　　（仲澤　眞）

▶ 4　内田祐介・櫻井千尋（2015.11.17）「パーソナルコミュニケーション」長野県松本市。

▶ 5　Yoshida, et al. (2014) は，ファン・エンゲージメント（fan engagement）の概念として，協働（チームの運営を手伝う），社会的相互作用（他のファンを気遣う），結果への寛容性（チームを気遣う）などをあげている（Yoshida, M., Gordon, B. S., Nakazawa, M. and Biscaia, R. (2014), Conceptualization and measurement of fan engagement：Empirical evidence from a professional sport context, *Journal of Sport Management*, 28, pp. 399-417）。

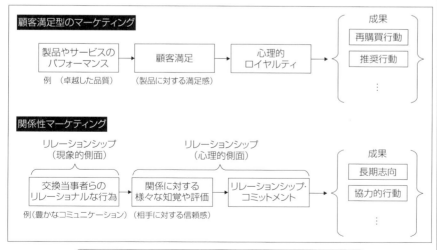

図2　顧客満足型マーケティングと関係性マーケティング

出所：久保田進彦（2003）「リレーションシップ・マーケティングの再検討」『流通研究』6 (2)，日本商業学会，16頁。

（おすすめ文献）

†和田充夫（1998）『関係性マーケティングの構図』有斐閣。

†和田充夫（1999）『関係性マーケティングと演劇消費——熱烈ファンの創造と維持の構図』ダイヤモンド社。

19　関係性マーケティング

　顧客関係管理

① 顧客関係管理とは

　顧客関係管理（customer relationship management：CRM）とは，情報技術を使って顧客情報を詳細に管理し，顧客ロイヤルティを最大化するように顧客の消費経験をマネジメントすることです[1]。例えば，プロ野球チームやJリーグクラブなどのプロスポーツチームは，ファンクラブ会員の年齢，居住地，券種，来場頻度，来場時間，滞在時間，獲得ポイント数などを集約・分析することで，ファンの特性に合わせたサービス，プログラム，特典，メッセージの提供が可能となります[2]。顧客情報を活用したマーケティング実践は大きく三種類あり（表1），その一つがパンフレットの配布，カタログの郵送，ダイレクトメールの配信，会員限定のウェブサイトの開設などを通じた情報提供です。これらには非会員が入手できない会員限定の情報という役割だけでなく，会員の興味や過去の購買歴に応じて最適な情報を提供する推奨サービスという役割もあります。例えばプロスポーツの場合，女性会員，キッズ会員，シルバー会員は一般のレギュラー会員と異なるニーズや嗜好性をもっていることから，その特性に応じた情報提供を行うことが大切です。

　次に，二つ目のマーケティング実践は，会員の中でも特に優良顧客をもてなす特別待遇です。非会員が利用できない割引，先行販売，先行入場のような実用性のある待遇に加え，より高いランクの会員に対してはラウンジへのアクセス[3]を認め，さらにスタジアム周辺のプレートに好きなメッセージや名前を掲出する権利を与えるなどのVIP（very important person：VIP）待遇があります。プロスポーツイベントにおけるクラブシート[4]やラグジュアリースイーツ[5]は特別待遇の代表例です。

　マーケティング実践の三つ目は，利用頻度や購買金額に応じてポイントが付与され，それを限定グッズや特別サービスと交換できるポイント制度です。会員はポイントを貯めるために時間と労力を費やし，さらに獲得したポイントは金銭的に価値があることから，苦労して貯めたポイントを失いたくないという心理が働きます。この時感じる心理的負担はリレーションシップ・コスト（relationship cost）と呼ばれ，会員がCRMプログラムから退会するのを防ぐ効果があります。会員プログラムの中にはポイントを貯めるとアップグレードされる仕組みのプログラムもあり，ポイントと年会費の両方が段階的なエスカレー

▶1　Payne, A. and Frow, P. (2005), "A strategic framework for customer relationship management," *Journal of Marketing*, 69 (5), pp. 167-176.

▶2　Kotler, P. and Keller, K. L. (2008), *Marketing Management* (13th ed.), Prentice-Hall : Englewood Cliffs, NJ, USA.

▶3　ラウンジとは，特別に許可された観戦者だけが入場を認められる会員制の休憩所のことで，一般の来場者が利用できない上質のレストラン，バー，スペース（ソファ，テーブル，カウンター）を利用できる。

▶4　クラブシートとは，座席の座り心地や会場の眺めが良いだけでなく，質の高い飲食サービスやドリンクを楽しめるラウンジへのアクセスが認められている会員制のシートのこと。

▶5　ラグジュアリースイーツとは，主にスポンサーや取引先企業などに対して高額な値段で長期間賃貸されるボックス席であり，質の高い食事サービスや特別感のある座席サービスを利用できる。

ター制となっています。

2　マルチメディア時代の CRM

CRM では複数のチャネルで収集した顧客データを一つに統合することで，セグメント・マーケティング[16]をより効果的に行うことができます。例えば，小学生の子どもをもつ家族連れがプロ野球の試合を観戦するため，スタジアムのチケットカウンターで当日券を購入したとします。その際，数

表1　顧客情報を活用した三種類のマーケティング実践

会員向けの情報提供	特別待遇	ポイント制度
パンフレットの配布	割引，先行販売	ポイント付与
カタログの郵送	先行入場	ポイント交換
ダイレクトメールの配信	ラウンジへのアクセス	アップグレード
会員限定のウェブサイトの開設	メッセージや名前の掲載	リレーションシップコストの増加

出所：Berry, L. (1995). "Relationship marketing of services : growing interest, emerging perspectives." Journal of the Academy of Marketing Science, 23, p. 240を基に筆者作成。

試合を観戦するのであればファンクラブに入会した方が断然安いことを知らされた父親は，レギュラー会員に入会しました。後日，チームの公式ホームページのインターネット通販でTシャツとタオルを注文し，さらに次節の観戦チケットもチケットレスサービスで購入しました。この時，この観戦者の個人情報はファンクラブ，インターネット通販，チケットレスサービスの三種類のデータベースに保存されます。これらのデータの特性は異なっており，ファンクラブは性別，年齢，住所，電話番号，職業などの人口動態的データを含んでいますが，一方でインターネット通販とチケットレスサービスはグッズとチケットの購買歴を記録した行動的データと基本属性の両方を含みます。CRMにおいて重要なのは，このように種類の異なるデータをつなぎ合わせ，行動的データを性別や年齢などの人口動態的データで細分化して検証することです。顧客データにはEメールアドレスが登録されているので，解析結果を基に新企画やイベント情報に興味を示す顧客セグメント[17]を抽出し，最適な形で情報を配信することができます。

3　顧客維持のマーケティングとしての CRM

CRM は新規顧客よりも既存顧客との関係性を強め，ブランド・ロイヤルティを長期的に高めるためのマーケティングです。スポーツ組織は CRM によって試合会場とインターネットの両方で収集したデータを連結し，スポーツ消費者の行動パターンを解析することで，それぞれの特性に応じた価値を提案することができます。しかしながら，集めたデータを十分に解析せずに試合やイベントの情報を配信すると，それは顧客の興味をまったく引かないジャンクメールになってしまいます。CRM を効果的に実施するためには，データの解析とセグメント・マーケティングを連動させることが重要です。　（吉田政幸）

▷6　セグメント・マーケティングとは，市場を細分化（セグメント化）し，分類されたセグメントの特性に応じてマーケティングを行うこと。

▷7　顧客セグメントとは，ある基準に基づいて市場を細分化した際に抽出される顧客の集合のこと。

おすすめ文献

†ラスト，R.T・ザイタムル，V.A・レモン，K.N.／近藤隆雄訳（2001）『カスタマー・エクイティ──ブランド，顧客価値，リテンションを統合する』ダイヤモンド社。
†松岡宏高（2008）「ITマーケティング」原田宗彦編著『スポーツマーケティング』大修館書店，178-194頁。
†吉田政幸（2015）「スポーツサービスと消費行動」原田宗彦編著『スポーツ産業論（第6版）』杏林書院，114-128頁。

19　関係性マーケティング

ロイヤルティプログラムの役割

1　ロイヤルティプログラムとは

　コンビニエンスストアのポイントカードや航空会社のマイレージサービスのことをロイヤルティプログラム（loyalty program）といいます。前節で紹介したように，顧客ロイヤルティを最大化するための関係性のマネジメントが顧客関係管理ですが，この「関係強化」おいて中心的役割を担うのがロイヤルティプログラムです。プロスポーツではこれをファン・ロイヤルティプログラム（fan loyalty program）と呼び，日本ではファンクラブの名称で親しまれています。会員は入会特典，チケットの優先販売，チケットやグッズの会員割引，スタジアムの先行入場，ラウンジの利用権利，獲得ポイントに応じてプレゼントされる特典グッズなどに加え，その他にもスタジアムツアー，ファン感謝デー，選手のサイン会などへの参加権利を得ることができます。

2　ロイヤルティプログラムの価値

　ロイヤルティプログラムによってスポーツ組織と会員の結び付きが強化されると，関係性自体に価値が生まれます。最近の研究ではこの価値を関係価値と呼んでおり，より収益性の高い会員をつなぎとめるために提供される特別待遇やポイント交換システムに対する会員の態度形成と理解できます[2]。会員が感じる関係価値は消費者心理の側面から，認知的，感情的，社会的，関係的要素に分類することでより詳細に捉えることができます（図1）。スポーツチームのファンクラブの場合，(1)割引によって買い得感を感じる認知的反応，(2)特典を楽しむ感情的反応，(3)会員同士で共同体意識を形成する社会的反応，(4)会員限定の特別待遇が欠かせなくなる関係的反応などです[3]。関係価値が強められると，会員はスポーツ製品自体の価値やブランド価値に加え，関係性を理由に購買が促進されるようになります[4]。

3　ロイヤルティプログラムの効果

　製品価値，ブランド価値，関係価値が顧客ロイヤルティに及ぼす影響は時間の経過とともに変化しま

▷1　Yoshida, M., Gordon, G., Heere, B. and James, J. D. (2015), "Fan community identification： An empirical examination of its outcomes in Japanese professional sport," *Sport Marketing Quarterly*, 24 (2), pp. 105-119.

▷2　Rust, R. T., Zeithaml, V. A. and Lemon, K. N. (2000), *Driving customer equity： How customer lifetime value is reshaping corporate strategy*, Free Press： New York, NY.

▷3　Mimouni-Chaabane, A. and Volle, P. (2010), "Perceived benefits of loyalty programs： Scale development and implications for relational strategies," *Journal of Business Re-*

関係価値	関係価値を測定するための質問例
買い得感	ファンクラブで割引の恩恵を受けている
娯楽性	ポイントを特典に変えることは楽しい
共同体意識	ファンクラブはあなたのような人たちによって支援されている
特別待遇	非会員が利用できない特別待遇を得ている

製品価値　➡　顧客ロイヤルティ　⬅　ブランド価値

図1　関係価値とロイヤルティの関係

出所：Mimouni-Chuabane, A. and Volle, P. (2010) および Vogel, V., Evanschitzky, H. and Ramaseshan, B. (2008) を基に筆者作成。

す。例えば，ある人がプロスポーツチームのファンクラブに加入しても，入会当初は特別待遇や会員特典の恩恵を十分に得ることができません。この場合，観戦を継続するかどうかはスタジアム観戦というスポーツ製品自体の価値にかかっています。ところが，応援を続けるうちに，徐々にチームへの愛着が湧いてくるようになり，それはブランド価値という形で会員の中に蓄積されます。さらに，観戦を続けると来場ポイントが貯まり，非会員が入手できない特典グッズや会員限定の特別待遇を利用できるようになります。この段階になると関係価値が形成され始め，さらに長い年月をかけるとゴールド会員やプレミアム会員などのランクを意識しながらより高い会員種別へと進んでいきます。入会当初，新規会員はスポーツ製品にしか価値を見出すことができませんが，観戦を重ねることにより，やがてブランド価値と関係価値を高く評価するようになります。

さらにシーズンを超えて観戦が継続されると，スポーツ製品の価値よりもブランド価値と関係価値の方が顧客ロイヤルティに影響を及ぼすようになります。この段階になると，試合結果や一時的なプロモーション活動よりも，チームの評判やファンクラブ会員としてのステータスの方が重要な意味をもちます。ブランド価値はチームの伝統，歴史，イメージなどの観念的価値と密接に関わっており，広報活動の影響を強く受けます。一方で関係価値はファンクラブが提供する特別待遇や会員特典を通じて作り出すことができます。顧客ロイヤルティの向上で大切なのは，イベント運営，広報，ファンクラブの3つの部署が会員の成長段階に応じて製品価値，ブランド価値，関係価値を創出することです。

4 共同体意識と顧客ロイヤルティ

近年，スタジアムにおける直接観戦とファン同士の共同体意識の間には強い関係性があることが明らかとなっています。スタジアムでファン同士が一丸となって選手たちに声援を送る際に感じる一体感は，テレビ観戦では経験できないスタジアム観戦ならではの共有体験です。テレビで試合を観戦する人は主に「チーム」や「選手」に対して愛着がありますが，スタジアム観戦に踏み切る人は「チーム」や「選手」だけでなく，スタンドに詰め掛ける他の「ファンたち」に対しても愛着を形成します。このファン同士の愛着が会場の一体感を生み出し，応援歌の大合唱やコレオグラフィーへの参加を促進します。ファンクラブにはこのようなファンの共同体意識を醸成する働きがあり，会員の間で共有されるグッズ（Tシャツ，タオル，ユニフォームなど）やイベント（スタジアムツアー，ファン感謝デー，選手との交流会など）にはファン同士を結び付ける効果があります。ファンクラブは単に買い得感や特別感を感じてもらうための仕組みではなく，会員がファンであることに誇りを感じ，その思いをファン同士で互いに共有できるコミュニティといえます。 （吉田政幸）

search, 63, pp. 32-37.

▷4 Vogel, V., Evanschitzky, H. and Ramaseshan, B. (2008), "Customer equity drivers and future sales," *Journal of Marketing*, 72(6), pp. 98-108.

▷5 Johnson, M. D., Herrmann, A. and Huber, F. (2006), "The evolution of loyalty intentions," *Journal of Marketing*, 70(2), pp. 122-132.

▷6 Yoshida, M., Heere, B. and Gordon, B. (2015), "Predicting behavioral loyalty through community: Why other fans are more important than our own intentions, our satisfaction, and the team itself," *Journal of Sport Management*, 29(3), pp. 318-333.

▷7 コレオグラフィーとは，サッカー観戦などで大勢の来場者がボードなどを掲げて作り出す人文字のこと。

おすすめ文献

†ラスト, R. T・ザイタムル, V. A・レモン, K. N.／近藤隆雄訳 (2001)『カスタマー・エクイティ——ブランド，顧客価値，リテンションを統合する』ダイヤモンド社。

†松岡宏高 (2008)「ITマーケティング」原田宗彦編著『スポーツマーケティング』大修館書店，178-194頁。

†吉田政幸 (2015)「スポーツサービスと消費行動」原田宗彦編著『スポーツ産業論（第6版）』杏林書院，114-128頁。

20　WOM（クチコミ）マーケティング

 # WOMマーケティングの台頭

Word of Mouth（クチコミ）とは

　インターネット上では，商品やサービスを利用した感想や意見を掲載するクチコミサイトが人気を集めています。Word of Mouth（クチコミ）は最も古いメディアとも言われますが，インターネットの普及によりそれは個人対個人だけでなく不特定多数同士のコミュニケーションになり，その量は爆発的な増加を続けています。濱岡・里村は，アーント（Arndt 1967）の定義に基づきクチコミを表1のように定義しています。ここで重要な点は，送り手と受け手が双方向で製品やサービス等についてコミュニケーションを行っていますが，その目的は商業的であってはならないということです。

　近年，消費行動においてクチコミの影響力が高くなっています。濱岡・里村（2009）によるとメディアの多様化にもかかわらず，友人，家族からのクチコミは認知，情報入手，評価，最終決定のいずれの段階においても依然として重要視されています。その背景として消費者は，企業からの情報は「企業の都合の良い情報しかない」という不満をもっていることがあげられます。つまり企業からの情報が信頼できないため，企業とは関係のない第三者からの情報を信用するようになってきています。

❷　クチコミを活用したマーケティング

　古くはタクシー運転手などに自社を褒めさせるなど，クチコミを活用したマーケティングは以前からありました。1990年以降はインターネット上のクチコミ（eクチコミ）の広がりによりWOMマーケティングへの注目が高まっています。WOMマーケティングには大きく，(1)自社の製品やキャンペーンによるものと，(2)クチコミを刺激する手法と他者を活用してクチコミを広めるものに大別されます。前者は，話題性のある映像やCMなどを提供（バイラルマーケティング）したり，試供品や新製品などを優先提供（種まきプログラム）したりすることによって，消費者に自社の製品やサービスを話題にしてもらうきっかけを作るものです。後者は，さらに，(1)優先的な情報提供や，開発などに協力してもらった人へのeクチコミの促進などのように，クチコミの伝道者と自社との関係が比較的わかりやすいもの（例：友人紹介プログラムやアフィリエイ

▷1　濱岡豊・里村卓也（2009）『消費者間の相互作用についての研究──クチコミ，eクチコミを中心に』慶應義塾大学出版会。

▷2　Arndt, Johan (1967), "Word of Mouth Advertising : A Review of the Literature", New York : Advertising Research Foundation.

表1　Word of Mouth（クチコミ）の定義

①話し手と受け手のコミュニケーションであること
②ブランド，製品，サービス，店に関する話題であること
③受け手が非商業的な目的であることを知覚していること

出所：濱岡・里村（2009）を基に筆者作成。

▷3　前掲▷1。

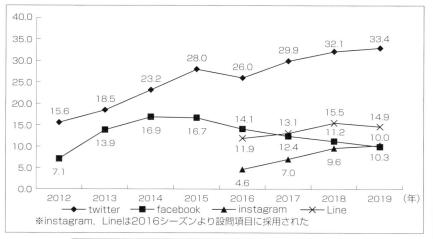

▶4　日本プロサッカー
リーグ（2012）『Jリーグ
スタジアム観戦者調査2011
サマリーレポート』；同
（2013）『Jリーグスタジア
ム観戦者調査2012サマリー
レポート』；同（2014）『J
リーグスタジアム観戦者調
査2013サマリーレポート』；
同（2015）『J.LEAGUE FAN
SURVEY 2014 SUMMARY
REPORT』；同（2016）『J.
LEAGUE FAN SURVEY
2015 SUMMARY RE-
PORT』；同（2017）『J.
LEAGUE FAN SURVEY
2016 SUMMARY RE-
PORT』；同（2018）『J.
LEAGUE FAN SURVEY
2017 SUMMARY RE-
PORT』；同（2019）『J.
LEAGUE FAN SURVEY
2018 SUMMARY RE-
PORT』；同（2020）『J.
LEAGUE FAN SURVEY
2019 SUMMARY RE-
PORT』。
▶5　笹川スポーツ財団
（2014）『スポーツ白書
2014～スポーツの使命と可
能性』。
▶6　2012年から2014年ま
での短い期間で，twitter，
facebook とも大きな伸び
を示しており，今後さらに
伸びることが期待される。

図1　Jリーグ観戦者の情報入手についてのSNS利用状況

出所：日本プロサッカーリーグ，スタジアム観戦者調査サマリーレポート2015，2016，2017，2018，2019を基に筆者作成。[14]

ト）と，⑵クチコミ・エージェントやオピニオン・リーダー，インフルエン
サーの活用といった自社との関係がわかりづらいものに大別されます。

❸ スポーツ観戦におけるクチコミ

　スポーツマーケティングにおいてもクチコミの力が期待されています。例え
ばJリーグでは，クラブの公式サイトがファンへの情報伝達の際に最も有力な
メディアになっています。しかしながら，公式サイトは，AIDA の法則
（AIDA：Attention, Interest, Desire, Action）において，その特性から注意
（attention）の段階やそれ以前の無関心層への接触は困難とされ，その訴求対象
は興味あるいは欲求，行動のステージにある層に限られていました。SNS は
それを打ち破るメディアとして大いに期待されています。[15]それまで特定のス
ポーツ組織に興味をもたず，自ら情報探索をしないような層に対し，スポーツ
組織へのロイヤルティの高いオピニオン・リーダーから SNS を通じて発せら
れるeクチコミを介して情報に接する機会を得ることになります。例としたJ
リーグでは，友人・知人などから誘いが初観戦のきっかけの主要なものになっ
ており，SNS の活用への期待が高まっています。図1は SNS がJリーグの観
戦者において急速に活用されていることを示しています。[16]SNS 利用者の中の
オピニオン・リーダーの割合は高くはありませんが，彼らのクチコミを促すよ
うな施策が新規層の獲得に重要になってくるものと考えられます。

（岩村　聡）

（おすすめ文献）
†エマニュエル・ローゼン
／浜岡豊訳（2002）『クチ
コミはこうしてつくられ
る』日本経済新聞出版社。
†セス・ゴーディン
（2001）『バイラルマーケ
ティング』翔泳社。

20　WOM（クチコミ）マーケティング

 # WOMマーケティングの倫理と課題

1 「クチコミ」の氾濫

▶1　http://corporate.kaka ku. com/press/release/2015 0703（2017年4月3日最終 アクセス）
▶2　Sernovitz, A. (2006), *Word of Mouth Market- ing : How Smart Com- panies Get People Talk- ing*, Kaplan Publishing.
▶3　ステルス・マーケ ティングとは，一般消費者 になりすまして，意図的に 製品・サービスの肯定的な 流言を吹聴したりSNSや ブログなどに書き込んだり する行為。

　インターネットの普及以後，さまざまなクチコミサイトが誕生し，インター ネット上ではクチコミが氾濫しているともいえます。例えば飲食店のクチコミ サイト大手の「食べログ」では，1カ月に30万前後のクチコミが集まってい ます。クチコミの要件の一つとして非商業的な目的であることがあげられてい ますが，倫理的に問題のあるクチコミ・マーケティングなども行われているこ ともあります。セルノヴィッツはWOMマーケティングを成功させるために はこの倫理を第一にする必要があると述べています。そうしないとクチコミの 信頼が低下してしまうからです。WOMマーケティングを行うためには，クチ コミの信頼性を維持しなければなりません。しかしながら，ステルス・マーケ ティングによって自社の肯定的な情報を伝搬させようとする行為もみられます。 こういった行為が明らかになった際は自社のイメージの悪化は避けられないの はいうまでもなく，クチコミ自体の信頼も揺らぎかねません。

2 WOMマーケティングによるトラブル

　クチコミサイトなどインターネット上のクチコミ（eクチコミ）の影響力が 強まるにつれてトラブルも急増しています。例えば2011年頃には飲食店を評価 するクチコミサイト上に，専門の業者が飲食店から報酬をもらい書き込みを行 うということがありました。また，一般人を装い製品やサービスを紹介したも のが，企業から製品を提供されていたり謝礼をもらっていることが明るみに出 て批判にさらされるということもあります。ここで問題なのは，これらの個別 の事例だけでなく，こういったことが続くとクチコミの信頼そのものが揺らぐ 恐れがあるということです。WOMマーケティングは，クチコミが非商業的な ものである，すなわち企業の広告とは異なる第三者の意見だからこそ意味があ ります。（ステルス・マーケティングなどの）善意の第三者を装い商業的な広告を 行う行為は自社の信用のみならずWOMマーケティング自体を貶めることに なりかねません。

　ステルス・マーケティングなどに対して，クチコミサイトを運営している企 業も対策を強めています。その方法は規約によって営業的な投稿を禁止したり （制度面からの制約），自分で気に入ったもののみを推奨するように促したりして

います（活動方法の指定・支援）。また，投稿をすぐに公開せずに，スタッフがチェックした後で不適切なものは公開しないといった企業もあります。前述の飲食店のクチコミサイトも同様の手続きを取り入れることで自社サイトのクチコミの信頼性の維持に努めています。このように企業もクチコミの信頼性の維持に努めています。

▷4　浜岡豊（2013）「WOM マーケティングにおける企業と消費者の課題」インターネット消費者取引連絡会資料（2017年 7 月29日最終アクセス）。

3 WOM マーケティングの課題

　WOM マーケティングの抱える課題として濱岡らは，消費者，企業，政策立案者の視点から課題をあげています。

▷5　濱岡豊・里村卓也（2009）『消費者間の相互作用についての研究——クチコミ， e クチコミを中心に』慶應義塾大学出版会。

　(1)　消費者の課題：クチコミサイトでは，クチコミの投稿数を増やすために，投稿者に対し閲覧数などに応じてインセンティブを提供するものもあります。そのため，経済的なインセンティブを目的にしているような投稿も含まれる恐れがあります。そういったクチコミにはアクセス数を稼ぐために誇大な内容になっている恐れがあります。そういった必ずしも真実ではないクチコミが存在することを自覚する必要があります。そのためには多くの情報からより信頼できる情報を見分ける能力（リテラシー）を高めることが必要になります。

　(2)　企業の課題：クチコミの特性を理解することが重要とされています。クチコミは他のプロモーションとは異なり，クチコミの効果の源泉は中立・自発的な情報であることが大前提です。これまで何度もやらせクチコミが問題になっています。クチコミは消費者の意思決定に強い影響力がありますが，クチコミについては「経済的報酬」が動機になることもあります。これは経済的なインセンティブを与えることでクチコミが促進できるということですが，反対に本来のクチコミの影響力が低下する可能性があることに注意しなければなりません。つまり，クチコミを盛んにしたいがために情報発信者へ過度のインセンティブを与えることは逆効果になりやすいということです。また，ステルス・マーケティングと混同されないために自社との関係性を明確にしておくことが重要です。

　(3)　政策立案者の課題：不正行為者の情報公開を促すことが求められます。また，不正を見抜く能力を高めるためのリテラシー教育も必要です。若年層や高齢者などは比較的リテラシーが低い傾向があります。これらの層に対し効果的な教育や啓蒙が必要になるでしょう。 　　　　　　　　　　　（岩村　聡）

（おすすめ文献）
†アンディ・セルノヴィッツ（2010）『WOM マーケティング入門』海と月社
†濱岡豊・里村卓也（2009）『消費者間の相互作用についての研究——クチコミ， e クチコミを中心に』慶應義塾大学出版会。

20　WOM（クチコミ）マーケティング

③ eクチコミ：スポーツ消費とソーシャルメディア

❶　ソーシャルメディアの時代

　フェイスブックやLINEなどのソーシャルメディアは，別名，消費者生成メディア（consumer-generated media）と呼ばれ，ユーザー間の社会的相互作用により情報が拡散するように設計されたインターネット関連のメディアのことです▶1。ソーシャルメディアの登場で，スポーツにあまり興味のない人でもスポーツ組織や大会に関する情報に接する機会が増えました。ソーシャルメディアのユーザーの中には熱狂的なスポーツファンやスポーツ組織の広報担当者に加え，スポーツにまったく関心のない利用者も含まれます。このような人たちを結び付ける手段としてソーシャルメディアは注目されています。

　ソーシャルメディアにはさまざまな機能があります。その中でも特に代表的なものが次の7つです。(1)ユーザー同士がコミュニティを形成する機能，(2)ユーザー同士で互いに会話する機能，(3)他のユーザーがソーシャルメディアの利用が可能な状態か確認する機能，(4)ユーザー同士でコンテンツを配信，受信，交換する機能，(5)ユーザー同士で関係性をもつ機能，(6)コンテンツやそれを交換するユーザーたちの社会的な評判を知る機能，(7)ユーザーがスポーツ消費者としての自己の特徴を表出し，アイデンティティを強化する機能です▶2。2012年のオリンピック・ロンドン大会はオリンピック史上初めてソーシャルメディアが大会の広報活動に生かされたことから，ソーシャルオリンピックと呼ばれました。ソーシャルメディアを用いるアスリートと彼らのメッセージに反応するフォロワーの情報発信力は，オリンピックの広報戦略の中で無視できないものとなりました。特にフォロワーの影響は大きく，彼らは特定の選手，スポーツ，イベント，チームなどに関して試合前，試合中，試合後のそれぞれのタイミングでスレッドや写真などをソーシャルメディアにアップロードします。公開された情報は彼らとつながる他のユーザーへと伝わり，この時，情報の受信者の中には発信者と直接的に知り合いでない者や，スポーツにまったく興味のない者も含まれます。ウェブ上のクチコミマーケティングとしてソーシャルメディアが注目を集める背景には，正にこうしたユーザー同士の情報共有があります。

❷　ソーシャルメディアとeクチコミ

　eクチコミ（electronic word-of-mouth：eWOM）とは，ソーシャルメディアの

▶1　Mangold, W. G. and Faulds, D. J. (2009), "Social media：The new hybrid element of the promotion mix," *Business Horizons*, 52, pp. 357-365.

▶2　Kietzmann, J. H., Hermkens, K., McCarthy, I. P. and Silvestre, B. S. (2011), "Social media? Get serious! Understanding the functional building blocks of social media," *Business Horizons*, 54, pp. 241-251.

▶3　Hennig-Thurau, T., Gwinner, K. P., Walsh, G. and Gremle, D. D. (2004), "Electronic word-of-mouth via consumer-opinion platforms：What motivates consumers to articulate themselves on the Internet?," *Journal of Interactive*

ようなインターネット上のコミュニケーションツールを用いてプロダクトやブランドに関する評判をクチコミで拡散することです[13]。私たちは突然インターネット上で情報を広めたりはせず，ｅクチコミに至るまでにいくつかの段階があります。最初は利用開始から継続に至る段階です。ソーシャルメディア上で情報を交換することが楽しいと感じると，自ら進んでアクセスするようになり，継続的な利用へと発展していきます（利用→楽しい→継続）。すなわち，内発的動機づけが起こり，情報検索を意欲的に行うようになります[14]。

次に，利用を継続していくうちにフォロワーだった人が情報を積極的に発信するオピニオン・リーダーへと移行する段階に至ります。この時，ある人がｅクチコミを行うかどうかは，情報交換を行うコミュニティのメンバーとの絆の強さと強く関係しています。ソーシャルメディア上で情報伝達を繰り返すと，やがてそのコミュニティに対して仲間意識が芽生えてきます。この仲間意識が生まれると，所属するバーチャルコミュニティの関心が自分自身の個人的な関心のように感じられ，集団全体にとって有益と思える情報を積極的に紹介するようになります。これは自分だけでなくウェブ上でつながる他のメンバーたちにとっても役立つ情報をクチコミで広げようとする一種の向社会的行動（pro-social behavior[15]）と理解できます[16]。ソーシャルメディアを使ってバーチャルコミュニティに参加するユーザー同士の絆はｅクチコミと深く関係しています。

❸ ソーシャルメディア・エンゲージメント

当初，ソーシャルメディアはスポーツ組織のホームページをほとんど利用しない無関心層に対して情報を伝達できるという点で注目されました。ところが，最近では無関心層との接触だけでなく，彼らとの関わりをソーシャルメディアによっていかに強めるかという方に関心が移っています。このような関わりはエンゲージメント（engagement）といわれ，ソーシャルメディアによるｅクチコミをどれくらい献身的に行っているかという熱中の程度として捉えることができます。エンゲージメントの方法は使用するソーシャルメディアによって異なり[17]，例えばFacebookのようなソーシャルネットワークではコメント数に加え，「いいね！」や「シェア」の数がエンゲージメントを測る基準変数となります。一方，ツイッターのようなマイクロブログの場合は「ツイート」や「リツイート」と呼ばれる短文の投稿数によってエンゲージメントの強さが決まります。他にもビデオシェアリング（YouTube），カスタマーレビュー（Amazon），共創サイト（NIKEiD）などの特性に応じてユーザーのクチコミ方法は変わります。スポーツ組織はソーシャルメディアの特性を踏まえながらユーザーのエンゲージメントを強め，クチコミを広めていくことが大切です。　　　　（吉田政幸）

Marketing, 18(1), pp. 38-52.

▶4　Sashi, C. M. (2012), "Customer engagement, buyer-seller relationships, and social media," *Management Decision*, 50 (2), pp. 253-272.

▶5　向社会的行動とは愛他精神のもと他人を助け，集団や社会の幸福のために役立とうとする行動である（反社会的行動の反対語である）。

▶6　Dholakia, U. M., Blazevic, V., Wiertz, C. and Algesheimer, R. (2009), "Communal service delivery：How customers benefit from participation in firm-hosted virtual P3 communities," *Journal of Service Research*, 12, pp. 208-226.

▶7　Hoffman, D.L. and Fodor, M. (2010), "Can you measure the ROI of your social media marketing?," MIT Sloan Management Review, 52(1), pp. 40-49.

おすすめ文献

†原田尚幸（2015）「スポーツとソーシャルメディア」原田宗彦編著『スポーツ産業論（第6版）』杏林書院，223-232頁。

†Kietzmann, J. H., Hermkens, K., McCarthy, I. P. and Silvestre, B. S. (2011), "Social media? Get serious! Understanding the functional building blocks of social media," *Business Horizons*, 54, pp. 241-251.

†笹川スポーツ財団（2014）「スポーツとメディア」『スポーツ白書（第4版）』192-219頁。

20　WOM（クチコミ）マーケティング

4 eクチコミ：マーケティング メトリクス

▷1　Farris, Paul W., Neil T. Bendle, Phillip E. Pfeifer and David J. Reibstein (2006), *Marketing Metrics : 50 + Metrics Every Executive Should Master*, Prentice Hall : Upper Saddle River, NJ, USA.

▷2　吉田政幸（2011）「スポーツ消費者行動──先行研究の検討」『スポーツマネジメント研究』3(1), 5-21頁。

▷3　Fornell, C., Johnson, M. D., Anderson, E. W., Cha, J. and Bryant, B.E. (1996), "The American customer satisfaction index : Nature, purpose, and findings," *Journal of Marketing*, 60 (October), pp. 7-18.

▷4　Keller, K. L. and Lehmann, D. R. (2006), "Brands and branding : Research findings and future priorities," *Marketing Science*, 25(6), pp. 740-759.

▷5　Rust, R. T., Lemon, K. N. and Zeithaml, V. A. (2004), "Return on marketing : Using customer equity to focus marketing strategy," *Journal of Marketing*, 68(1), pp. 109-127.

▷6　Peters, K., Chen, Y., Kaplan, A. M., Ognibeni,

1　マーケティングメトリクスとは

　動的に変化する何らかの特性や傾向を定量化するための尺度をメトリック（metric）といいます。複雑な現象を説明するためには複数のメトリックをつなぎ合わせ，段階的に予測する必要があることから，メトリクス（metrics）と呼ばれる測定システムを構築しなければなりません。スポーツマーケティングでは，需要サイドの消費者ニーズと供給サイドのマーケティング・ミックスを組み合わせ，マーケティング目標をより効果的に達成できるメトリクスを突き止めることが大切です。例えば，(1)マーケティング・ミックス（4P）はスポーツ消費者のニーズを反映しているか，(2)マーケティング・ミックスの提供は顧客満足や顧客ロイヤルティの向上につながっているか，(3)顧客満足や顧客ロイヤルティは最終的に売上や市場占拠率の増加に結び付いているかなどの課題を設定し検証することで，スポーツマーケティングの効果を確認することができます。メトリクスを組み合わせ，マーケティング対効果を最も適切に説明することのできる論理を発見することは，スポーツマーケティングの究極目標といえるでしょう。

2　伝統的メトリクスとソーシャルメディア・メトリクスの違い

　マーケティングメトリクスの代表的なものに，顧客満足メトリクス（customer satisfaction metrics），ブランド価値メトリクス（brand equity metrics），顧客価値メトリクス（customer equity metrics）があります。ところが，これらはどれも店舗，マスメディア，ロイヤルティプログラムなどの伝統的なチャネルにおけるマーケティング対効果を説明するもので，ソーシャルメディアのようなバーチャル環境における価値の交換が含まれていません。今日ソーシャルメディア上で起こっている情報共有やコミュニティ形成などの社会的相互作用が，伝統的なマーケティングメトリクスの中でもつ役割を理解するためには新しいメトリクスが必要となります。

　図1は供給サイドのマーケティング・ミックスがソーシャルメディアにおけるユーザーの反応を介してマーケティング目標に影響を及ぼす関係性を示しています。ソーシャルメディアはスポーツ組織にとって単なるコミュニケーションツールではなく，製品政策，価格政策，流通政策，プロモーション政策など

図1　ソーシャルメディア・メトリクス

出所：Peters et al.（2013）を基に筆者作成。

のマーケティング・ミックスをウェブ上で促進する働きがあります。例えば，スポーツ組織が試合経過，結果速報，イベントなどに関する情報をソーシャルメディアで発信すると「いいね！」「リツイート」「シェアする」などの共有ボタンで何千人，何万人もの人々に情報が拡散します。情報には必要最低限のコンテンツとしての価値に加え，共通の興味・関心の人同士がつながる社会的な価値，気晴らしや楽しみ目的で利用する娯楽的な価値なども含まれています。ソーシャルメディアはこれらの価値を含んだコメントや写真を利用者間で普及させるのに適しています。

　このようにソーシャルメディアを通じたマーケティングはユーザー間の社会的相互作用が基点となっていますが，それは単なる情報共有ではありません。スポーツ関連の情報を推奨するeクチコミ[7]（electronic word-of-mouth：eWOM）を献身的に行うエンゲージメント[8]を起こすための働きかけと理解できます。エンゲージメントが強いユーザーはスポーツを消費する際の実体験とソーシャルメディア上のバーチャル体験を結び付け，現実的でより深い共感を生み出します。この強い共感性は，他のソーシャルメディア利用者を引き付け，バーチャル体験を虚像で終わらせることなく，実際のスポーツ経験へと導きます。ソーシャルメディア・メトリクスでは，バーチャル体験と実体験をつなげることでようやく顧客ロイヤルティの向上や組織レベルのマーケティング目標を期待することができます。

③　社会的相互作用を生み出す際の注意点

　情報共有，eクチコミ，エンゲージメントなどの社会的相互作用を生み出す際に注意しなければならないのが「押し売り」にならないことです。[9]ユーザーたちの会話の中にスポーツ組織やアスリートが自然な形で登場することで，彼らの共感は初めて高まります。フェイスブックの「いいね！」は共感性を測る一つの指標ですが，より強い社会的相互作用を生み出すためには，ユーザー間で情報がシェアされることの方が重要です。シェアされるかどうかは発信される情報の内容だけで決まるものではありません。スポーツに精通しているオピニオン・リーダーが発信するメッセージだからこそ信用できるという心理が，シェアという行為と深く関係しています。ソーシャルメディア・メトリクスを機能させるためには，人々が求める情報を信用できるオピニオン・リーダーをとおして発信し，より大きな共感を生み出す必要があります。　　　（吉田政幸）

B. and Pauwels, K. (2013), "Social media metrics: A framework and guidelines for managing social media," *Journal of Interactive Marketing*, 27, pp. 281-298.

▶7　eクチコミとは特にソーシャルメディアのようなインターネット上のコミュニケーションツールを用いてプロダクトやブランドに関する肯定的な評判をクチコミで拡散すること V-20-3 ▶3を参照。
▶8　エンゲージメントとはソーシャルメディアなどでeクチコミをどれくらい熱心に行っているかという熱中の度合い。
▶9　笹川スポーツ財団（2014）「スポーツとメディア」『スポーツ白書（第4版）』198-200頁。

おすすめ文献

†原田尚幸（2015）「17章スポーツとソーシャルメディア」原田宗彦編著『スポーツ産業論（第6版）』杏林書院，223-232頁。
†笹川スポーツ財団（2014）「スポーツとメディア」『スポーツ白書（第4版）』192-219頁。
†吉田政幸（2011）「スポーツ消費者行動──先行研究の検討」『スポーツマネジメント研究』3(1)，5-21頁。

第 Ⅵ 部

これからのスポーツマーケティング

地方行政とスポーツ

❶ 地方行政とスポーツマーケティング

　マーケティングは企業の経済的活動だけでなく，その考え方や手法は非営利組織や地方行政の活動にも援用されてきました。地方行政や非営利組織がマーケティングに関心をもつようになるのは，地域社会が変化しているからです。高度経済成長は経済的に豊かな生活をもたらしましたが，一方で公害や環境問題など，地方行政が対応しなければならない社会問題も生み出しました。このように行政課題が肥大化するにつれ，効率化を求める地方行政改革が進められるようになります。その結果，地方行政に民間企業の経営手法を取り入れる必要性が認識され，ニュー・パブリック・マネジメント[1]といった民営化を重視する傾向が強まりました。そして，地方行政とマーケティングの考え方も接近するようになります。

　生涯スポーツの推進をめぐっては，地方のスポーツが活性化するにしたがいスポーツ環境に対するニーズは増大するとともに，少子高齢社会は運動やスポーツに対するニーズの多様化をもたらしました。また生活の変化は，子どもの体力問題や医療費問題などの社会的課題を生み出す要因となっています。一方，経済が好転しない状況では新たなスポーツ事業の開発・展開や施設整備も停滞し[2]，限られた経営資源の中での効率的なスポーツ推進が求められるようになります。このように，地方行政におけるスポーツ推進においても，社会の変化に対応したスポーツ事業の提供を可能にするスポーツマーケティングが期待されます。

❷ 地方行政におけるスポーツマーケティングの多様化

　スポーツ推進をめぐっては，参加型スポーツの推進をめぐるスポーツマーケティングが精力的に展開されてきました[3]。その後，観戦型スポーツにも関心が向けられるようになるとともに，地方行政はスポーツのもつ多様な価値を活用したマーケティングを展開するようになります。その代表的な例がスポーツイベントやスポーツリーグを活用し，スポーツ文化の普及と地域活性化を目指したスポーツマーケティングです。スポーツイベントは，オリンピックやFIFAワールドカップのような観戦型のメガ・スポーツイベントから，近年多くの自治体で開催されるようになった参加型のマラソンイベントなど，その目的や形態は多様です。特に大規模なスポーツイベントには大きな社会経済的機能が期

▶1　ニュー・パブリック・マネジメント（NPM：New Public Management）とは，民間企業で活用されている経営理念や改革手法を可能な限り適用することで，行政経営の効率性や生産性，有効性を高めようとする試み（山内弘隆・上山信一（2003）『パブリック・セクターの経済・経営学』NTT出版，170-197頁）。

▶2　地方におけるスポーツ振興財源は，1995年度で1兆84億円でピークであったが（うち普通建設事業費は約6016億円），2012年度では4954億円（うち普通建設事業費は1304億円）に減じている（文部科学省（2015）「地域スポーツに関する基礎データ集」6頁）。

▶3　山下はスポーツマーケティングをスポーツ経営のあらゆる領域にわたって有用な技術として位置づけ，スポーツマーケティングをめぐる新しい概念や考え方を提示している（山下秋二（1985）「スポーツマーケティング論の展開」『体育学研究』2，1-11頁）。

▶4　スポーツイベントには，道路やスポーツ施設などの社会資本の蓄積，ビジ

待されてきました。また年間を通して行われるスポーツリーグにも，同様な機能が期待されています。Ｊリーグは，企業スポーツから地域に根ざした文化としてのクラブスポーツへの転換であり，ホームタウン制という地域密着クラブ経営には多様な機能が期待されています。地域密着という考え方は，野球の独立リーグやプロバスケットボールのbjリーグ，そして2016年に設立されたＢリーグにも引き継がれていきます。

また近年ではスポーツイベントやスポーツリーグといった資源に，自然や食などの地域資源を融合させた観光体験を提供するスポーツツーリズムにも関心が寄せられています。スポーツ実践や観戦，宿泊などを伴う域外からのスポーツツーリストによる交流人口の拡大と，地域経済の活性化が期待されているのです。そして，このスポーツツーリズムを促進する事業を行う専門機関として，いくつかの自治体にはスポーツコミッションも設立されるようになりました。

３ 地方行政とステークホルダーとの関係性

地方行政のスポーツマーケティングには，他の領域とは異なる固有なマーケティング課題が考えられます。地方行政のスポーツマーケティングをめぐっては，多様なステークホルダーが存在します。地方行政が行うスポーツ事業の対象は地域住民が中心となりますが，事業展開の過程にはスポーツ関係団体やスポーツクラブ，さらには民間企業などのステークホルダーが関わってきます。地方行政では，スポーツの公共的な便益の実現やスポーツ文化の発展という観点から，多様なステークホルダーとの良好で合理的な関係性が形成されなければなりません。例えば，Ｊリーグクラブなどのプロクラブが公共施設を優先利用している理由は，プロクラブが地域住民に対して多様な便益を提供し，スポーツ文化の発展に貢献するという社会的機能を果たしているという関係性があるからです。

多様なステークホルダーの存在は，多様な目的をもった組織が混在することを意味します。スポーツのもつ教育的機能，福祉的機能，経済的機能等々を期待する組織は多様です。したがって地方行政では，個々のステークホルダーの目的を確認しながら，良好な協力関係を形成するとともに，それぞれの目的の相対的重要性を評価しながら，戦略的にスポーツ施策の代替案を検討しなければなりません。

そして，地方行政をめぐるスポーツマーケティングでは，現在の地域住民やステークホルダーを満足させる短期的な交換関係を創るだけでは十分とはいえません。地方行政では，これから生まれてくる子どもたちに残す未来の地域社会を構想し，その実現に向けた長期的なスポーツ推進計画の策定と地域住民や多様なステークホルダーを含む地域社会全体の関係性を創造するスポーツマーケティングが展開されなければなりません。ここに地方行政におけるスポーツマーケティングの公益性や社会的責任を確認することができます。　（柳沢和雄）

ターの消費による消費の誘導，住民の地域連帯感の向上，都市イメージの向上等の機能あるとされている（原田宗彦（2002）『スポーツイベントの経済学』平凡社，52-56頁）。一方，スポーツイベントの経済効果は短期間であり，コストを差し引いた正味便益ではないといった問題点も指摘されている（山下秋二・原田宗彦編著（2005）『スポーツマネジメント』大修館書店，56-59頁）。

▷5　域外からその地域を訪れる人。

▷6　地域づくりの観点からスポーツイベントやキャンプ（合宿）の誘致や広報活動などを行い，スポーツツーリズムを促進し，域外からビジターを受け入れ地域経済の活性化や地域振興を促す事業を行う民間非営利組織。

▷7　ステークホルダー（stakeholder）とは利害関係者のこと。

▷8　Ｊリーグ2015年シーズン，J1・J2・J3所属クラブは53あるが，ホームスタジアムの所有者は，都道府県が24，市が27であり，民間企業が所有しているスタジアムは２施設である。

（おすすめ文献）

†山下秋二・原田宗彦編著（2005）『スポーツマネジメント』大修館書店。

†松村和則編（2006）『メガ・スポーツイベントの社会学――白いスタジアムのある風景』南総社。

†原田宗彦編著（2008）『スポーツマーケティング』大修館書店。

人権・格差への配慮

① スポーツマーケティングにおける人権・格差への配慮の重要性

「スポーツの公共性・公益性への配慮」（第1章の3）でも述べられているように，私的利益を追求する企業がスポーツマーケティングにおいて，スポーツの公共性や公益性を重視することは，「企業市民」としてのイメージを高め，結果的には息の長い，安定的なスポーツビジネスを展開していくことにつながります[1]。しかし，ここで注意しなければならないのは，スポーツ自体に最初から公正や公平などといった社会的な価値が備わっているのではなく，それを付与するのはあくまでもスポーツに関わろうとする，さまざまなステークホルダーであるということです[2]。いうまでもなく，そこではスポーツビジネスを展開する企業の関わり方もその重要な役割を果たすことになります。

では，そもそも人々は，スポーツのどこに魅力を感じ，そこに金銭的な需給関係ができるマーケットを創り出すのでしょうか。例えば，「みるスポーツ」の魅力は，スポーツが「無色透明な差異，それ自体としての差異の表示，メッセージを内在しないメディア性[3]」にあるといいます。つまり，その魅力は，スポーツの競争が結果する絶対的な差異の表示をすべての人々が受け入れることを条件に，結果の未確定性に対する「予測―期待―裏切り／成就」のサイクル（過程）[4]を楽しみ，そこに自由な主体の解釈に基づく意味や価値を付与するところにあるのです。

このようなスポーツに対する欲求や必要に支えられたスポーツ需要[5]を生み出すためには，その純粋な未確定性を保障するためのスポーツ内部における格差を是正するような戦力均衡が意図的に図られなければなりません。また，スポーツ外部ではあらゆる人々が格差（差別）なく，これと関わる環境を権利として保障するようにしなければなりません。それは，スポーツへの多様な関わり方を平等，公平，公正に保障する権利を，例えば人種の別なく保障し，それを社会的な価値，あるいは正義として積極的に守っていくマーケティングの重要性につながっていくものです。このようなスポーツの文化的な価値の向上に貢献するマーケティングの結果は，スポーツに対するさらに多くの人々の共感とともにその需要の量や質を高めることにつながっていくことになります。

② 「Japanese Only」の衝撃と反人種差別（Anti-Racism）運動

▷1　仲澤眞（2005）「スポーツの産業化と発展」公益財団法人日本体育協会編・発行『公認スポーツ指導者養成テキスト──共通科目Ⅱ』16-18頁。

▷2　ステークホルダーとは，利害関係者のこと。ここでは企業のスポーツビジネス活動に関わる消費者，従業員，株主，債権者など直接，金銭的な利害に関わる関係者ばかりでなく，スポーツ組織，アスリート，地域社会，行政機関など相互に影響し合う関係者すべてを指している。

▷3　佐伯年詩雄（1996）「『みるスポーツ』の構造」文部省競技スポーツ研究会編『「みるスポーツ」の振興』ベースボールマガジン社，51頁。

▷4　佐伯（同上：52頁）。

▷5　スポーツに対する人々の要求や期待の社会的総体。現代社会のスポーツ需要は，健康不安や運動不足を解消しようとするスポーツの必要性と生活水準の向上や自由時間の増大によるスポーツへの欲求に基づく新たなライフスタイルの可能性によって高まっていると考えられる。

2014年3月8日にJリーグの試合でサポーターが掲げた「Japanese Only（日本人以外お断り）」と書かれた垂れ幕は，サッカーだけではなくスポーツ内外に大きな社会的反響を呼び起こしました。行為者の意図の如何を問わず，それが人種差別につながるメッセージとして広く社会に受けとめられた事実は，スポーツマーケティングにおいても大きな打撃になることはいうまでもありません。Jリーグのチェアマンが同月13日にリーグ責任者として謝罪し，サポーターが応援するチームの次のホーム試合をJリーグ史上初めてとなる無観客試合とする処分を下したのも，事の重大さを十分に認識していたからでしょう。

国際サッカー連盟（FIFA）は，これに先立つ2013年5月の総会で「反人種差別・差別に関する戦い」について決議し，同年7月にFIFA加盟各国協会に対してガイドラインを提示して関連する規程を整備するなどの適切な対処を求めていました。グローバル化するサッカーマーケットを維持し，発展させていくことと反人種差別運動を展開することとは，サッカーをめぐるビッグビジネスを支える企業の社会的責任（Corporate Social Responsibility：CSR）というだけでなく，両者の発展にとって共有されるサッカーの文化的，社会的な価値を相乗的に高めるという意味で，共有価値の創造（Creating Shared Value：CSV）ということにつながっていくのです。

③ スポーツ内部の格差問題への配慮とマーケティング

マーケティングは，1つの企業やビジネスによってそれが独占されてしまうとたちまちその競争力を失い，機能が停止してしまいます。そのような観点から，自由主義経済社会には，そのマーケティングにおける自由性とは裏腹に，独占禁止法という格差是正に働く政治的なパワーが存在しています。

スポーツマーケティングにおけるスポーツ需要の拡大には，前述したようにスポーツ内部における個人間，チーム間の戦力均衡に配慮することによって，競争における魅力を高め，広げる努力が必要になってきます。例えば，プロスポーツリーグで行われているサラリーキャップ制やドラフト制は，その典型といえるでしょう。前者は，各プロスポーツチームの年棒総額の上限を毎年リーグ全体の収入に基づいて規制することで，また後者は，アスリートの選択権を抽選に委ねることなどで，チーム間格差を是正しようとします。

他方，日本オリンピック委員会（JOC）が行っているシンボルアスリート制度は，トップアスリートのCM出演における肖像権をJOCが一括管理したうえで，JOCのスポンサー企業のCMに優先的に出演できるようにし，その利益をマイナーな種目協会やトップアスリート，あるいは次世代の有望なアスリートの育成に再配分することで，その格差を是正しようとするものです。これは，長い目でみれば，新たなスポーツマーケティングの開発につながっていくと考えられます。

（菊　幸一）

▷6　「私的独占の禁止及び公正取引の確保に関する法律」の略称。資本主義における健全な市場経済の発達を目的とし，私的独占の禁止や不当な取引の制限，不公正な取引方法の禁止などが示されている。

おすすめ文献

†文部省競技スポーツ研究会編（1996）『「みるスポーツ」の振興』ベースボールマガジン社。
†佐伯年詩雄監修（2006）『スポーツプロモーション論』明和出版。
†井上俊・菊幸一編著（2012）『よくわかるスポーツ文化論』ミネルヴァ書房。

3 ビジネス価値の向上と社会支援

1 スポーツビジネスの価値

　スポーツをビジネスとして捉えた場合，それは一つの経済活動として成立する必要があります。そこでは，選手や職員が経営者によって雇用され，十分な賃金が得られるだけの労働市場が形成されなければならず，そのためには価値のあるスポーツプロダクトの提供を通じて賃金の支払い原資となる売上が確保されなければなりません。現代社会においてスポーツビジネスが生み出す価値は売上や利益などの経済的な価値に留まらず，スポーツを通じて人々の幸福感や人間関係を強める効果なども含まれ，これらはスポーツの心理的，社会的価値と呼ぶことができます（図1）。

　経済的価値が他の心理的，社会的価値と関係していることも忘れてはなりません。例えば，オリンピックやサッカーW杯などの開催をとおして開催地はスポーツとそれに関連するビジネス（マスコミ，広告，観光など）の経済的価値を高めることができますが，それを一時的な効果に終わらせないためには心理的価値や社会的価値を併せて創造するという視点が極めて重要です[1]。スポーツ施設や周辺の交通網を整備して巨大イベントを開催しても，スポーツ活動がその後市民の間でスポーツ文化として定着しなければ，開催年度に経済効果が集中するだけでそれ以上の恩恵を期待することはできません。そうではなく，スポーツビジネスは人々が「する」「みる」「知る」「支える」などの形でスポーツと深く関わるためのきっかけとして機能する必要があり，オリンピック，サッカーW杯，プロスポーツなどのいわゆるエリートスポーツは人々の日常的なスポーツ参加を促進させるための刺激となります[2]。この刺激の正体こそがスポーツの心理的価値と社会的価値であり，私たちをスポーツへと動機づける働きがあります[3]。具体的には，心理的価値がスポーツ消費者の幸福感や自尊感情の向上であるのに対し，社会的価値はスポーツ消費者のまちに対する誇りの感覚や住民同士の連帯感の強化と理解できます。これらの心理的価値と社会的価値はスポーツビジネスの範疇を超え，私たちの生活の質（Quality of Life）と密接に関わっています。大切なのは，スポーツ組織が営利的なスポーツビジネスの経済的価値を持続させるため，非営利的な側面からスポーツの心理的，社会的価値を高め，私たちの生活の質自体の改善に寄与していくことです。

▷1　ダニエル・ファンク（2012）「Sport Involvement : The Social Function of Sport on Individual and Community」『スポーツマネジメント研究』4（1），55-62頁。
▷2　エリートスポーツとは社会的かつ技術的に高度化されたスポーツのこと。
▷3　前掲▷1，55-62頁。
▷4　Rosenbaum, M. S. (2008), "Return on community for consumers and service establish-

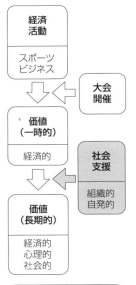

図1　スポーツビジネスの価値と社会支援

出所：筆者作成。

❷　スポーツビジネスによる社会支援

　スポーツの経済的価値を持続させるためには，同時に心理的，社会的価値の創造が欠かせません。ではどうすればこれらの価値を最大限に引き出すことができるのでしょうか。その鍵となる働きかけが社会支援（social support）です。社会支援とは人々が有形資源（金銭や物資）と無形資源（社会参画の機会，援助，指導など）の両方を含む資源の提供を他者から受けることです。一般的に社会支援というと多くの場合，家族，友人，職場の同僚などとの間で健康的な社会生活を送るための「社会的な絆（social ties）」を強めることを意味し，これは住民同士の共同体意識の形成を支援することと理解できます。スポーツの場合，試合で活躍するチームや選手から「元気をもらった」「勇気づけられた」「○○人であることを誇りに思った」などの声が観戦者の間で聞かれるように，スポーツ組織がスポーツ消費者の心理的回復（resilience）に貢献する「組織的支援」があります（図1）。チームスポーツはこれが特に顕著であり，私たちは応援するチーム（例えばサッカー日本代表）との心理的つながりをとおして，そのチームが代表する地域（例えば日本という国）との関係性も同時に再認識しています。東日本大震災の被災地復興支援において地元のJリーグクラブが果たす役割を検証した研究によると，地元クラブに対して愛着をもっているサポーターほど郷土愛が強く，震災後も住民同士で団結する傾向にありますが，この傾向はチャリティーマッチや復興支援活動などの社会支援が実施されている時ほど強いことが明らかになっています。

　また，スポーツチームによる「組織的支援」とは別の形で住民同士が助け合う「自発的支援」もあります。公共団体や企業から支援を受動的に受ける一方だと，人々がスポーツ活動に主体的に取り組む姿勢が制限されてしまいます。人々がスポーツの価値創造に自らの意思で関わるためには，共通の目標に一丸となって向かうとともに，相互に励まし合うことで将来に対する不安を軽減させるような市民レベルの社会支援が重要です。自己決定理論によると，人々を社会支援に対して自発的に動機づけるためには，(1)自己の裁量で支援を行えること（自律性），(2)支援を行うだけの能力が自分に備わっていると自覚すること（有能感），(3)支援を行う他の人々との間に仲間意識が芽生えること（関係性）の3つの条件を満たす必要があります。今後のスポーツマーケティングでは，チーム，アスリート，競技団体がどのような理念に基づき，どのように活動すると，参加者や観戦者の自発的な社会支援につながり，さらに結果的にスポーツの経済的，心理的，社会的価値の向上につながるか，探求していかなければなりません。さらに，スポーツビジネスならではの社会支援の形や，組織的支援と自発的支援がどのように連鎖すればスポーツビジネスの価値が向上するのかという問題について理解を深めていく必要があります。　　　　　　（吉田政幸）

ments," *Journal of Service Research*, 11(2), pp. 179-196.

▷ 5　Inoue, Y., Funk, D. C., Wann, D. L., Yoshida, M. and Nakazawa, M. (2015), "Team identification and postdisaster social well-being : The mediating role of social support," *Group Dynamics : Theory, Research, and Practice*, 19(1), pp. 31-44.

▷ 6　前掲▷ 4，179-196頁。

▷ 7　Ryan, R. M. and Deci, E. L. (2000), "self-determination theory and the facilitation of intrinsic motivation, social development, and well-being," *American Psychologist*, 55(1), pp. 68-78.

（おすすめ文献）

†ダニエル・ファンク(2012)「Sport Involvement : The Social Function of Sport on Individual and Community」『スポーツマネジメント研究』4(1)，55-62頁。

†Inoue, Y., Funk, D. C., Wann, D. L., Yoshida, M. and Nakazawa, M. (2015), "Team identification and postdisaster social well-being : The mediating role of social support," *Group Dynamics : Theory, Research, and Practice*, 19(1), pp. 31-44.

†Rosenbaum, M.S. (2008), "Return on community for consumers and service establishments," *Journal of Service Research*, 11(2), pp. 179-196.

スポーツマーケティングの未来像

▷1　コトラー・カルタジャヤ・セティアワン／恩藏直人監訳／藤井清美訳 (2010)『コトラーのマーケティング3.0』朝日新聞出版。

▷2　1981年にアメリカン・エキスプレス社がサンフランシスコ地区の芸術振興というコーズに対して，カードが使用される度に2セントを寄付するキャンペーンを行い，初めてコーズ・リレイテッド・マーケティングという言葉を用いた。同社は1983年に「自由の女神修繕キャンペーン」で，コーズ・リレイテッド・マーケティングを全米規模に拡大した。同社のカードが使用される度に1セントを，同カードの新規発行1件ごとに1ドルを，自由の女神修繕のために寄付した結果，同社は自由の女神財団へ170万ドルの資金を提供し，キャンペーン中の同カードの利用額は30%上昇した。http://www.ameriexpress.com/japan/legal/company/philanthropy.shtml（2016年12月20日最終アクセス）

▷3　 Ⅰ-1-4 を参照。

▷4，5　 Ⅰ-3-4 を参照。

▷6　政治的な対立がボイコット運動をもたらしたモスクワ大会 (1980) とロサンゼルス大会 (1984) は，スポーツが政治的に手段化されることへの対抗措置と

1　スポーツのビジネス化と「マーケティング3.0」

　本書は，スポーツビジネスの理念として，スポーツ文化の発展に貢献すること，そして，スポーツの公共性・公益性に配慮することを強調しました。しかしながら，ビジネス化は独占的な権利 (exclusive rights) の取引を主たる収入源とするため，公共性の維持とのバランスをとることが課題になります。放映権などの取引では，購入したメディア企業の意向を受けた運営やルールの変更など，スポーツのビジネス化がスポーツ文化に大きな影響を与えることがあります。ビジネス化はその方向性を誤ると，スポーツ文化を毀損し，あるいは，スポーツの社会的価値を損なわせてしまう可能性があるのです。

　一方で，コトラーが唱える「マーケティング3.0」では，良い製品やサービスを提供し（1.0：製品中心），顧客の満足を最大化できるか（2.0：顧客満足），といった大きなテーマを引き継ぎながら，マーケティングの過程に関わる各々のステークホルダーが「どんな社会をつくっていきたいか」（3.0：価値主導）というテーマに基づき協働するようになるとしています。

　例えば，「コーズ・リレイテッド・マーケティング (Cause Related Marketing)」にみられるような社会的な価値の実現とマーケティング成果の向上を両立させる手法などは，スポーツマーケティングの今後の方向性に示唆するところが大きいものと思われます。「顧客志向と社会志向」「社会的責任のマーケティング」「スポーツ・インテグリティ（高潔さ）」といったキーワードは，スポーツの社会的価値の向上への取り組みにとても重要なものになっています。

2　「スポーツの価値」を高めるスポーツマーケティング

　オリンピック・ロサンゼルス大会以降，スポーツのビジネス化が進行した背景を踏まえれば，今後もスポーツはビジネスとうまく協働していくことが求められます。その際の有効なツールがスポーツマーケティングです。そのツールには，スポーツの発展に必要な収益性を確保することが一義的に求められます。そのための工夫の多くが本書において扱われました。

　他方，スポーツビジネスの持続的，安定的な発展のためには，スポーツの本質や価値を理解し，それを守り，育むことを，スポーツマーケティングの重要な機能としなければなりません。そのためには，スポーツ文化の理解やスポー

ツの公共性・公益性についての理解が重要になります。[7]

3 スポーツの価値，その可能性

2011年，わが国の国内スポーツ統括団体である日本体育協会は「スポーツ宣言日本」[8]を採択しました。それは，21世紀におけるスポーツの使命を，スポーツと関わりの深い３つのグローバルな課題に集約し[9]，スポーツの基本的な価値をすべての人々が享受することが大切であること，そのことによりスポーツが人々の生活課題の解決に寄与する可能性が大きいことを指摘しています。そして，スポーツに真摯に取り組むことによって，運動の喜び，感動の共有，人々の連帯，相互の理解や尊敬などに基づく，「社会的包摂」「相互理解」「格差是正」「環境との共生」「平和や友好」などのグローバルな課題解決に寄与するスポーツのあり方を示しています。

世界的な動きとしては，国際連合がスポーツの平和と開発を促し，寛容と相互理解を育む側面に着目し，スポーツのもつ可能性を指摘しています[10]（表１）。このようなスポーツの価値についての理解の共有，スポーツによる社会変革の具体的な実践もグローバルな展開をみせています。

```
┌─────────────────────────────────┐
│     表１　スポーツの力を平和と開発のために     │
└─────────────────────────────────┘
```

スポーツは，
①他人に対する尊敬の意と，人々の間の対話を促進します
②子どもと若者が生きるために必要な，術や能力をもたらします
③障がいの有無にかかわらず，すべての人々の社会への参画を促します
④男女の平等を促進し，女性のエンパワーメントに貢献します
⑤身体の健康のみならず，心の健康を向上させます

出所：国際連合広報センター。http://www.unic.or.jp/activities/economic_social_de-velopment/social_development/science_culture_communication/spo rts/un_sports/ （2016年２月11日最終アクセス）

4 これからのスポーツマーケティング

現代のスポーツは，先端的科学技術（high-end technology）に支えられ，めざましい進歩をとげていますが，そこに関わる多様な人々の豊かな人間性（humanity）[11]がより一層重要になってきています。

スポーツマーケティングの発展にも，ビジネスの効率性を高める先端的なマーケティング技術の開発と活用は不可欠ですが，スポーツの本来的な価値（文化性，公共性）を守り育むような取り組みが重要になります[12]。スポーツの価値に配慮するスポーツマーケティングは，社会的消費者を中心に[13]，多くの市場からの支持を集め，社会にとって善いこと（social cause：社会的大義）やグローバルな課題解決に貢献するものになるのです。

（仲澤　眞）

▷7　スポーツビジネスが持続的，安定的に発展していくためには，スポーツがいつも社会から支持されていることが不可欠となる。

▷8　日本体育協会が創設100周年を記念して，「更なる100年の発展を願う日本スポーツ界の志」を表明するものとして，今後100年のスポーツの果たすべき役割について検討し，宣言としてまとめた。

▷9　1．コミュニティ形成（社会的包摂）／2．環境と共生／3．平和と友好

▷10　http://www.unic.or.jp/activities/economic_social_development/social_development/science_culture_communication/sports/un_sports/ （2016年12月20日最終アクセス）

▷11　フェアプレイ，マナー，スポーツパーソンシップなどにみるスポーツに必要な自己規律や公正，尊敬，信頼などの倫理性や人間性。そうした倫理性や人間性はアスリート，コーチ，サポートスタッフ，競技役員，主催機構のみならず，ファンやメディア，スポンサーなどにも求められている。

▷12　コトラーによれば「価値主導のマーケティング」。

▷13　自らの消費行動を社会全体への影響から考える人たち。 I-1-4 を参照。

（ おすすめ文献 ）

†コトラー，P.・リー，N.／恩藏直人監訳（2007）『社会的責任のマーケティング』東洋経済新報社。

　本書は親学問のマーケティング論の単なる応用ではなく，あくまで「スポーツ組織のためのスポーツマーケティング」について理解を深めることを目的としてまとめられました。この目的を達成するため，本書が特に強調したのは「経営哲学」としてのスポーツマーケティングです。この哲学は「スポーツビジネスの長期的な成功のためには，スポーツの本質的な部分を歪めることなく価値を創造する必要があり，そのためには価値を正しく享受するスポーツ消費者を育てるとともに，その価値が社会において広く支持されるような経済活動を展開する」というものです。その詳細は第1章と第VI部で示されています。さらに，この哲学を実践するためにはスポーツビジネスにおける価値の創造とスポーツの文化性，公共性への配慮を両立させる必要があり，それを可能にする考え方，概念，方法などについては第2章から第20章で詳しく紹介しました。

　世界情勢が混迷を極める中，スポーツ組織とそのステークホルダーを取り巻く環境は劇的に変化しています。経営哲学としてのスポーツマーケティングはこうした変化に適応し，市民生活の持続的発展に貢献するものでなければなりません。現代社会の中でスポーツビジネスが定着し持続するためには，スポーツプロダクトを消費した際の経験自体が高い文化性を帯びるとともに，こうした営みが社会の中で多くの人々から支持され，共感される必要があります。今後，人口減少が進み，経済的には低成長社会に突入する日本において，市民の生活の質や幸福の度合いがモノの豊かさや経済的繁栄によって決定されることには限界があります。それよりも日本人としての民族性や自分らしい生き方を感じることのできる心の豊かさや社会的繁栄の方が重要性をもつ時代を迎えようとしています。このような状況において，スポーツという文化的活動が果たす役割はとても大きく，その恩恵をより多くの人々にもたらすためには，スポーツマーケティングというアプローチが有効であることを本書は全体を通して説明してきました。

　スポーツマーケティングとスポーツの文化性は，過去も現在もそして未来も互いに切れない縁で結ばれています。読者の皆様にとって，本書がスポーツマーケティングに関する理論的説明とそれに基づく事業運営の手掛かりになれば幸いです。

2017年9月30日　　　　　　　　　　　　　　　　　　　　吉田政幸

さくいん

執筆者紹介 〈氏名／よみがな／現職〉   ＊執筆担当は本文末に明記

新井彬子 （あらい・あきこ）
東京理科大学経営学部助教

伊藤真紀 （いとう・まき）
法政大学スポーツ健康学部准教授

井上尊寛 （いのうえ・たかひろ）
法政大学スポーツ健康学部准教授

井上雄平 （いのうえ・ゆうへい）
Reader in Sport Management, Faculty of Business and Law, Manchester Metropolitan University, UK

岩貞和明 （いわさだ・やすあき）
公益社団法人日本プロサッカーリーグ

岩村　聡 （いわむら・さとし）
帝京大学医療技術学部助教

植田真司 （うえだ・しんじ）
大阪成蹊大学経営学部教授

大西孝之 （おおにし・たかゆき）
龍谷大学社会学部准教授

押見大地 （おしみ・だいち）
東海大学体育学部准教授

片上千恵 （かたかみ・ちえ）
帝京大学経済学部専任講師

河合季信 （かわい・としのぶ）
筑波大学体育系准教授

菊　幸一 （きく・こういち）
筑波大学体育系教授

工藤康宏 （くどう・やすひろ）
武庫川女子大学健康・スポーツ科学部教授

斎藤　聡 （さいとう・さとし）
HMRコンサルティング代表取締役社長

坂口俊哉 （さかぐち・としや）
鹿屋体育大学体育学部講師

嵯峨　寿 （さが・ひとし）
筑波大学体育系准教授

佐藤幹寛 （さとう・みきひろ）
Assistant Professor, Department of Recreation, Sport and Tourism, University of Illinois at Urbana-Champaign, USA

髙橋義雄 （たかはし・よしお）
筑波大学体育系准教授

Daniel C. Funk （ダニエル・ファンク）
Professor and Washburn Senior Research Fellow, Temple University, USA

辻　洋右 （つじ・ようすけ）
立教大学経営学部教授

出口順子 （でぐち・じゅんこ）
東海学園大学スポーツ健康科学部准教授

徳山　友 （とくやま・とも）
大阪体育大学体育学部准教授

仲澤　眞 （なかざわ・まこと）
奥付編著者紹介参照

長積　仁 （ながづみ・じん）
立命館大学スポーツ健康科学部教授

中西純司 （なかにし・じゅんじ）
立命館大学産業社会学部教授

執筆者紹介 （氏名／よみがな／現職）　　　　　　　　　　　　　　　＊執筆担当は本文末に明記

松岡宏高（まつおか・ひろたか）
　　早稲田大学スポーツ科学学術院教授

南　博（みなみ・ひろし）
　　北九州市立大学地域戦略研究所教授

Mary A. Hums（メアリー・ハムス）
　　Professor, Department of Health & Sport Scien-
　　ces, University of Louisville, USA

柳沢和雄（やなぎさわ・かずお）
　　武庫川女子大学健康・スポーツ科学部教授

山口志郎（やまぐち・しろう）
　　流通科学大学人間社会学部准教授

山本達三（やまもと・たつぞう）
　　びわこ成蹊スポーツ大学スポーツ学部准教授

吉岡那於子（よしおか・なおこ）
　　筑波大学体育系非常勤研究員

吉田政幸（よしだ・まさゆき）
　　奥付編著者紹介参照

《編著者紹介》

仲澤　眞（なかざわ・まこと／1962年生まれ）

筑波大学体育系准教授

Nakazawa, M., Funk, D., Kuroda, Y., Yoshida, M., Yoshioka, N. & Iwamura, S. (2021), "Inappropriate behaviors by sports coaches in Japan: Based on the online survey for coaches licensed by Japan Sport Association", *The Bulletin of Faculty of Health and Sports Sciences*, University of Tsukuba. 44, 79-92.

Gordon, B. S., Yoshida, M., Nakazawa, M. & Bass, J. R. (2019), "The Role of Pride Feelings in the Team and Fan Community Identification Processes: An Empirical Examination in Professional Sport", Corp Reputation Rev. https://doi.org/10.1057/s41299-019-00092-y

Inoue, Y., Sato, M. & Nakazawa, M. (2018), "Association between sporting event attendance and self-rated health: an analysis of multiyear cross-sectional national data in Japan," *Glob Health Res Policy*, 3(1): 1-8.

吉田政幸・仲澤眞・岡村敬子・吉岡那於子「スポーツファンの誇り：プロサッカーとプロ野球における検証」『スポーツマネジメント研究』9（1）：3-21(2017)。

Nakazawa, M., Yoshida, M. & Gordon, B. S. (2016), "Antecedents and Consequences of Sponsor-Stadium Fit: Empirical Evidence from a Non-Historic Stadium Context in Japan," *Sport, Business, and Management: An International Journal*, 6(4), 407-423.

仲澤眞・吉田政幸「ファンコミュニティの絆：プロスポーツにおけるファンコミュニティ・アイデンティフィケーションの先行要因および結果要因の検証」『スポーツマネジメント研究』7（1）：23-38(2015)。

吉田政幸（よしだ・まさゆき／1979年生まれ）

法政大学スポーツ健康学部准教授
『スポーツ産業論』（共著，杏林書院，2021年）
『図とイラストで学ぶ新しいスポーツマネジメント』（共著，大修館書店，2016年）
Yoshida, M. (2017), "Consumer experience quality：A review and extension of the sport management literature," *Sport Management Review*, 20(5), 427-442.（20周年記念論文）

やわらかアカデミズム・〈わかる〉シリーズ
よくわかるスポーツマーケティング

2017年11月30日　初版第1刷発行　　　　　〈検印省略〉
2023年2月10日　初版第4刷発行

定価はカバーに
表示しています

編著者　　仲　澤　　　眞
　　　　　吉　田　政　幸
発行者　　杉　田　啓　三
印刷者　　藤　森　英　夫

発行所　株式会社　ミネルヴァ書房
607-8494　京都市山科区日ノ岡堤谷町1
電話代表（075）581-5191
振替口座01020-0-8076

ISBN978-4-623-08118-9
Printed in Japan